ど素人が読める株価チャートの本

売り買いのタイミングがズバリわかる

IFTA 国際検定テクニカルアナリスト
福永博之

SE
SHOEISHA

はじめに

みなさんこんにちは。株式会社インベストラストの福永博之です。

テクニカル分析は、今や世界的にみてもファンダメンタル分析と並ぶ2大分析手法の一つですが、コンピューターの普及やテクニカル分析をサービスとして提供するネット証券の拡大に伴い、個人投資家によく知られると同時に、幅広く利用されるツールとなっています。ただ、知名度が上がる一方で、その扱いやすさゆえに自分勝手に解釈され、正しく使えていない人が多いのが現状ではないでしょうか。

そこで、テクニカル指標の成り立ちから売買判断に至るまでを、投資経験の浅い皆さんにも分かりやすくかつ楽しく、本格的に学んでいただけるように本書を執筆しました。本書の特徴は、各章を読み終えたところで、初心者でも保有株や注目株の分析だけでなく、売買の判断ができるようにしたことです。また、初心者だけでなく中・上級者にも満足していただけるよう、実践的な内容にもなっています。さらに、第3章以降の章末では、それぞれの章で解説したテクニカル分析の理解度や、売買判断の実力を確認するための練習問題も用意していますので、ぜひ腕試しをしてください。

本書で紹介するテクニカル指標ですが、トレンド分析、オシレーター分析（売買タイミング分析）、フォーメーション分析と、初心者から中・上級者まで誰もが一度は使ったことがあるテクニカル指標に特化しています。最初にトレンド分析を学ぶのは、「トレンド分析は投資の王道」だからです。また、トレンド分析に加え、売

本書で主に紹介する3つの分析手法

①トレンド分析：株価の方向を探る（第３章・第４章）
→トレンドライン、移動平均線、モメンタム

②オシレーター分析：勢いや売買タイミングを計る（第５章）
→RSI、MACD、モメンタム

③フォーメーション分析：株価の天井や底などを発見する（第６章）
→Ｖ字、ダブル、トリプル、ソーサー、ライン、三角保ち合いなど

↓

3つのテクニカル指標があれば
どんな相場でも対応できる！

※第１章と第２章ではテクニカル分析の基礎を解説します。第７章では、第１章～第６章までで学んだことを実践するための方法を解説します。

買タイミング分析も勉強することで、ベストな買いタイミングを探ることができるでしょう。さらに、株価の天井や底などを教えてくれるフォーメーション分析も、実戦で活用することを前提に書いていますので、知っているようで知らなかった内容が満載です。そして、読んだ後、「そうだったのか」「こう使えば失敗が防げるのか」と膝を打つこと請け合いです!!なかでも、ファンダメンタル分析しかしていない投資家のみなさんも（そもそも本書を手にしないかもしれませんが…）本書を読み進めていっていただければ、テクニカル分析の重要性をご理解いただけると思います。

私たちの投資環境は日々複雑さを増していますが、資産運用や資産形成に必要な株式投資で、全ての投資家が、テクニカル分析を身につけて、単純な失敗を減らすと同時に、少しでも高いパフォーマンスを上げられるよう祈念しております。

福永博之

第1章 テクニカル分析とは何か？

第2章 取引ルールの基礎となる3つの分析方法

第3章 トレンド分析をマスターしよう① (トレンドラインと移動平均線)

第4章 トレンド分析をマスターしよう②（モメンタム）

第5章 オシレーター分析をマスターしよう（RSIとMACD）

第6章 フォーメーション分析をマスターしよう（株価の天井や底）

第7章 3つの分析方法を組み合わせて好成績を狙おう

第1章

テクニカル分析とは何か？

01

テクニカル分析のキモ チャート図はどこで使われている？

株式や為替など値動きのある金融商品の売買タイミングを計るツール

テクニカル分析に使われているチャートが実際どのようなものなのかについて簡単にみてみましょう。チャートは価格の方向を分析したり、売買タイミングを計ったり、将来価格を予想するためのツールですが、このテクニカルチャートが使われている分野は株式投資の世界だけではありません。

例えば、最近取引をする人が急激に増えているＦＸ取引や、金、原油などのコモディティー（商品）取引の世界でも使われており、値動きがある金融商品のほとんどにチャートが使われているといっても過言ではないでしょう。

左が実際のチャートです。上がドル円のチャートで、下が金のチャートになります。為替のチャートでは、上方向が円安、下方向が円高を示しており、２００７年６月に１２４円台をつけたあと下落基調に転換したことがわかります。また下落基調に転換後、２０１１年10月には75円台をつける場面がありました。

一方、金は２０１５年８月24日に１１７０ドル台に届かず下落していますが、こうした価格の推移を確認するためにチャートは必須のツールといえるのです。

1-01 ドル／円の月足チャート　　(単位：円)

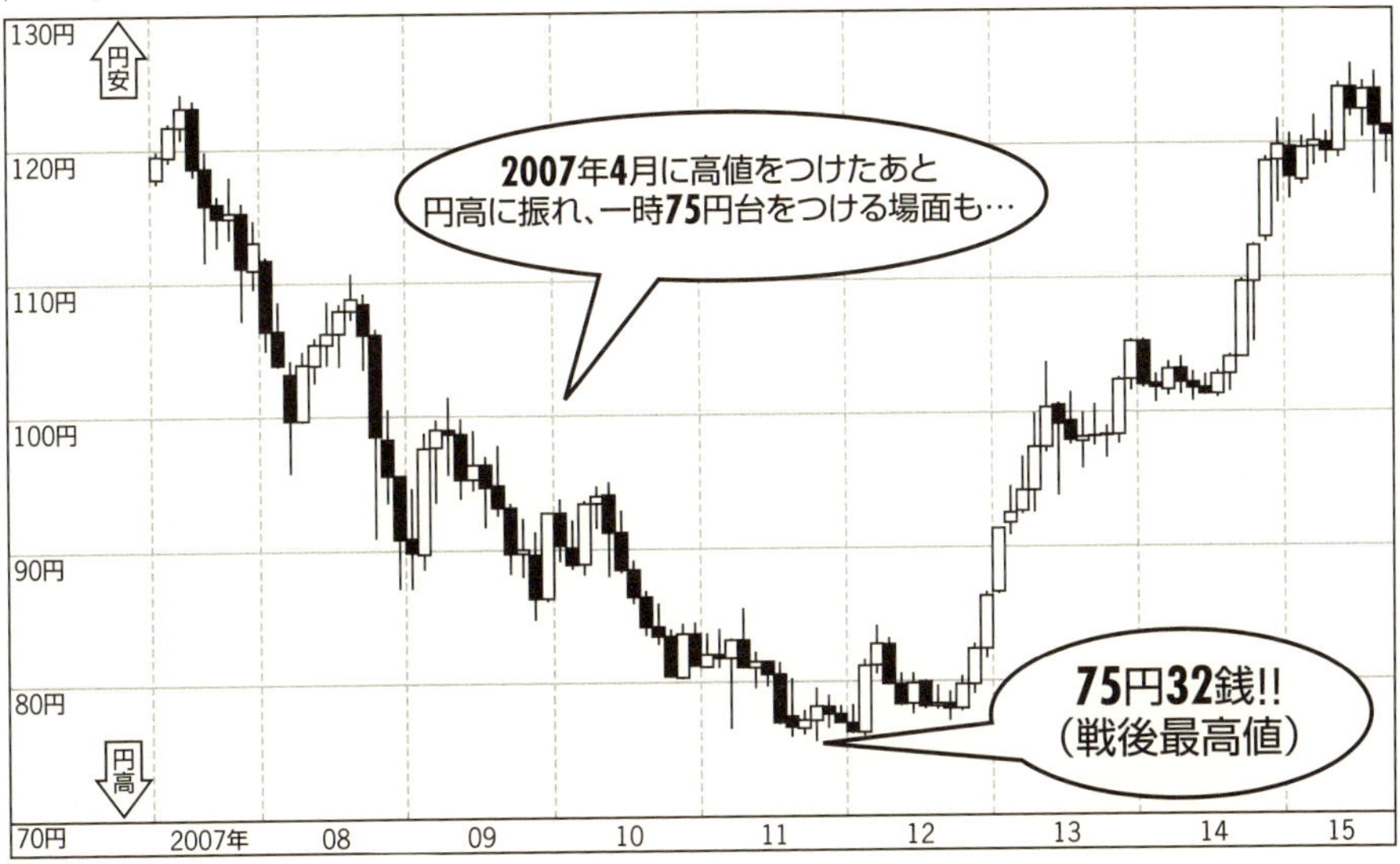

1-02 ニューヨーク金先物取引の日足チャート（1トロイオンス）　　(単位：ドル)

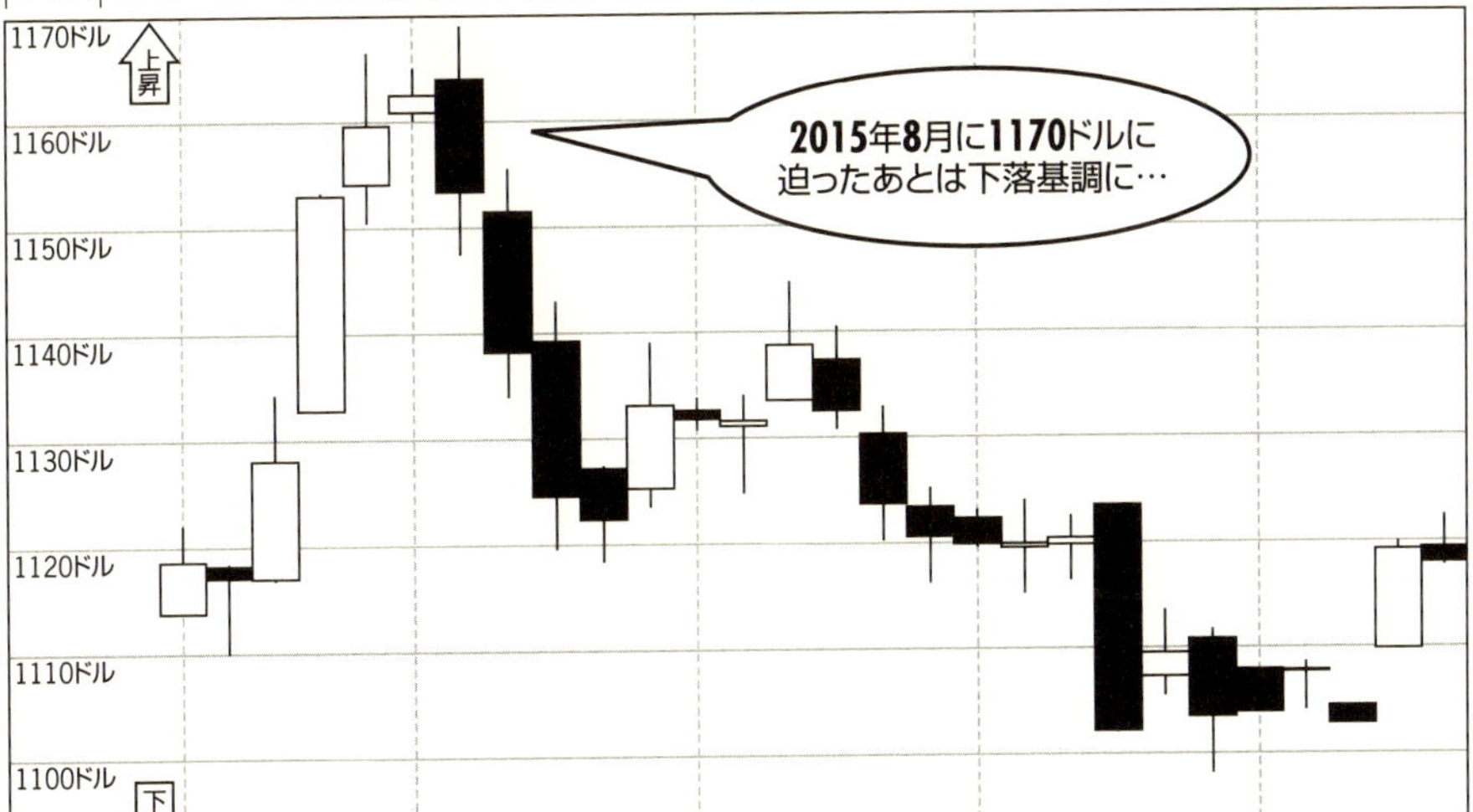

02 テクニカル分析が株の売買で必要になる理由

株価は「上がる」「下がる」「横ばい」の3つの値動きしかない

なぜ、株式投資だけでなく、為替や商品の取引でもチャート図は活用されているのでしょうか。それは、株価に限らず価格の変動を考えた場合、基本的に価格は上昇するか下落するか、横ばいかの3つの動きしかないなかで（これは誰が考えても同じ結論になるはずです）、値動きが現在どのようになっているのか、また今後どのように変化していくのかを教えてくれるものだからです。

短期的にはランダムにみえても長期的には？

例えば、価格はランダムに動くとする人がいたとしても、短期的にはランダムに動いているようにみえても、徐々に価格が切り上がっていれば上昇していると判断できるでしょうし、逆に価格が切り下がっていれば下落していると判断できます（図版1－03と1－04参照）。

一方で、価格の動きが止まっているということはめったにありませんが、一定の範囲内で値動きが限定されているのであれば、それは価格が横ばいと判断できるでしょう。これを横ばいチャートと呼びます（図版1－05参照）。

1-03 日産自動車（7201）の日足チャート

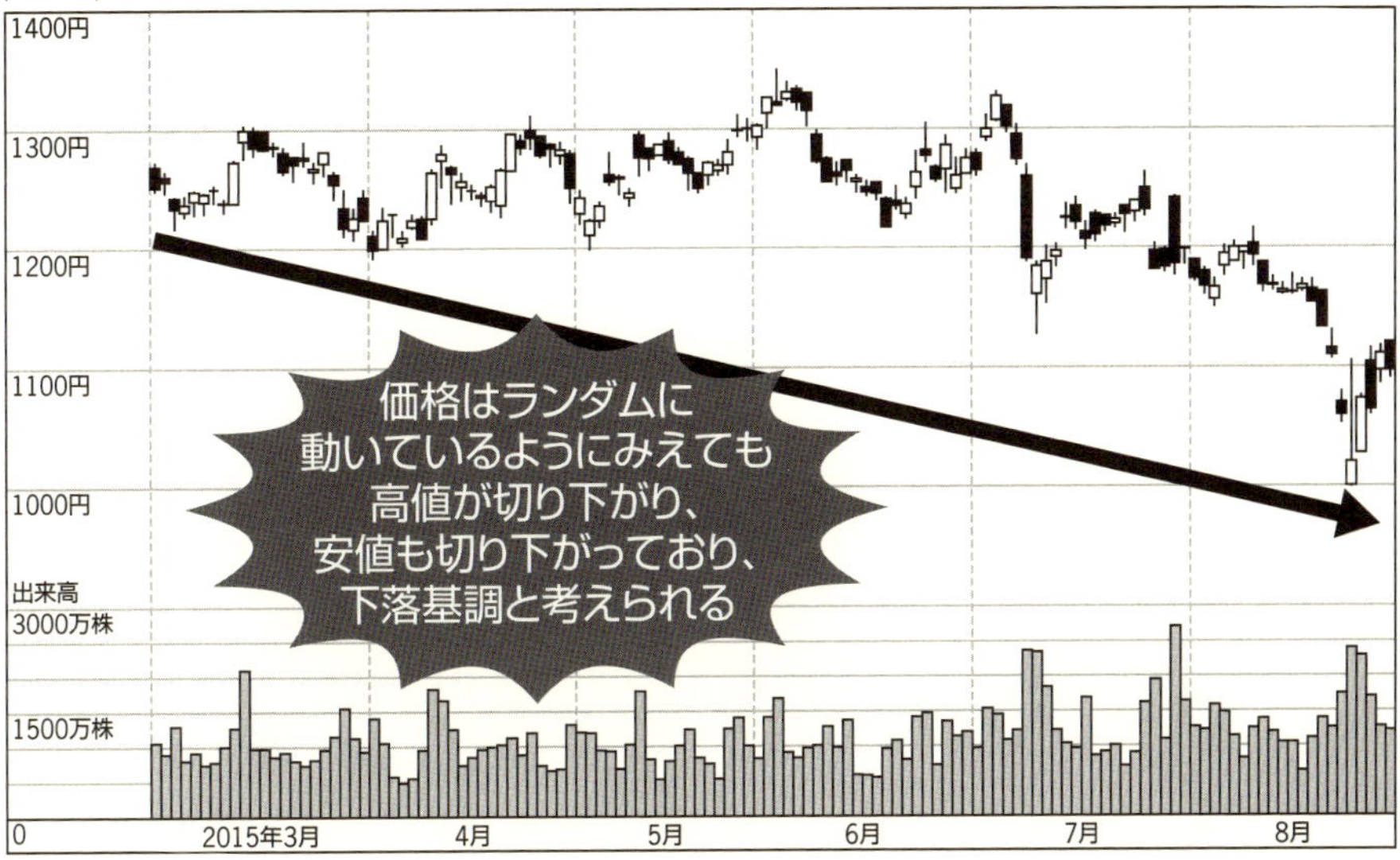

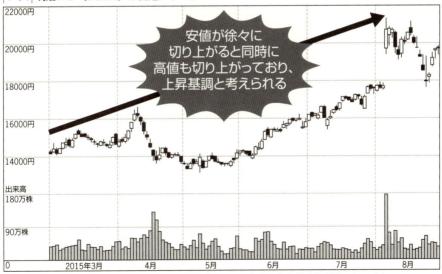

1-04 明治ＨＤ（2269）の日足チャート

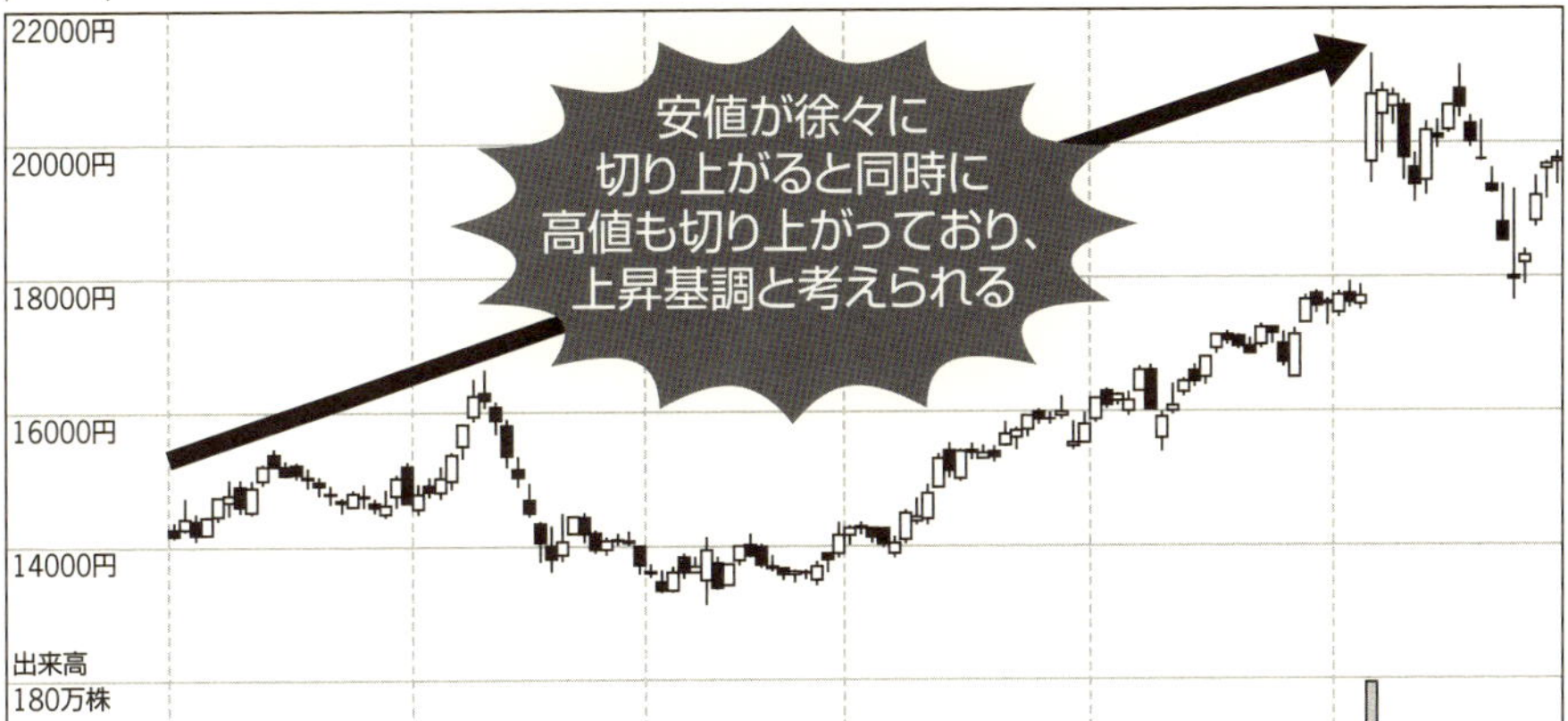

注：チャート図で表示されている株価は、2015 年 10 月に行なわれた株式分割前のものです。

1-05 日本ハム（2282）の月足チャート

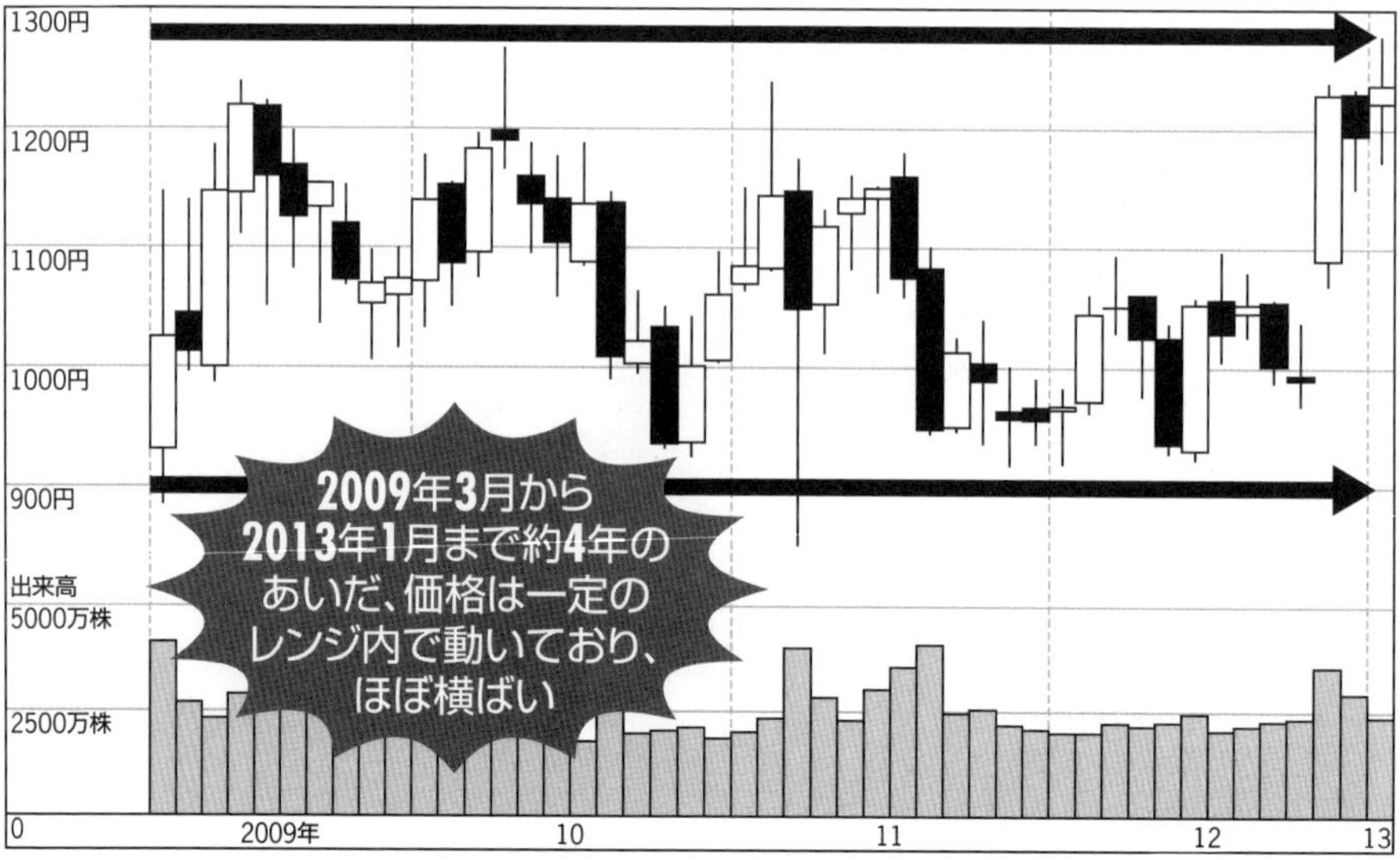

自分の感覚で売り買いするのは危険

こうした値動きを教えてくれるのがテクニカルチャートであり、価格が上向きであるとか、下向きであるとか、横ばいであるとか、この3つの方向を知るためにテクニカルチャート分析が必要なのです。

仮にテクニカル分析で下落していると判断された株を保有しているケースでは、おそらく含み損が拡大することになるでしょう。一方で、テクニカル分析で上昇していると判断された株を保有しているケースでは含み益の拡大が期待できます。

ここで紹介したように株価の推移を教えてくれるチャートの推移をみるだけでも、なんとなく株価の方向がみえてきます。ただ、こうした基本的なテクニカル分析もマスターせずに自分の感覚だけで売買した場合、どうなるでしょう。自分が売ってしまった後も上昇が続いただとか、自分が買ったあとに下がり始めたといったことになってしまったり、利益は出たけれども、もう少し早く買っておけばよかったとか、もう少し買うのを待てばよかったとか、こうした後悔をした方も沢山みかけられます。

1-06 日経平均株価の推移（© 日本経済新聞社）

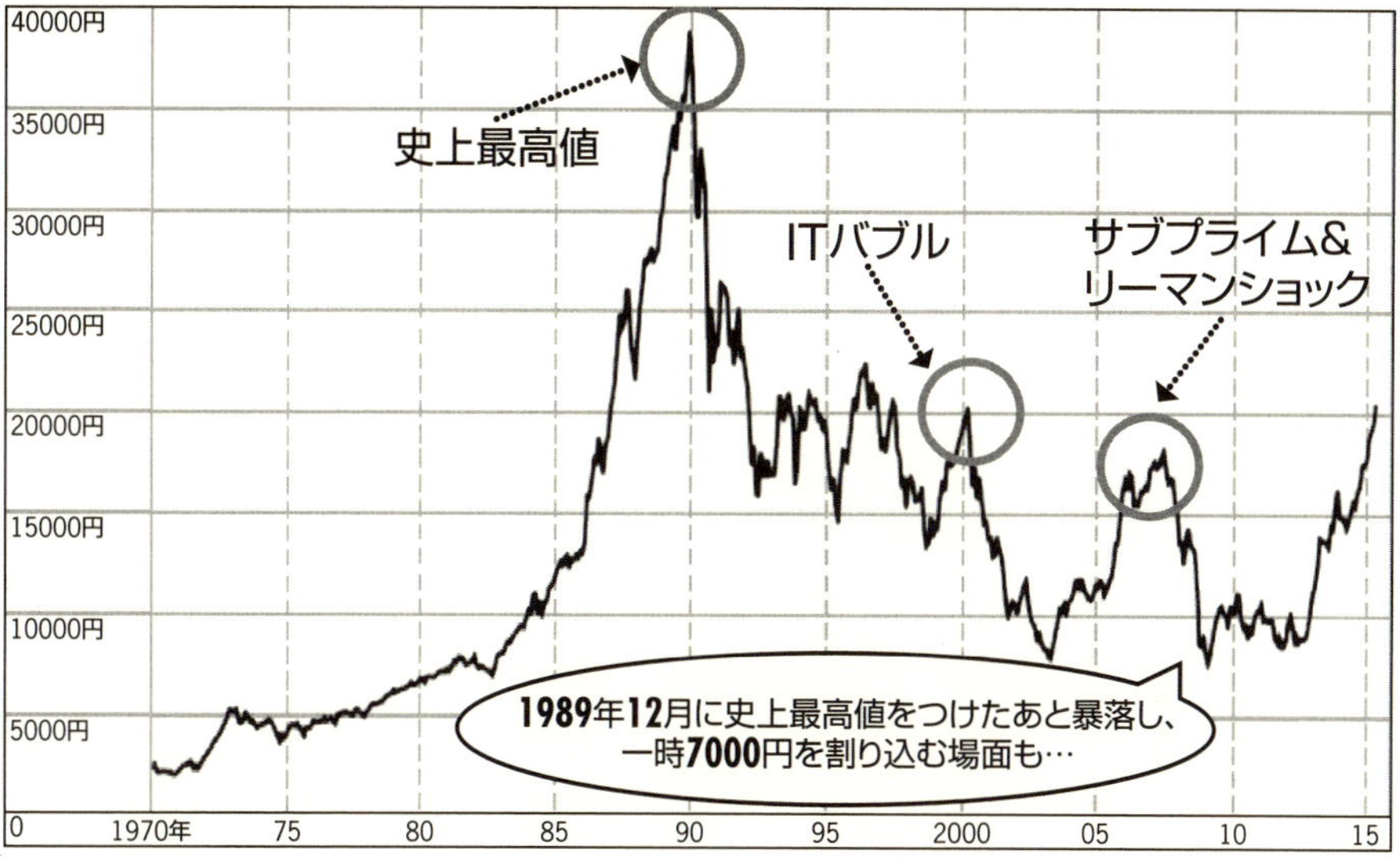

投資のど素人は「塩漬け状態」にしがちなので注意しよう

もちろん必ず分析通りになるわけではありませんが、実際の日経平均株価のチャートをご覧ください（図版1－06）。チャートをみると、1989年に高値をつけたあと下落基調が続いているのがわかります。

仮にこのように下落基調になる中で、株を保有し続けたらどうなるのでしょうか？

もうおわかりのように、含み損がどんどん増えるでしょう。また、長期投資を目指す人は、「いやいや、いつか買値まで戻ってくるから大丈夫」といって、戻るまで待ち続けることになっても本当に大丈夫なのでしょうか。

もちろん、仮にITバブルといわれた2000年4月の高値でETF（日経平均株価などの指標への連動を目指す投資信託）を買った人がいたとしても、2015年6月24日に終値で2万868円03銭をつけるなど、2万円台を回復していますので、含み損はなくなったことになりますが、回復するまで約15年2カ月かかっており、これだけ長い時間、その資本を、有効に活用できなかったということになってしまっているのではないでしょうか。

投資のど素人に加え、ともすれば、知識と経験が豊富な長期投資を目指す人がこうしたいわゆる塩漬け状態に陥りやすく、こうした状態を防ぐためにもテクニカル分析は有効です。

なぜなら、これまで説明してきたように、株価の方向や売買タイミングに加え、将来株価を予測することができるツールだからです。ただ本書では、難しくなってしまうため、将来株価の予測についての解説は割愛します。もし、ご要望があれば別の機会に解説しようと思っています。

中長期保有を考えている人こそテクニカル分析を学ぼう

たとえば、前述のETFの例と同様に、NISA口座を活用して株を買った場合はどうでしょう。税金が優遇されるのは利益に対してですから、右肩下がりの銘柄を長期間保有していても、何のメリットにもなりません。むしろこうしたNISA口座を活用して中長期で投資したいと考えている投資家こそ、テクニカル分析を学ぶべきだと私は考えています。

なぜなら、繰り返しになりますがテクニカル分析は、株価の方向や売買タイミングに加え、将来株価を予測することができるツールだからです。特にど素人にとって、「シンプルであること」、「客観的であること」、「判断がぶれないこと」などが重要だと思われますが、本書で紹介するテクニカル分析（将来株価予測を除く）は、これらの条件を満たしているものですから、安心して活用してもらえるでしょう。

03

売買のタイミングで運用成績が大きく変わる理由

企業の業績だけをみて売買の判断材料にしてもよいか？

前項までなぜテクニカル分析が必要かについて簡単にお話ししてきましたが、ここではさらに具体的に売買タイミングがなぜ必要で、重要なのかについて詳しくお話ししたいと思います。

まず考える必要があるのは、企業の業績発表と価格の推移についてです。売買タイミングと業績にどのような関係があるのか疑問に思うかもしれません。なぜなら、業績が良い銘柄の場合、ファンダメンタル（企業の業績や投資計画などのこと）は日々変化しているわけではありませんから、バイアンドホールド（＝買ってそのまま保有する）というのが一般的な考え方だからです。

株価は決算発表時以外にも目まぐるしく動く

業績発表が行われる回数は、四半期ごとですので年4回ということになりますが、ファンダメンタルで投資判断を行う場合、年4回だけ業績結果を確認し、業績に変化がなければそのまま保有しておくことになるでしょう。ただ、株価は決算発表のとき以外にも動いています。

また、個別企業のニュースや、世界情勢など外部環境の変化にも左右されます。そのため、年4回の決算発表のとき以外にも、日々の値動きがあると同時に上昇や下落を繰り返していることを頭に入れておく必要があるのです。

さらに、四半期ごとに業績を確認して、企業業績の進捗率の進み具合から保有し続ける株や、売ってしまった方がよい株、あるいはこれから買って持った方がよい株など、ポートフォリオ（複数の保有銘柄）の入れ替えを行うことが、売買のタイミングとして考えられます。

日経平均株価が高いときに購入してしまうと…

しかし、「価格の変動がランダムだ」と考えている人や、「業績が良ければいつかは上昇するのだから細かい値動きにとらわれず保有しておけば、いつ買っても同じだ」と考えている投資家は、売買タイミングに無頓着だった場合、どうなってしまうのでしょうか？　例えば、１９８９年12月に日経平均株価が取引時間中の最高値３万８９５７円44銭をつけてから業績の悪化に気付いても時すでに遅し。保有株の含み損が拡大してしまい、損失覚悟で売却するか、いつかは戻ってくるだろうと信じて保有し続ける（塩漬けにする）しか方法がなくなってしまうことでしょう。

また、実際に日経平均株価に関していえば、２０１５年６月に年初来高値２万９５２円71銭を取引時間中につけましたが、最高値の水準から54％弱の水準までしか戻っておらず、長期投資でバイアンドホールドという考え方を持っている投資家が多いと思いますが、実際の値動きは決してそういう単純なものではないことがわかります。

04

企業の業績が良くなれば株価は必ず上昇するのか？

トヨタ自動車の株を買うのは業績発表後？ 発表前？

業績発表と実際の株価を確認してみましょう。次ページを参照して下さい。

例として取り上げるのは誰もが知っているトヨタ自動車です。トヨタ自動車は、２０１５年5月8日の取引終了後に発表した決算で、営業利益が前期比２％増となり、３期連続の最高益になる見通しだと発表しました。また輸出企業が決算のときに同時に発表している想定為替レートも１１５円と当時の１１９円前後（図版1－08参照）より円高に想定していたことから、業績の上振れ期待も残る形になっていました。そして実際、２０１５年8月４日の決算発表で、２０１６年3月期の売上高を上方修正しました。

一方、営業利益や純利益などは据え置かれる形となっていました。みなさんはトヨタ自動車をこの発表後に買いますか？ また、保有している投資家の方は、持ち続けますか？ それとも売りますか？ 皆さんの判断はどうでしょうか。

他国の景気や為替も株価に大きな影響を与える

株価をみると、翌営業日に売り気配で始まり、その後は下落する結果となっているのがわかります。また、一旦反発に転じましたが、そのあとは中国景気への不安が台頭して円高に振れたことなどもあって大きく下落

1-07 トヨタ自動車（7203）の日足チャート

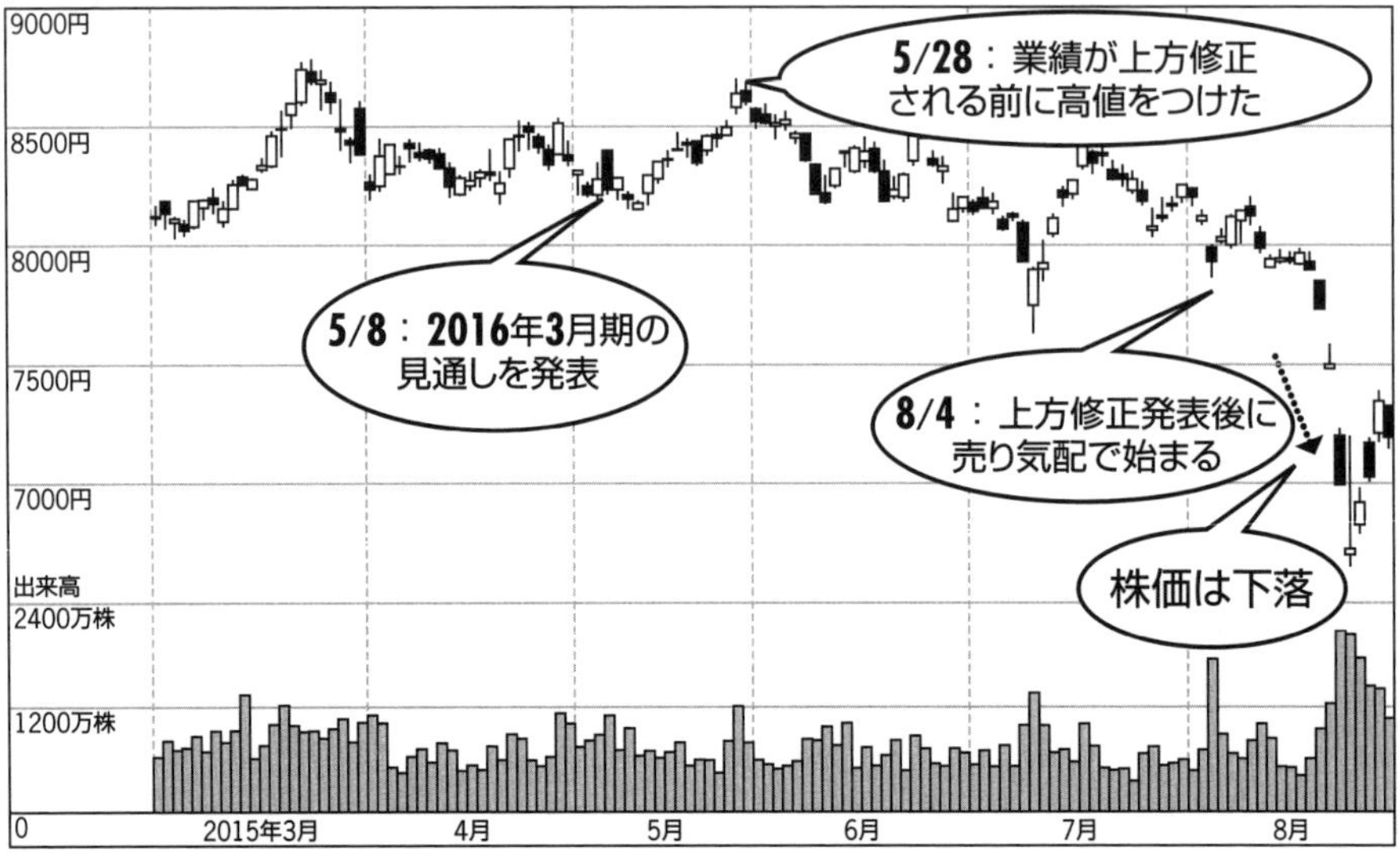

してしまいました。

もちろん業績そのものの見方についての判断もあると思われますが、ここで注目すべきポイントは、最高益を更新するだろうとみられていたなかで売上高の上方修正の発表を契機に、いわゆる好材料が出尽くしてそこから下落が始まったわけではなく、業績発表の2カ月以上前の5月28日に高値をつけてから株価が頭打ちとなり、徐々に下落基調になってきているところで、損失拡大を嫌った投資家の売り注文が大量に出て株価が大きく値下がりした点にあります。

儲かっていたにもかかわらず業績の発表前から株価は頭打ち

ファンダメンタル分析では期待通り営業利益が上方修正されているにもかかわらず、株価はその前から頭打ちになり、業績発表のあとも株価が重たくなり、上昇できなくなっているわけです。

もちろん業績は良いので、どこかで株価は戻ってくると考える投資家が多いと思いますが、こうした値動きをみるにつけ、業績結果に対する判断が難しく

1-08　ドル／円の日足チャート

なっていると考えられ、果たして本当に業績だけを投資判断のよりどころにしていてよいのかという疑問が湧いてくることになります。

特に２０１４年以降、業績が事前の予想に対して上ぶれたという判断ではなく、アナリストの事前予想を上回ったかどうかがその判断基準になっており、素人にとってはますます判断が難しくなっているというのが現状です。

少し話が脱線しますが、アナリストの事前予想がまとまったもののことをアナリストコンセンサスといい、日本経済新聞社などが有料で提供しています。

機関投資家と呼ばれる大口の投資家は、こうしたアナリストコンセンサスをもとに売買判断を行っていることが多いのですが、このアナリストコンセンサスの予想は強めに出ていることが多いため、業績の結果が明らかになる前に買われていて、最高益更新でもコンセンサスと同じか、わずかに下回った場合、いわゆる利益確定売りで下落することがあるのです。

05

業績が悪くても株価が上昇する理由とは？

「良い数字」と「悪い数字」が混ざっている決算をどう読み解くか

業績が良くても売られて値下がりする株がある一方で、業績が悪くても上昇する株もあります。例として取り上げるのは東京急行電鉄です。東京急行電鉄は2015年5月13日に2016年3月期の連結経常利益が13・5％減になると発表しました。また経常利益が前の期に比べて減益になるのは6年ぶりのことだったようです。

一方、純利益は土地の売却益で7％の増益、売上高は1％増、営業利益は9％減となりました。このように各項目の結果がばらばらで、良いものと悪いものが混ざっている場合、判断に迷います。純利益の増益などは土地売却益といった一時的な要因によるものだと考えれば、どちらかというと悪い予想の方が多いと考えられるわけですが、実際の値動きはどうなっているのでしょうか。チャートをみてみましょう。

決算発表のあと売られて下落するどころか、徐々に株価が上昇しているのがわかります。

自分以外の投資家が考えていることがチャート分析でわかる

このように株価は業績予想とは連動せずに動くことがあるのです。仮にこの結果を受け、翌営業日に、下落する前に売ってしまおうと、売却注文を出してしまっていたら、その後の株価の上昇による値上がり益を得

1-09 東京急行電鉄（9005）の日足チャート

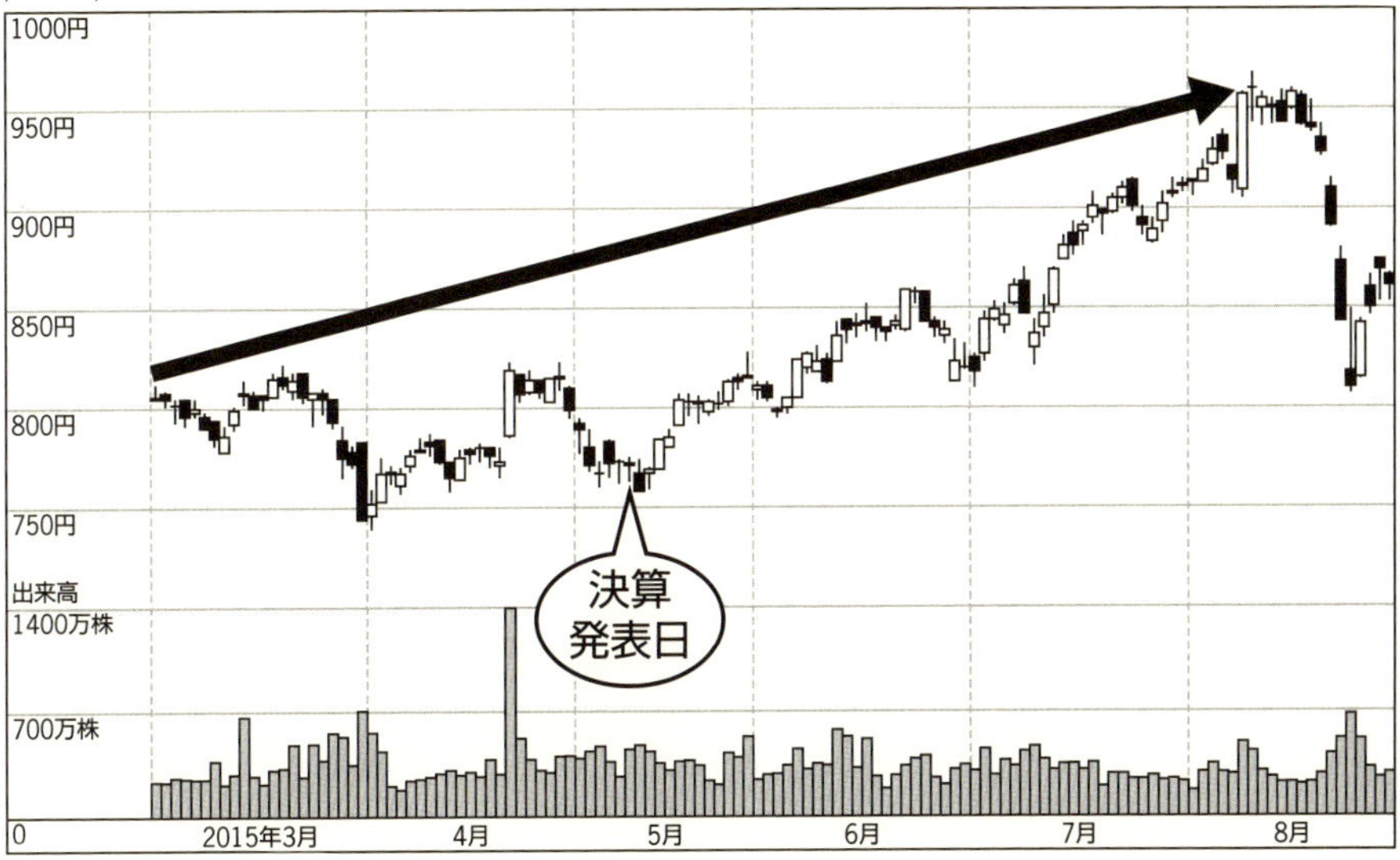

られずに後悔していたことでしょう。ただ逆に、この業績結果をみて、ファンダメンタル分析を理由にここで買おうと考えられる一般の投資家がどれだけいるのでしょうか。

こうした値動きをよく「悪材料出尽くし」であるとか、「企業の見通しが控え目過ぎ」で、実績はもっと良くなるはずだ、というような表現で説明されることがありますが、ど素人にはこれらの数字だけをみて、最終的な売買判断は難しいと考えるのは私だけではないはずです。

そこで業績結果から、自分以外の投資家がどのように判断しているのかを教えてくれるのがチャート分析なのです。

今回の東京急行電鉄のケースでは、減益決算が発表されても株価が大きく下落せず、徐々に安値が切り上がっています。買いか、売りか、自分では判断が難しい状況でもこうした値動きをみれば、いわゆる悪材料出尽くしとなり、他の投資家が買っていることが分かり、売ってはいけない、あるいは売るのはちょっと待った方が良いと判断できるわけです。

06

値上がりしている銘柄なのに損をしてしまう理由

上昇途中の「下げ」で買ってしまうと…

続いては、業績に関係なく、株価の動きだけをみて売買タイミングを知らずに売買したケースです。次ページにあるのは住友不動産の日足チャートです。このチャートをみますと、２０１５年2月３日に３７１５円の安値をつけたあと、２０１５年5月21日まで、上下の値動きを繰り返しながら上昇が続く結果になっているのがわかります。

一方、その後は下落基調となっており、2月3日の安値を割り込む場面があるなど、その安値からの上昇分をほぼ帳消しにしてしまった格好となっています。

特徴的なパターンを知らずに売買するのは危険

このように上昇基調が続いている株価が一変して下落基調になるようなケースでは、特徴的なパターンがいくつかあるのですが、そのパターンを全く知らずに売買を行うと、利益を出せないばかりか大きな損失につながることが考えられます。

例えば、上昇途中の下げで買ってしまうパターンです。

住友不動産は１０００株単元ですが、2月20日に高値をつけたあと、下げてきた3営業日目の2月25日に

1-10 住友不動産（8830）の日足チャート

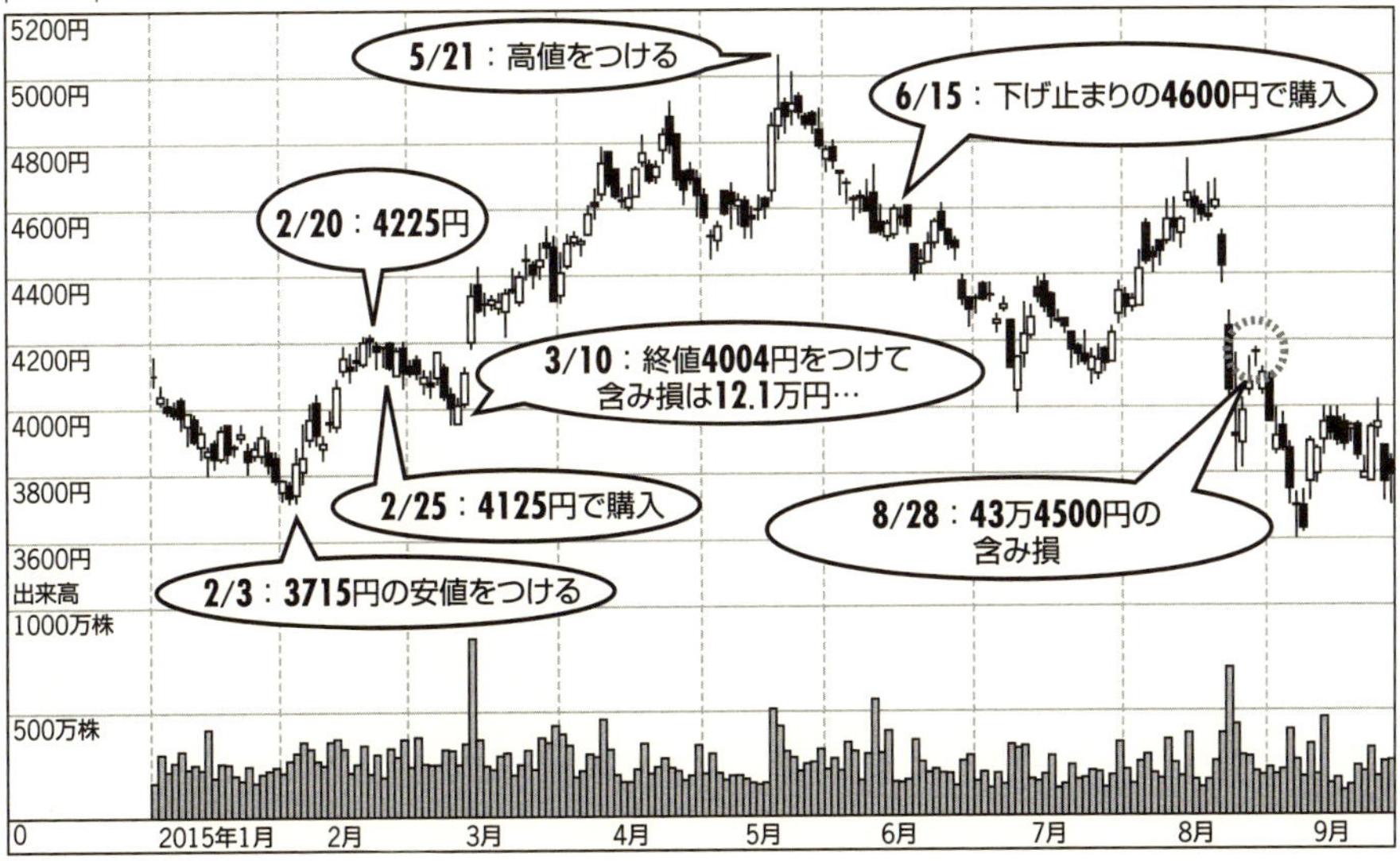

終値の４１２５円で買ったとします。その後マイナスになったりプラスになったりを繰り返すなかで、もっとも安いところでは、３月10日の終値で４００４円まで値下がりしました。この場合の含み損は約12・１万円となってしまっています。

拡大し続ける含み損を我慢できるか？

このように含み損が膨らむ間、みなさんは保有し続けられるでしょうか。

一方で、５月21日に高値をつけたあと、いわゆる押し目買いと称して、一時下げ止まったのではないかと思わせる６月15日に終値の４６００円で買っていたとしたら、その後の下落が続くなかで保有し続けることができるでしょうか。

また、仮に保有し続けた場合、８月28日の終値４１６５円50銭で計算すると、４３４・５円×１０００株＝43万４５００円の含み損（投資額に対して９・４％）が発生します。このケースのポイントは、そもそも買ってよいタイミングだったのかどうかにあります。

07

値下がりしている銘柄なのに利益が上がる理由

下落途中の「上げ」で買うと…

続いては値下がりしている銘柄でも利益が上がる例を紹介します。

銘柄はソニーです。今度は少し期間の長いチャートをご覧ください。ソニーは2007年5月に7190円の高値をつけましたが、同年に米国でサブプライムショックが発生したことをきっかけに、2008年9月15日には米大手証券のリーマンブラザーズが破たんし、世界的な株価大暴落が起こりました。東京マーケットではこうした海外市場の下落や景気後退が引き金となって1988年12月末には3万8957円だった日経平均株価が2008年10月28日に一時7000円を割り込み、6994円90銭をつける結果となりました。

そうしたなか、ソニーのチャートをみますと、2009年2月に一旦安値1491円をつけてから反発に転じているのがわかります。仮にこの値下がり局面で買っていたら、その後の上昇で3645円をつけていますから、約2・4倍になっていた計算になります。

単に値上がりを待てばいいのか？

このような結果が度々紹介されることから、株は値下がりしているときに買って、値上がりを待てばよいという単純な発想が生まれるわけですが、このとき、まだ上がりそうだと、何の根拠もなく株を保有し続けた

1-11 ソニー（6758）の月足チャート

としたら、その後の株価はどのようになっているでしょうか？

まだ上がると考えて売らなかったあとの実際の株価動向を見ますと、高値をつけたあと下落して一旦反発はするものの高値には届かず、２０１２年11月に７７２円をつけるまで下落が続き、この時点では投資額が半分になったことになってしまいました。

このように何の根拠も持たずに感覚的な売買を行った場合、下落している途中で買って儲かったように見えても、売却のタイミングを逃してしまうととんでもない損失になってしまうことがお分かりいただけたのではないかと思います。

このソニーのケースでは、いわゆる株価のメイントレンド（＝大きな方向）がわかっていないため、一時的な反発を、株価が底入れして本格的な値上がり局面に入ったと思ってしまったところに失敗する原因があります。これもトレンド分析を勉強すれば、避けることができる失敗といえるでしょう。

特に有名企業の場合、そのネームバリューからこれ以上は下がらないと思いがちなので要注意です。

08

売買タイミングを見極めることが運用結果を大きく左右する

場当たり的な売買では勝率アップは望めない

21ページから29ページまでに紹介した4つの事例をご覧になってどうでしたか？

これまでの自分の投資の結果と比較して当てはまる部分が多かったであるとか、あの時、株の入門書に書いてある通りにしたら売りそびれて塩漬けになってしまっただとか、思い当たる人は今からでも遅くはありません。是非ここから先に読み進めていってください。また、テクニカル分析を最後までしっかり学んでください。

場当たり的で感覚的な売買や、ファンダメンタル分析に基づいた長期投資という名のもとに、いたずらに無駄な時間だけが過ぎていき、投資の成果はさっぱり上がらなかったといった経験がある人や、そうした経験をこれからしたくないと考えている投資家のみなさんには役に立つはずです。

4つの事例ではどのように売買すべきだったか

では、先に読み進めるにあたって、これまで解説した業績と株価の動きの例や、業績に関係なく、株価の値動きだけを感覚的に捉えて判断するなど4つの例では、テクニカル分析的にみると、どういったところに注意しておく必要があったのでしょうか？

まず、業績と株価でお話ししたトヨタ自動車の例からです。3期連続の最高益更新と、好業績が発表され、売上高を上方修正しても、株価が先行して頭打ちになり、徐々に高値が切り下がってきていたわけですから、株価の方向（トレンド）が変わりつつあったということに注意が必要でした。

次に紹介した東京急行電鉄の例では、業績が悪くなっているにもかかわらず上昇していましたが、ここでも業績発表よりも早く株価は安値をつけ、そのあと決算発表を受けても下がらなくなり、逆に上昇が続く結果となりました。ここで売ってしまわないために注意する必要があったのが、やはりトレンドです。

値動きだけを頼りに考えて売買を組み立ててみた住友不動産の場合は、株価が上昇している中ではありましたが、売買タイミングが悪いと損失を抱えてしまうことになってしまう例でした。特に、株価のトレンド転換に気づかずに買ったことが損失を拡大させた原因と考えられます。

最後のソニーの例で確認しなければならなかったのは、トレンドに加えて、株価がいわゆる天井となる高値を形成するときや、大底といわれる安値を形成するときに現れる形（これをフォーメーションと呼びます）に注意する必要がありました。

ファンダメンタル分析とテクニカル分析の両方が重要

このように株価の値動きを一つ一つ確認していくと、いかに売買タイミングが重要で、入り口を間違うと、損失の発生や拡大につながり、その後のパフォーマンスに悪影響が出る一方で、うまく売買タイミングをとらえることができれば、利益の拡大や損失を減らすことに結び付けることができると考えられるのではないでしょうか。すなわち、ファンダメンタル分析に加えて売買タイミングを教えてくれるテクニカル分析を知ることが、失敗を減らす近道であると考えられるのです。

09 テクニカル分析を学ぶ際に忘れてはいけないこと

初心者でも使いこなしやすい手法をまずはマスターしよう

ここでは、これまでお話ししたことを踏まえ、失敗を避け、成功に近づくために身につけておかなければならないと思われるテクニカル分析を私の経験則をもとにご紹介したいと思います。

様々なテクニカル分析手法がありますが、本書で紹介する手法を選んだ理由は以下の通りです。この本の最初にご紹介しましたように、値動きを突き詰めると、株価は、「上がる」か、「下がる」か、「横ばい」かの三つの動きしかないと考えられます。

そして、**いろいろなテクニカル指標を使っても、混乱するばかりか、場合によっては同じ種類に分類されるテクニカル指標でも異なるシグナルが発生したりして、プロでも迷うことがしばしばあるのです。**

テクニカル分析の指標の成り立ちを知るのが重要

そのような迷いに入り込まないために、トレンドや売買タイミングに的を絞り、テクニカル分析の知識が浅い全くの初心者でも理解しやすく、簡単に活用できるもので、上手に売買を繰り返しながら利益を積み上げていけるようなテクニカル分析指標だけを選びました。

ただし、単純にその使い方などの基本を知るだけでは、すでに様々な本が出版されており、既知のものになっ

|1-12| テクニカル分析をする際はコレだけは押さえておこう

- **テクニカル分析が作られている考え方を知る**
- **なぜそういった結果がでるのかを知る**
- **テクニカル指標は万能ではないと心得る**
- **個別株の特徴や上場している市場の特徴に合わせる**
- **ミスリードに巻き込まれないようにする**
- **テクニカル分析が有効なときと有効でないときを知る**

ていますので、本書がみなさんの役に立つことが期待できません。

そこで今回ここでは、どういった考え方でそのテクニカル指標は作られているのか、またなぜ結果がそうなるかという理由を解説します。この二つの理由を知ることで実戦で正しい使い方ができるようになります。

分析手法が有効になる状況を見極めよう

自分が知りたいことを教えてくれるテクニカル指標の選択に加え、選択したテクニカル指標をどういった状況で使えばもっともよい結果が導き出されるのかについても解説します。というのもテクニカル指標は万能ではないからです。そのため個別銘柄の値動きや上場している市場の値動きの特徴によって、シグナルがはっきり表れるケースと、そうでないケースがあり、実際の売買でミスリードに巻き込まれないようにする必要があるのです。また、テクニカル指標のサインが有効なとき、有効でないときはどういうときなのかなど、実戦で活用するにあたって必要な知識はすべて身につけられるようにお話ししたいと考えています。

10

テクニカル分析の全体像と重要な3つの分析手法を知ろう

テクニカル分析の種類は多くないが、数は無数にある

テクニカル分析の全体像と重要な3つのテクニカル分析について解説します。まずテクニカル分析の全体像についてですが、テクニカル分析の名前や種類は、様々に数値を入れ替えたり、利用者独自の改良を加えたりしたものなどを入れると、実は数えきれないくらいたくさんあります。また、大きく分類すると以下のような種類になります。トレンド分析、オシレーター分析、フォーメーション分析、ローソク足分析、出来高分析、サイクル分析、その他のテクニカル分析などです（『日本テクニカル分析大全』日本テクニカルアナリスト協会編・日本経済新聞社）。

初心者でも使いやすい分析手法

トレンド分析とは21ページのトヨタ自動車の例で紹介したように、業績と連動したり、しなかったりする株価の方向を探るためのものです。また、東京急行電鉄のようなケースで売買判断を行うときも同様にトレンド分析を使う必要があります。

オシレーター分析は、住友不動産の例で取り上げた売買タイミングになります。

フォーメーション分析は、住友不動産の例で示したように、トレンドが転換するポイントを見つけるときや、

1-13 主な分析法とテクニカル指標名

分析手法	分析法の概要	テクニカル指標名
トレンド分析	株価の方向を教えてくれる	移動平均線、モメンタム、MACD、ボリンジャーバンド
オシレーター分析	売買タイミングを教えてくれる	RSI、ストキャスティクス、RCI、MACD
フォーメーション分析	株価の天井や底などに加え、今の状態を教えてくれる	トリプル（ダブル）トップ、トリプル（ダブル）ボトム、三角もち合い
ローソク足分析	色や組み合わせ、形が形成された株価水準などから次の展開を予測するのに役立つ	陽線、陰線、上（下）ヒゲ、陽（陰）の坊主、十字足、陽（陰）のコマ、包み足、孕み足、出会い線、行き違い線、かぶせ線、首つり線、トウバ、明けの明星、宵の明星、アイランドリバーサル
出来高分析	出来高が株価動向に先行すると考えられるとき、増減を基に株価の天井や底を予測する、また売買タイミングを教えてくれる	出来高移動平均線、ボリュームレシオ、逆ウォッチ曲線
サイクル分析	高値や安値をつける時期を予測、また景気循環などを分析する	ライト（レフト）トランスレーション、コンドラチェフ、クズネッツ、ジュグラー、キチンサイクル
その他のテクニカル分析	トレンドや売買タイミングの両方を分析できるもの、独立して体系化された分析手法で将来株価を分析するのに用いる	一目均衡表、ポイント＆フィギュア、ダウ理論、エリオット波動理論、ギャン理論

ソニーの例で紹介した月足などの長期チャートでも株価が天井をつけたあと反落するなど、いわゆる株価が天井や底をつけたときに加え、現在の株価の状態を教えてくれる分析手法になります。

ローソク足ですが、これは株価の推移を表している基本中の基本の値動きを表すもので、このローソク足の色や、複数のローソク足の組み合わせに加え、どの水準でどのような形が形成されたかを知ることによって、次に予想される値動きなどがわかるようになります。

出来高分析とは、個別株毎に売買が増えたり、減ったりすることがありますが、この増減を捉えて売買判断に結びつけようといったものになります。

中級者以上向けの分析手法

ここまでは初心者にもわかりやすくて、すぐに理解できると同時に活用も容易なテクニカル指標で、本書ではここまでの内容を詳しくお話ししていきます。

中級者以上になりますと、サイクル分析やその他のテクニカル分析を利用する人もいます。

たとえば、サイクル分析は、株価が高値をつけたり、安値をつけたりする周期を研究するものです。これは、もともと経済循環のサイクルをテクニカル分析に応用しようとしたもので、短期的な分析もありますが、比較的長い期間の分析に用いられることが多く、中長期の投資のタイミングを計ったり、売りのタイミングを計ったりと、大きな景気の流れのなかで高値圏や安値圏を見抜けるとされており、１９８７年のブラックマンデーをその数十年前にいい当てていたのが有名です。

その他のテクニカル分析では、日本で生まれて世界的に有名となった一目均衡表や、外国人投資家がよく使っているポイントアンドフィギュア、またＮＹダウで有名なダウ理論や株価の波（波動）を分析することで、株価が高値や安値をつける時期に加え、いくらまで上昇するのかといった予想株価まで導き出そうとするエリオット波動理論などがあります。

本書で主に紹介する分析手法

ただし、これら全てのテクニカル分析手法をマスターするには、ある程度の経験や分析力が必要になることに加え、テクニカルアナリストの裁量部分が多くなってしまうこともあり、今回説明することは避けました。**本書で取り上げるのは、トレンド分析、オシレーター分析、フォーメーション分析の３つです。**この３つのテクニカル分析手法は、裁量部分が極力抑えられ、客観的に判断できるようになっていることから、初心者でも迷わず使える優れものです。それぞれのテクニカル分析が教えてくれることと、関連するテクニカル指標名を記載しておきますので、まずご覧ください。

第2章

取引ルールの基礎となる3つの分析方法

01

売り時・買い時を逃さない3つのテクニカル分析

なぜ3つの分析手法が大事なのかを理解しよう

第1章でも触れましたが、株価は「上がるか」「下がるか」「横ばいか」の3つの値動きが基本となるわけですが、そうしたなかで、まず、買った方がよい株なのか、売った方がよい株なのか、の選択を行う必要があります。ただ、初心者が失敗してしまう例で最も多いのが、投資の実践のまさに入り口にあたるこの「買い」や、利益確定の「売り」の部分です。実はこのもっとも重要な「買い」と「売り」が、意外と軽視されており、失敗の大きな原因となっているのです。

たとえば、第1章でお話ししたトヨタ自動車の例のように、業績発表のなかで上方修正されても株価が下落する場合、ちょっと経験のある投資家であれば「ここは下げ止まるまで様子をみてから買おう」とすぐに思いつくところです。しかし、初心者は「業績が良いのだから、いつか下げ止まって戻ってくるはず。だから、いつ買っても同じだし、長く持ち続けるつもりだから」と考え、下げている途中を買って塩漬けになってしまうか、下げに耐えられず損失覚悟で売ってしまうといった失敗をしてしまいがちです。

一方、投資経験のある投資家は、「下げ止まってから買おう」と考えて様子見をします。ただ、「下げ止まってから買おう」と考えるところは良いのですが、その下げ止まりを判断するための定義やルールがないことから自分の感覚に頼ってしまい、残念な結果になるのです。

では、どのように判断すればよいのでしょうか？　**失敗を回避するためには、最初に自分なりの下げ止まりのルールを決める必要があります。またそのルールを決めるために必要なのが、これまでお話ししたトレンド分析、オシレーター分析、フォーメーション分析なのです。**

株価の方向を判断するトレンド分析

まず、買うか売るかを決めるのにはトレンド（株価の方向）の判断が必要です。なぜなら、損失を抱えてしまうため、下落途中の銘柄を買ってはいけないからです。したがって、上昇中、あるいは上昇が始まったところであると判断されれば「買い」でスタートします。一方、トレンドが下落途中、あるいは下落が始まったところと判断された場合、「買い」は見送ります。これは非常に簡単な判断ですが、ファンダメンタル分析と同時にテクニカル分析も行って売買を判断する投資家は、残念ながらほとんどいないでしょう。

一方、ファンドマネジャーなど、ファンダメンタル分析を重視して投資を行う投資家はチャートを見ていないという人がいますが、実はケースバイケースです。日本テクニカルアナリスト協会の会員の中にも、ファンドマネジャーは在籍していますし、私が資格を持っている国際テクニカルアナリスト連盟に加盟している会員には、日本でも有名な海外の証券会社のファンドマネジャーがいます。彼らをみていると、ファンダメンタル分析だけで突出したパフォーマンスを上げることが難しくなっていると考えている人が少なくないです。ファンダメンタル分析をベースにパフォーマンスをさらに向上させるために、基本的なテクニカル分析をマスターして運用に活用しているファンドマネジャーも増えているのです。このように、プロの機関投資家と呼ばれるファンドマネジャーが運用競争で勝ち抜くためにテクニカル分析を取り入れているなかで、売買判断のルールもないままに投資を行っても利益につながる可能性は低いといわざるをえません。トレンド分析についての詳細は第3章と第4章で紹介します。

2-01 トレンド分析のイメージ

株価
上昇トレンド
だから買おう
投資家

2-02 オシレーター分析のイメージ

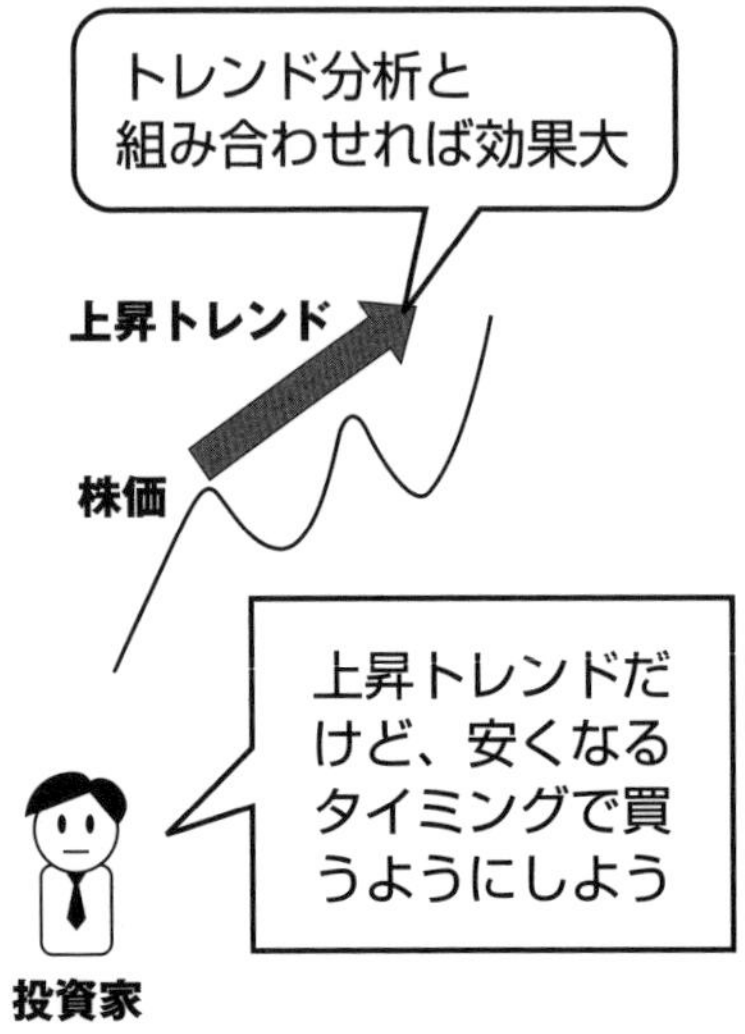
トレンド分析と
組み合わせれば効果大
上昇トレンド
株価
上昇トレンドだけど、安くなるタイミングで買うようにしよう
投資家

売買のタイミングを探るオシレーター分析

失敗を減らしパフォーマンスを向上させるため、次に行うのが売買タイミング分析です。株価が上昇トレンドと判断されても、株価は上下動しながら上昇していくことが多いので、その上下動のなかで売買のタイミングを探るわけです。そしてその時に用いるのがオシレーター分析です。

オシレーター分析は、売買タイミングを教えてくれるテクニカル指標ですが、トレンド分析とあわせて使うことによって、より有効性を発揮します。トレンド判断と売買タイミングを組み合わせることで、オシレーター系のテクニカル指標が発する売買シグナルの間違いを発見しやすくなり、無駄な売買を減らせます。また、**テクニカル指標が発するシグナルはもちろん万能ではありません。時には間違ってシグナルを発することがあります。そのため、間違ったシグナルを発しやすい状況を知っておく必要があるのです。**

そうしたシグナルの間違いを予め知っておけば、実際の投資における売買の失敗が少なくなると考えられると同時に損失の減少につながることになり、みなさんのパフォーマンス向上に役立ってくれることになるのです。オシレーター分析の詳細については第5章で紹介します。

株価の天井や底を判断するフォーメーション分析

最後に行うのがフォーメーション分析です。これは、値動きによってできあがるチャートの形から、株価の天井や底を判断するものです。利点は、トレンド分析やオシレーター分析で判断しづらい、迷ってしまうところや、判断が遅れてしまうところをカバーできる点にあります。

2-03 フォーメーション分析のイメージ

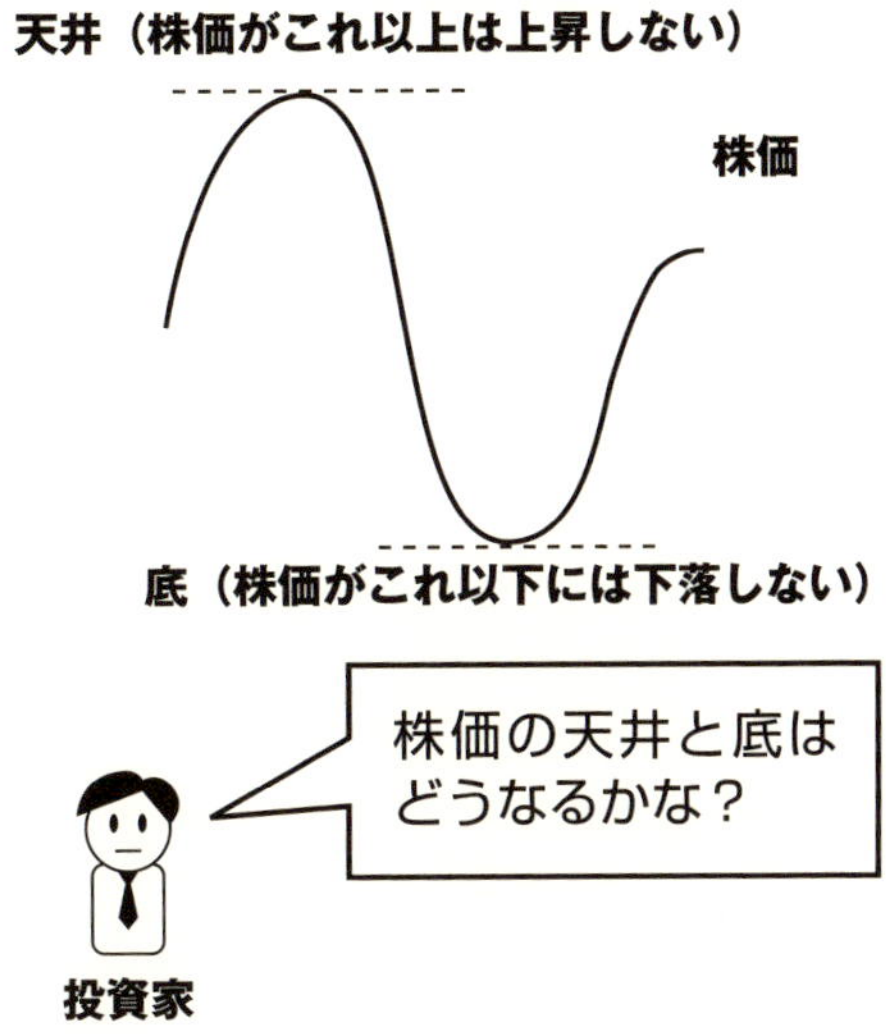
天井（株価がこれ以上は上昇しない）
株価
底（株価がこれ以下には下落しない）
株価の天井と底はどうなるかな？
投資家

これら3種類の分析手法を身につければ、今買いなのか、売りなのかを判断できるようになると同時に、成功に近づけるでしょう。また、この「今どういう状況か」を分析し、「次にどうするか」という判断がそもそも間違っていたら、間違った入り口から入ってしまい、迷路の中をさまよい歩いた揚句、マーケットから退場させられてしまうことになりかねません。フォーメーション分析の詳細については第6章で紹介します。

02

3つのテクニカル指標とローソク足だけで初心者は十分!!

ローソク足が重要な指標である理由を理解しよう

「本当にローソク足と、この3種類のテクニカル分析だけで大丈夫なのでしょうか?」、「そんなに少ないテクニカル指標だけで成功に近づけるでしょうか?」と、疑問に思うかもしれませんが、ローソク足とこの3つの重要なテクニカル指標だけで大丈夫だという理由を説明しましょう。

まずローソク足についてです。ローソク足の読み方については54ページでもっと詳しくお話ししますが、**ローソク足は、実は様々な情報を大量に含んでいるテクニカル指標なのです。**そのため、投資家の心理も表しているという見方もあります。どういうことかというと、一般的にみなさんが目にする価格は当日の取引が終わった時の価格、いわゆる終値《おわりね》になりますが、ローソク足はこの価格情報を、終値を含め4つも含んでいるのです。

また、4つの価格情報に加え、例えば、白と黒といった対比される色付けがなされており、初めてみる人にとっては暗号のように思えるかもしれませんが、前日比の値動きだけでなく、日中の上昇や下落といった値動きを投資家に伝えてくれるものなのです。

2-04 ローソク足でわかる情報

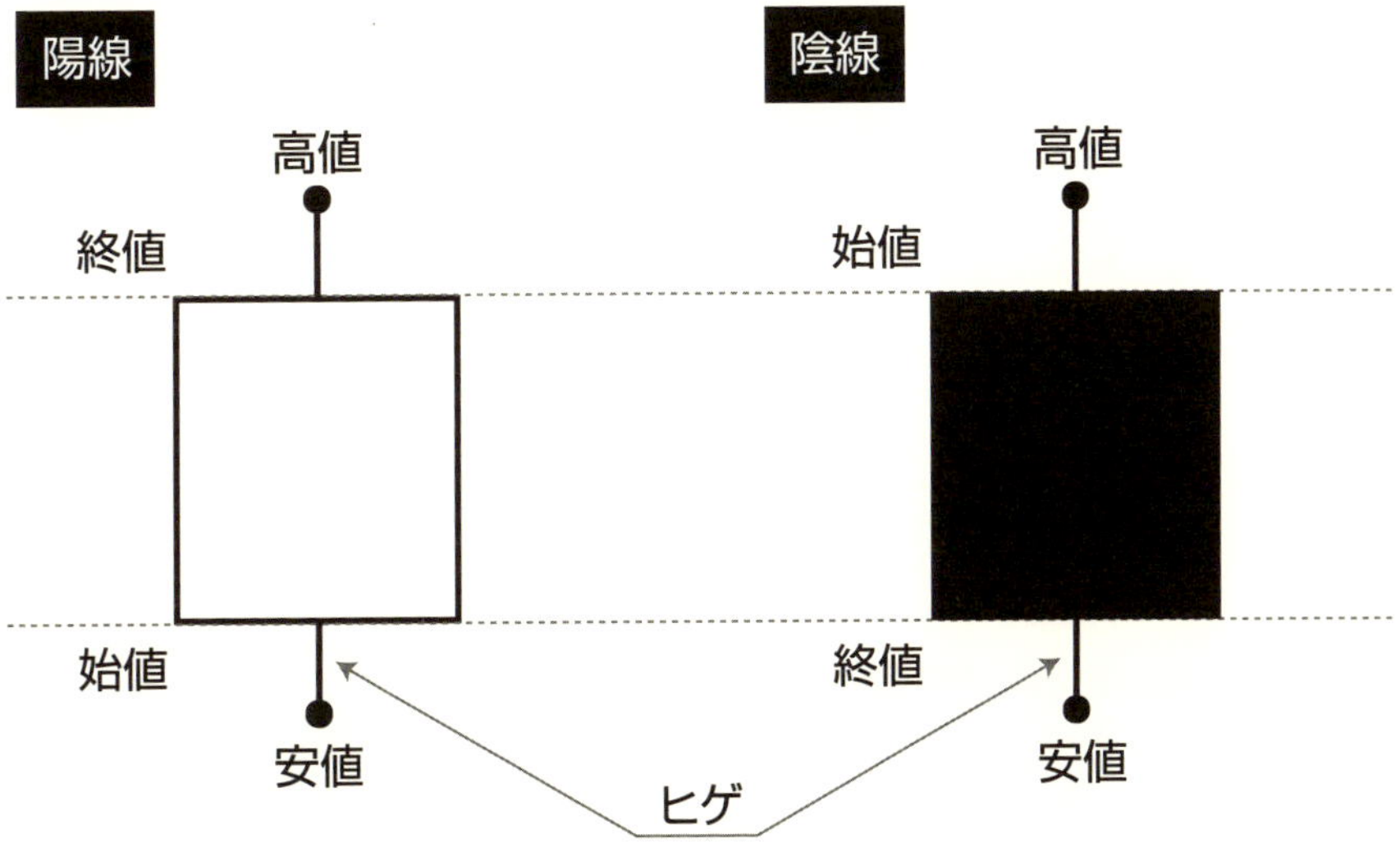

ローソク足とテクニカル指標の関連性

ローソク足は一日の取引を時系列で表示していることから、日々の値動きを連続して確認できることに加え、フォーメーション分析に活用できます。終値だけをみて、株価が上がったか、下がったかに一喜一憂する投資をする人も多いでしょう。しかし、ローソク足が示す４つの価格情報に加え、その色を組み合わせることによっていろいろな種類の意味を持ったローソク足が形作られることになりますが、その意味を知ることによって実に様々なことがみえてきます。

例えば、マーケットで売っている人、買っている人のどちらの勢力が優勢なのかといった簡単なことから、ローソク足を複数組み合わせてみることで、一見複雑に思える株価の方向を読み取ることができます。また複数のローソク足によって作られている特徴的な形からフォーメーション分析に活用できるだけでなく、株価の天井や底といった情報までを読み取ることができるのです。

またトレンド分析についても、実はこのローソク足と深い関係があります。なぜなら、トレンド分析は当日の終値を基に作られているからです。そのため、ローソク足とトレンド分析を組み合わせることで、株価が向かっている方向や、上昇トレンドにおける買いタイミングなどを知ることができます。

利益確定や損切りの目安にも使える

このようにローソク足から読み取った市場の動向に加え、株価の方向を教えてくれるトレンド分析や、いつ買えばいいのかといった売買タイミングを知ることができれば、パフォーマンスの向上や、利益確定を行ったり、損失を拡大させないようにロスカット（損切り）を行ったりすることができ、投資資金を効率的に運用できるようになるでしょう。

さらに、株価はずっと上昇し続けるわけでも、下落し続けるわけでもありませんから、**天井や底を教えてくれるフォーメーション分析を活用すれば、トレンド転換や売買タイミングのシグナルが発生する前に変化の兆しを知ることができ、まさに鬼に金棒となります。**投資判断に重要な要素となるマーケットの現状分析に加え、「買い」か「売り」かの判断や売買タイミング、さらには株価が天井をつけるのか、あるいは底打ちするのかといったところまでわかるわけですから、この3種類のテクニカル分析を身につけるだけで十分なのです。

45ページのフローチャートは、テクニカル分析のアプローチの順番を表したものです。新規で買う場合、銘柄選びはファンダメンタル分析を基本としますが、そこで銘柄の候補が複数あった場合や一つの場合でも、買うのか、それとも様子を見た方が良いのか、トレンド分析を行ってタイミングを計ります。

たとえば、最上段の例では、ファンダメンタル分析で割安だと判断されても、下降トレンドだった場合は、買いを見送ります。ただ、見送ったあとも、銘柄によっては、底打ちをして上昇に転じる場合もあります。そこでトレンド分析のほかにフォーメーション分析を使って、株価の底入れの可能性を探り、株を買うためにベストなタイミングを計るようにするのです。

2-05 初心者が失敗しないためのテクニカル分析のアプローチ

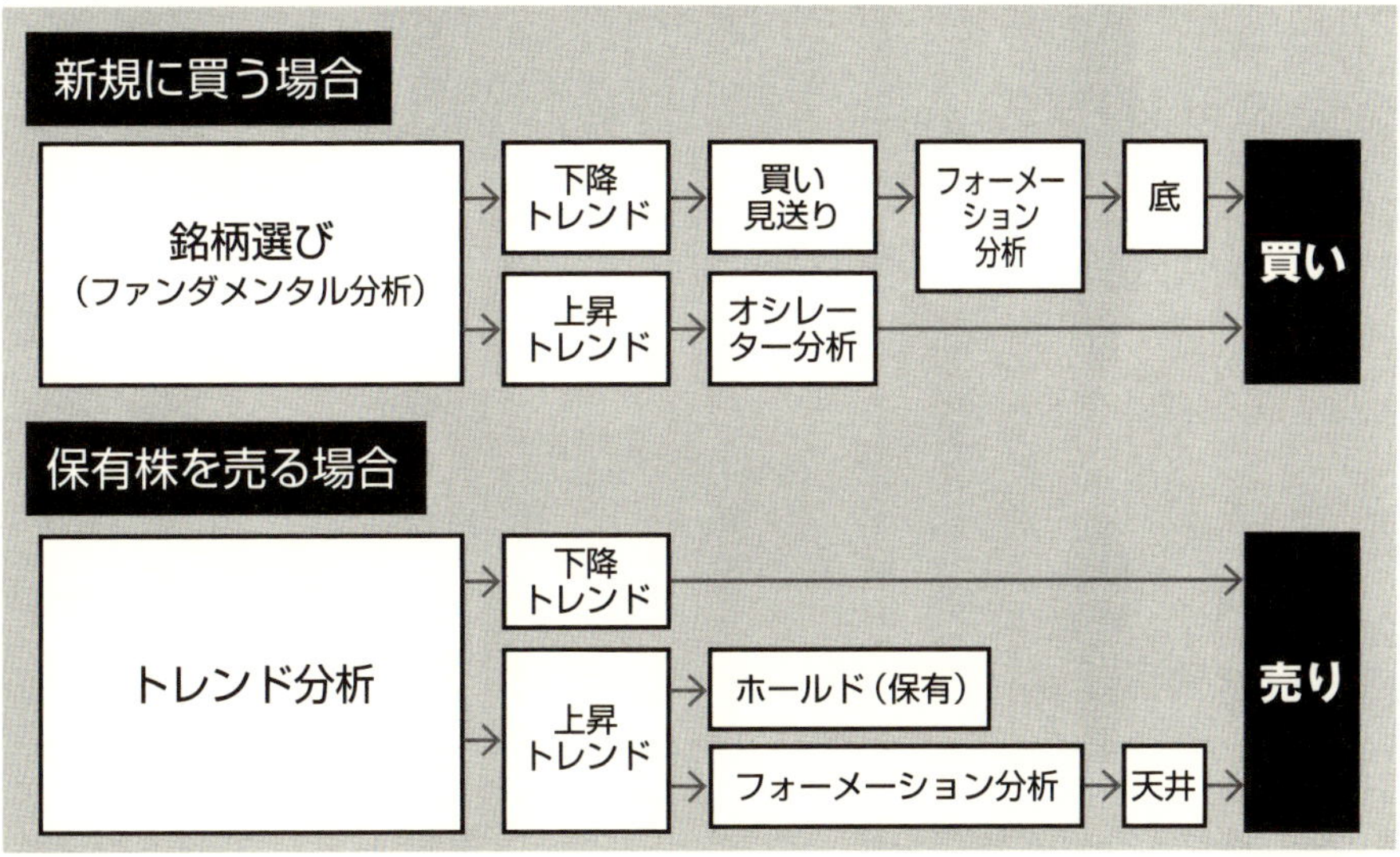

また、保有株を売るときも同様のアプローチを行い、トレンドが変わったのか、あるいは天井をつけたのかを判断します。

たったこれだけのプロセスですから、初心者でもすぐに活用できます。また、客観的な判断ができ、常に同じ条件で銘柄を選んだり、売買タイミングを計ったりすることができるようになります。

具体的には、翌年度の業績見通しが出始める2月あたりから銘柄選びを始めます。また、銘柄選びでピックアップした銘柄をもとにトレンドの分析を行います。仮にその期の業績が良くても、翌期に増益が見込めない企業の場合、株価がこのころから徐々に頭打ちになり伸び悩みます。

また、翌期も増益基調と予想されても、株価が伸び悩んだり、下降トレンドになったりしている場合、本当に業績見通しが正しいのか、投資家が様子見している場合があるので、買いを見送ります。

このように新年を少し過ぎたところから始めるのが初心者には有効ではないかと思われます。また、ベテランも保有銘柄の見直しに活用できます。

03

テクニカル分析を活用するためには毎日株価をチェックしよう

株価に大きな影響を与える投資家の行動を知ろう

ここからは具体的な使い方をお話ししたいと思いますが、その前にテクニカル分析をより有効に利用するための準備について説明させてください。

みなさんよくご存じのように、テクニカル分析で用いられる株価は毎日変動しています。また、株価を基につくられているトレンド分析や売買タイミング分析、フォーメーション分析は、3種類ともに株価に連動して日々刻々と変化しています。

記憶に新しいギリシャの債務問題や中国の景気減速懸念、またアメリカの利上げなど、外部環境の変化によって一夜明けただけで市場を取り巻く環境や情勢が大きく変化することがあります。

大口投資家の動向がチャートに反映される

そうしたなかでも株価を毎日チェックしていれば、異変に気づけます。なぜなら株式などの金融商品で大量の資金を運用している生損保など、いわゆる機関投資家と呼ばれる大口投資家や、ヘッジファンド（主に外国人投資家）、そして世界最大級の公的運用機関である国内年金基金などの売買動向がチャートに表れるからです。

2-06 TOPIXの日足チャート

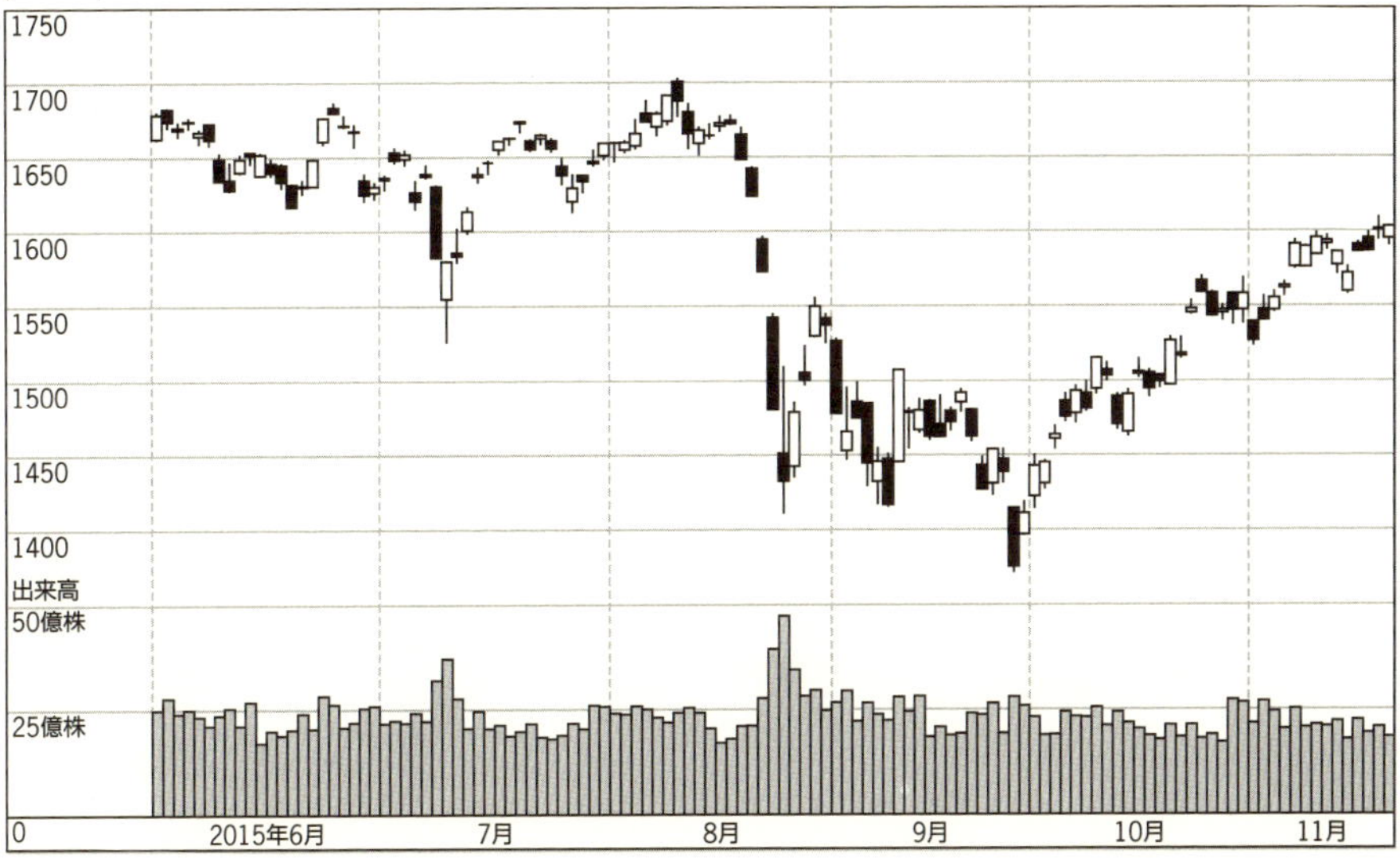

情報をたくさん集めて分析しているこれらの投資家は、リスクが高いと思えば実際に何かが起こる前に換金売りを出すでしょうし、逆に、2014年10月31日に発表された日銀の追加緩和発表時のように、金融緩和が行われれば大量に買うなど、結果が判明する前後や、わかったところで大きく動き始める、といった投資行動をとっていることはよく知られていることです。

各種指標にも注意しよう

特に、日経平均株価や東証株価指数（TOPIX）、JPX日経インデックス400などの指数とよばれる、市場全体の値動きを表す指標は、そうした動きが顕著に表れます。そのため、是非毎日、指数などの価格をみるようにしてほしいのです。また、価格をみると同時にチャートもしっかりチェックするようにしてください。そうすることが変化の兆しを先取りして、他の投資家よりも一歩でも半歩でも早く行動を起こすためのカギになると同時に、みなさんにとってのリスク回避やチャンスを逃さない投資行動に結びつくことになります。

04

市場全体の指標だけでなく個別株の動向も毎日確認しよう

思い込みで株価の確認を怠ると損失につながる恐れがある

前項では日経平均株価、東証株価指数（ＴＯＰＩＸ）、ＪＰＸ日経インデックス４００といった市場全体の値動きについて解説しましたが、市場全体の動きを表す指数をチェックしておけば、自分の保有している銘柄の株価はみなくてよいかというと、それだけでは足りません。保有している個別株の値動きもしっかりチェックする必要があります。なぜなら、個別株のなかには日経平均株価やＴＯＰＩＸなどと連動しない銘柄も数多くあるからです。

また、通常は個別企業に関連するニュースや投資家の思惑などによって取引されて株価が動いているわけですから、株価をみないでほったらかしにすることは厳禁なのです。

日経平均株価に変化はなくても…

もっともよく聞く失敗は「ちょっと仕事が忙しくて株価をみていなかったら、気づいたときには大きく値下がりしていた」や「日経平均株価などの市場全体を表す指標が横ばいか、あるいは値上がりしていたため、自分の保有株も値上がりしているだろうと思いこみ、しばらく株価をみていなかったら、値下がりしていた」といったものです。

2-07 売りそびれたことに気付いてももう遅い

また、「値下がりしているのに気づいたときには損失が拡大してしまっていたが、TOPIXが値上がりしていたため、また戻ってくるだろうと思って放置した。すると、もっと含み損が拡大する結果になっていた」という失敗談もあります。

売りそびれて塩漬けにしてしまう投資家の心理状態とは？

こうした状況から塩漬け株にしている投資家は、人には敢えていいませんが、結構多くいるのではないかと思われます。

なぜなら、株を保有している投資家のなかで、利益が出ている状態でそのまま持ち続けるのは、かなり強い精神力が必要になるからです。したがって、含み益が出ている銘柄は利益を確保するために売る一方で、売りそびれてしまった場合や損失が発生しているケースでは、我慢しようとする気持ちの方が勝ち、損失を抱えたまま保有し続けている人の方が圧倒的に多いと考えられるのです（これは行動ファイナンスのプロスペクト理論などで解説されています）。

05

毎日株価チェックができない人は売買注文をセットしておこう

テクニカル分析で売買のタイミングを指示できる

本来は毎日株価をチェックしてほしいのですが、もし毎日株価をチェックできないにもかかわらず、株式投資がしたいと考えているのであれば、そういう人ほど、テクニカル分析を活用する必要があるでしょう。なぜなら、テクニカル分析はもちろん万能ツールではありませんが、いざというときの判断材料になってくれるからです。

たとえば、株価が値上がりしている途中、急に海外に出張に行かなければならなくなり、株価をチェックできなくなってしまったとき、トレンド分析を使って、あらかじめトレンドが転換しそうなところでいったん利益を確保するといった注文を出すことが可能になります。

トラブルはいつ起こるかわからない

また、株価が上がり出したら買いたいと考えているが、飛行機や電車に乗って移動しなければならなくなってチャンスを逃しそうなとき、さらには、保有している株に含み損が発生し、売るかどうか迷っているときに急に大事な仕事が入ってしまい株価をチェックできなくなったようなときにも、役立ちます。

特に、老後の資金のために株で運用を行っているときに本人が病気になってしまったり、家族や両親の介

護といった問題が浮上してしまったりしたときなど、ファンダメンタル分析は売買タイミングを教えてくれませんが、トレンド分析は、持っていた方がよいのか、持たない方がよいのかを教えてくれます。さらに、売買タイミング分析は、今買いなのか、売りなのかを教えてくれます。

フォーメーション分析は株価の天井や底値を教えてくれるため、忙しい人ほど、これらの分析を活用して売買注文をセットしておき、ポイントとなる価格をコンピュータに見張らせておくのです。

そしてそのポイントとなる価格になったら、自動的に買い注文や売り注文が流れるようにしておき、利益確保や損失確定の売りのほか、買いのチャンスを逃さないようにします。

ここで紹介した注文方法は逆指値注文といって、ネット証券などで普通に用意されているものですから、口座を作ると利用できます。また、トレーリングストップといった注文方法もありますので、活用できるようになるといざというときの助けになります。

06

株価を動かす要因になるトレンドのメカニズムとは？

トレンドに影響する良いニュースと悪いニュース

ただ、もっと慎重な人や、あるいはテクニカル分析にまだ疑問を持っている人は、そうしたトレンドの発生や売買タイミングをみても、果たして本当にそれが続くのだろうか、であるとか、過去そうなったからといって未来もそうなるとは限らないと考えると思います。

そこで、いくつかの例を挙げてみたいと思います。

政権交代で発生した上昇トレンド

最初の例はトレンド発生を示したものです。もっともわかりやすいのが、２０１２年12月16日に行われた衆議院選挙で、民主党から自民党に政権が交代してからの株価の上昇ではないでしょうか。当時、自民党が選挙で圧勝しましたが、日経平均株価は９０００円台で推移しており、一般的には、２０１５年６月に2万円台に回復し、２０００年４月のＩＴバブルの時の高値を更新して2万９５２円をつけるなどとは考えられていませんでした。

株価は２０１５年６月24日まで上昇を続ける結果となりましたが、これがいわゆる株価の上昇トレンドです。トレンドが発生する理由にはいくつかありますが、たとえば、上昇トレンドが発生する場合、良いニュー

| 2-09 | 良いニュースが上昇トレンドを生む背景

	情報入手時期	最初の投資行動	次の投資行動
投資家A	当日	買い	売り
投資家B	当日	様子見	買い
投資家C	数日後	買い	様子見
投資家D	数週間後	買い	様子見

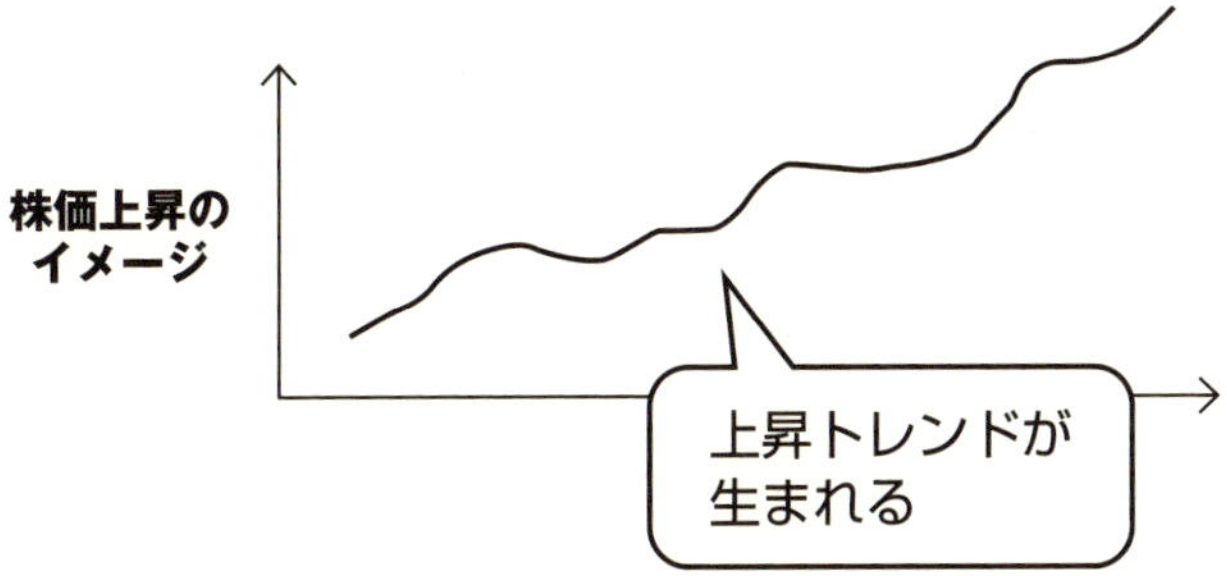

ス（増益継続、新製品の発表、特許出願・取得、月次好成績、提携、株主移動、国の政策、好天など）が挙げられます。

一方、下降トレンドが発生する場合、悪いニュース（業績悪化、不祥事、特許切れ、月次悪化、提携解消、株主移動、国の政策、天候不順など）がその理由として挙げられます。

良いニュースも悪いニュースも全ての投資家に行き渡るには時間がかかる

以上のことからトレンドが発生する理由として、良いニュースであれ、悪いニュースであれ、投資家全体に情報が広がるまでの時間の違いなどが考えられます。また、情報を手に入れても、その時の判断が投資行動に結びつかず、遅れて行動を起こす場合もあります。**こうした情報入手のタイミングの違いや、投資行動を起こす時期の違いから、上昇が続いたり、下落が続いたりといったトレンドが発生するのではないかと私は考えています。そのため、日々の株価をみることがとても重要になるのです。**

07 ローソク足の基本的な見方を学ぼう

ローソク足を構成する4つの情報とは？

ローソク足は1つで4つの情報を持っている優れものです。その4つの情報とは、始値、終値、高値、安値になります。一般的にニュースなどで流れる終値をみただけでは、前日比でどうなったかがわかっても、日中に何があったのかまでは推測できません。ところが、ローソク足はこの4つの情報を駆使して、日中の値動きや、勢いの強弱がわかるようになっています。また、今後の動向を予測するヒントを与えてくれます。

4つの情報があると、組み合わせた場合、何通りかの組み合わせができます。このパターンを覚えることで、株価が表すいろいろな意味を、次の値動きの予測や売買判断に結びつけていくのです。

「強気」の陽線と「弱気」の陰線

パターンとして最初に考えられるのが、始値と終値の比較です。始値より終値が高いケースと、逆に始値よりも終値が安いケースが考えられます。始値よりも終値が高いケースでは、取引開始から株価が上昇して取引を終えたことを示しており、強いパターンになります。これが「陽線」と呼ばれるローソク足です。一方、その逆に始値よりも終値が安いケースでは、取引終了にかけて値下がりしたことになり、株価は弱いパターンの「陰線」と呼ばれるローソク足になります。これが基本です。

|2-10| ローソク足の作られ方

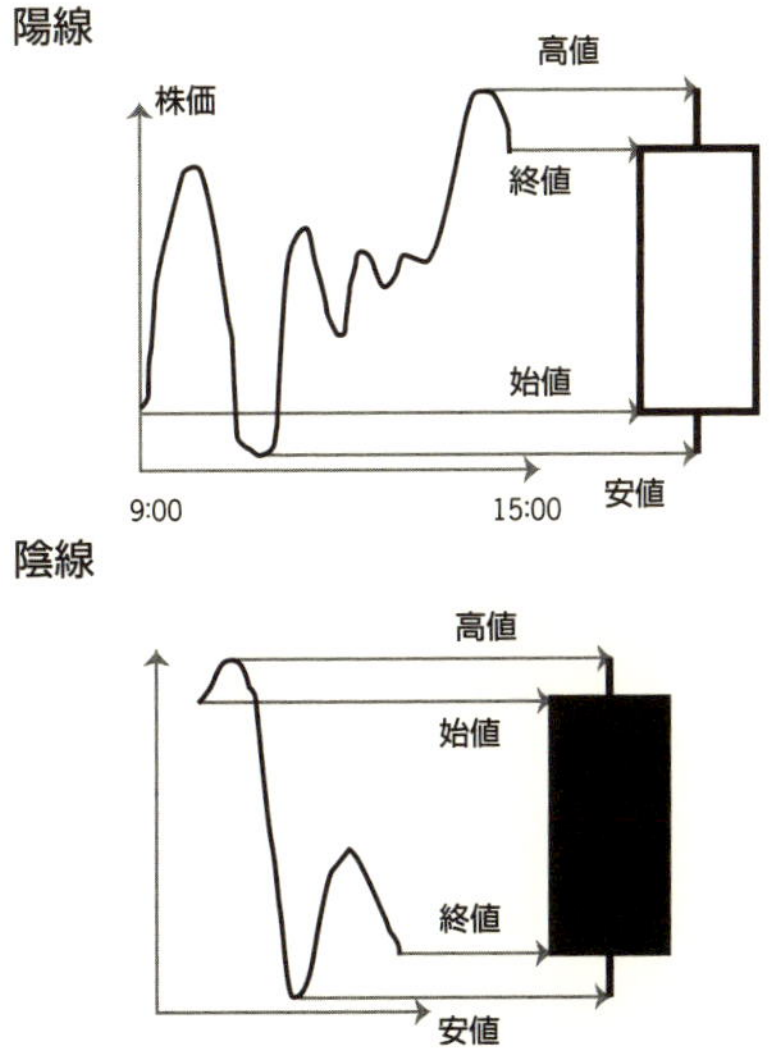

|2-11| 陽線と陰線の長さが意味するのは？

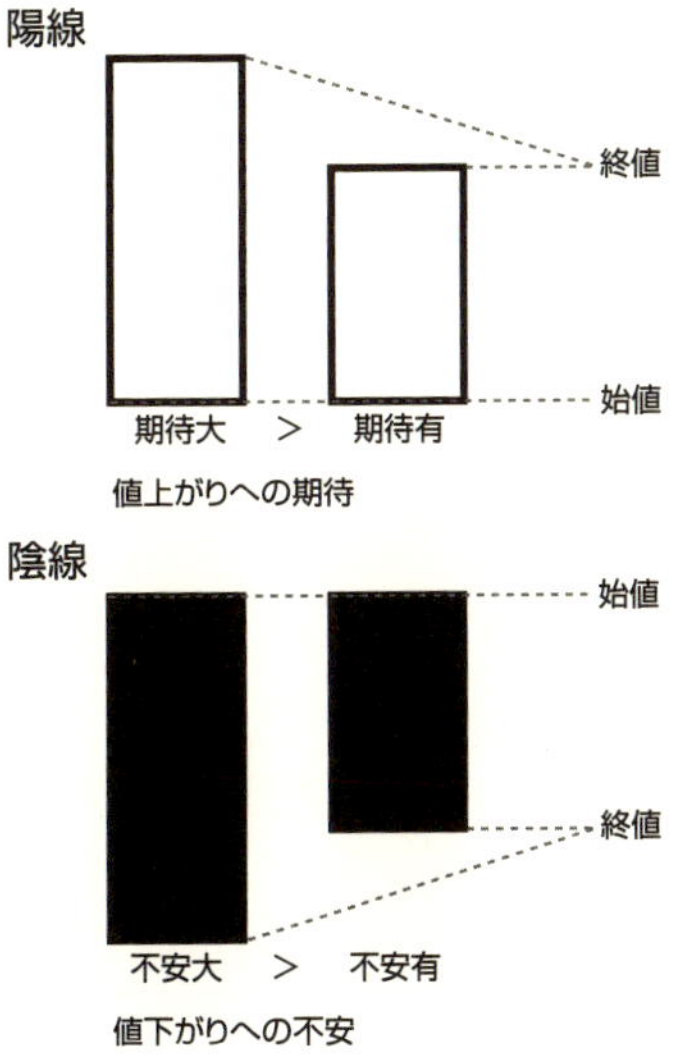

この始値と終値の位置関係が陽線と陰線を決め、強弱を表します。陽線の場合は「強気」としたり、陰線の場合は「弱気」としたりと、投資家心理を表す表現として使われます。

陽線が続いたときと陰線が続いたときの対処法

　続いて、この陽線と陰線がそれぞれ続いた場合を考えてみましょう。一日だけ陽線や陰線が作られた場合よりも陽線が続いているパターンでは、取引がスタートしたあと買われて終わることになるため、前日比で上昇してスタートした場合は、株価が上昇基調と考えられます。また、逆に陰線が続いた場合、取引終了にかけて売られていることが考えられますが、前日比で下落して始まったあと陰線が続いたならば、株価が下落基調であることを示しています。このように、陽線が続くケースは上昇基調、陰線が続いているケースでは、株価が下落基調と考えられます。

　では、みなさんは陽線が続いているときと、陰線が続いているときのどちらの時に株を買いますか？そのまま上昇が続く保証はありませんが、**陽線が続い**

2-12 陽線と陰線の上ヒゲ

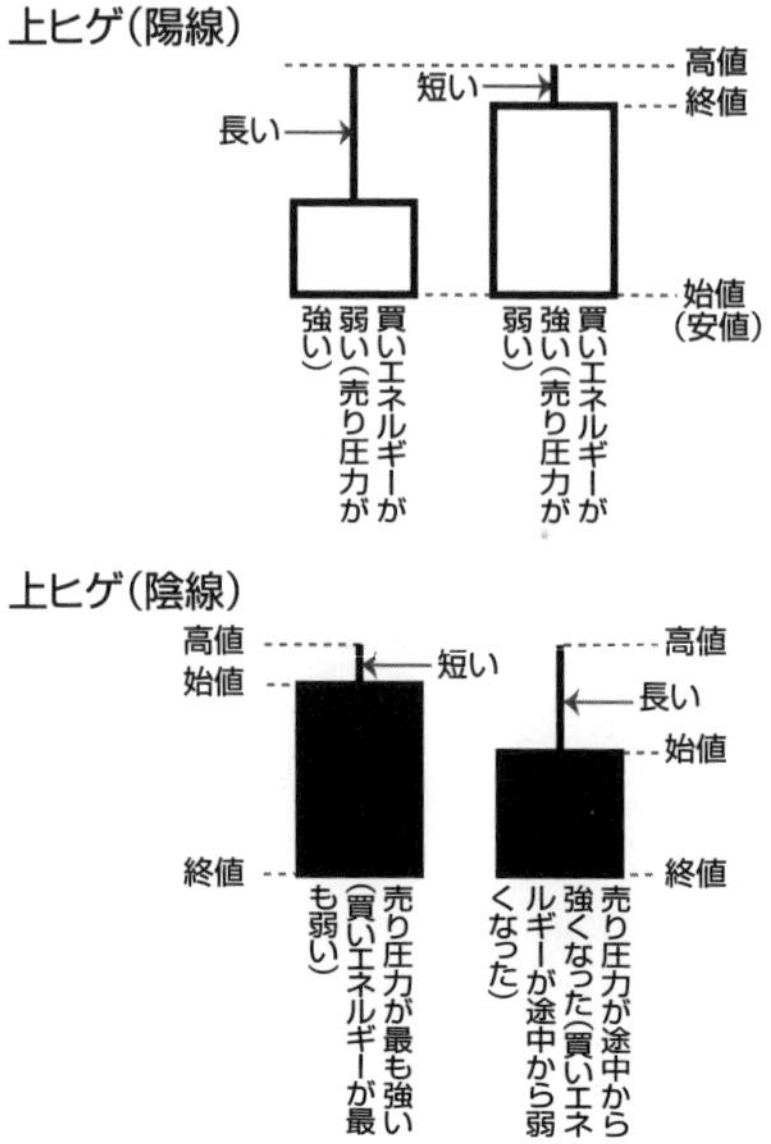

2-13 陽線と陰線の下ヒゲ

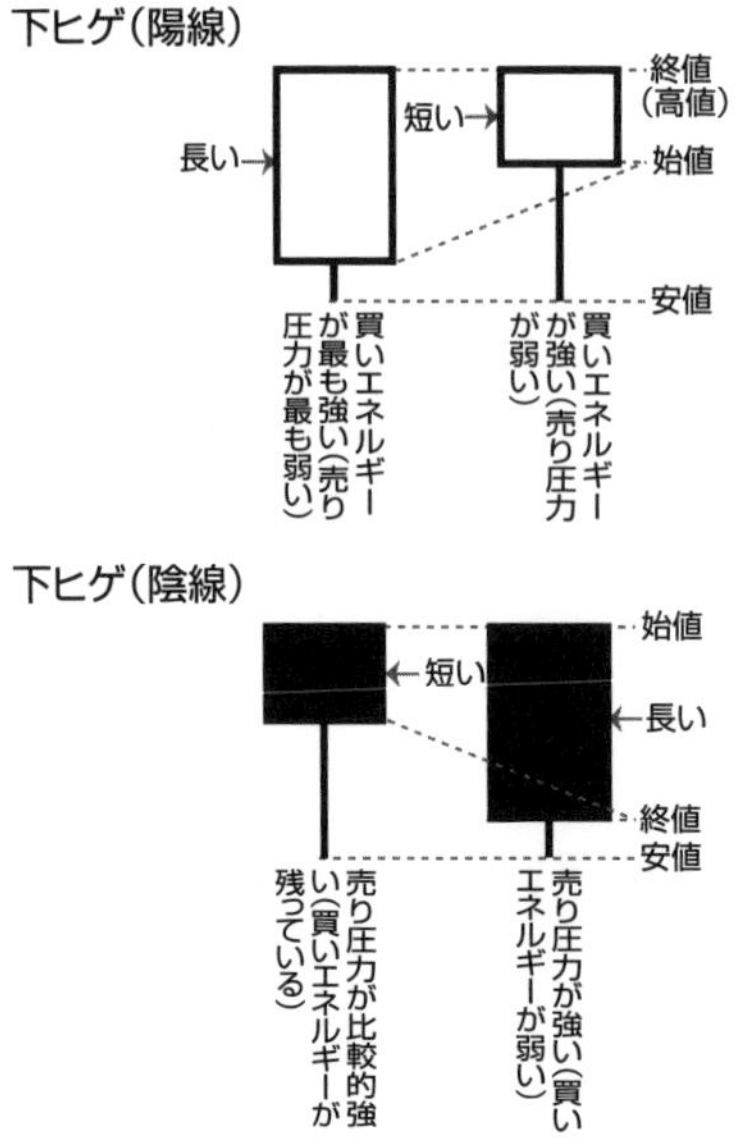

ているときの方が、取引終了にかけて上昇しているわけですから、取引開始時に株を買って、上昇が続いている間は保有しておくといったことが考えられるわけです。一方、陰線が続いているケースでは、下落基調であると考えられるわけですから、「買うのは下げ止まってから」と判断でき、下落基調のところを買って失敗するケースを減らせます。ただ、陰線が続くケースでは、もうそろそろ下げ止まるだろうと考えてしまいがちですが、その考えが塩漬け株を作ることにつながりますので注意が必要です。

陰線と陽線が交互に続くときの対処法

続いては、陰線と陽線が交互に現れるパターンについてです。「陽線は強気」、「陰線は弱気」を表しているわけですから、「強弱の対立」を示しています。そのため、株価が横ばいになっていることが多いのです。もしこのようなケースに遭遇したとしたら、みなさんはどのような投資行動をとりますか?

この場合、株価の方向がはっきりしていないので、様子を見るのが正解になります。ローソク足の簡単な

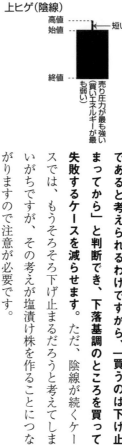

2-14 ソディック（6143）の日足チャート ニュースリリースと業界紙の報道で株価上昇が続いた

※値幅制限いっぱいまで買われること

見方やその形が表している意味を知るだけでも、これまでなんとなく見ていたチャートが全く違うものにみえてくるでしょう。

2-15 ローソク足から読み取れる情報

- **ローソク足の４つの情報→始値、終値、高値、安値**
- **陽線→株価が始値より上昇して終えた**
- **陰線→株価が始値より下落して終えた**
- **陽線が続く場合→上昇基調**
- **陰線が続く場合→下落基調**
- **陰線と陽線が交互に現れる→横ばい**

08

ローソク足を使ったトレンド分析をしよう

翌日の株価の動きや変化の兆しを捉えられる

ローソク足を使ったトレンド分析の考え方や見方について解説します。トレンド（株価の方向を知る）の分析方法にはいくつかありますが、その中でもトレンドを知る基礎となるローソク足を使った方法を紹介します。ローソク足を使ってどのようにトレンドを分析すればよいのでしょうか。ヒントは、ローソク足を作っている情報です。そうです。株価や陽線、陰線などを基に考えるのです。たとえば、上昇トレンドとはどういう状態のことを指すのか考えてみてください。上昇トレンドとは、株価の右肩上がりが続いている状態を指すとしましょう。そのとき、ローソク足はどのような形になっていると考えられるでしょうか。また、価格の水準はどうなっているのでしょうか。上昇トレンドといった場合、ローソク足の終値で前日の高値を更新している必要があるはずです。また、ローソク足が陽線を形成していることも必要です。

一方で、ローソク足が陰線でも前日の終値を更新していれば、上昇トレンドと考えられますが、ローソク足が陽線を形成していても、前日の終値を上回っていなければ、上昇トレンドとはいえないことになります。さらに、前日の終値を終値で更新している場合、下降トレンドといえます。また、安値を更新すると同時に陽線を形成していることも考えられますが、陰線を形成していても、前日の終値を上回って終えていたならば、下降トレンドではないことになります。このように、**前日の終値を上方向に更新したか、あるいは下方向に更

新したかどうかを基に短期的なトレンドの判断に活用するのです。

陽線や陰線から読み解く

陽線や陰線が何を意味しているのかを結びつけることによってもトレンドの判断ができます。例えば、前日の終値を上に更新していなくても、前日の終値に近いところで陽線を形成しているのであれば、上昇トレンドが続いていると考えたり、前日の終値を下方向に更新していなくても、陰線を形成している場合、下降トレンドと考えたりするわけです。このようにしてトレンドの定義づけをすることによって、株価が上昇中か下降中かが判断できると同時に、保有株が上昇トレンドと判断できれば、持ち続けて利益を伸ばすことを考えます。逆に下降トレンドと判断されれば、買うのを見送って様子をみることもできるようになります。さらに、株価が前日の終値を上回ったり、下回ったりしているケースでは、株価は横ばいと判断できますし、仮に一定の値幅でそうした値動きが起こっているのであれば、その値幅の下限で買って、上限で売るといった売買戦略を考えることもできるようになります。

このようにローソク足が示している情報を基に定義づけすることによって、全く気付かなかったトレンドがみえてくるようになるのです。また、このトレンドがみえてくるようになると、翌日の動きが予測できるようになると同時に、予測と異なる動きになった場合も変化の兆しに気づき、売買判断に役立てられるのです。

ただ、株価が前日の終値を上方向に更新し続けないこともありますし、逆に下方向に更新し続けないこともあります。また、いったん下落しても再び上昇に転じたり、その逆にいったん上昇しても下落に転じたりすることがあります。このような値動きに遭遇すると惑わされてしまいます。特に下降トレンドのなかで、一度反発するような値動きが発生したときについ買ってしまい、その後値下がりが続く場合があるため注意する必要があります。対処法は第3章の「移動平均線」を解説するページで触れます。

|2-16| ５月は終値で高値を更新し続け、６月には前日の終値を下回る陰線が続いた

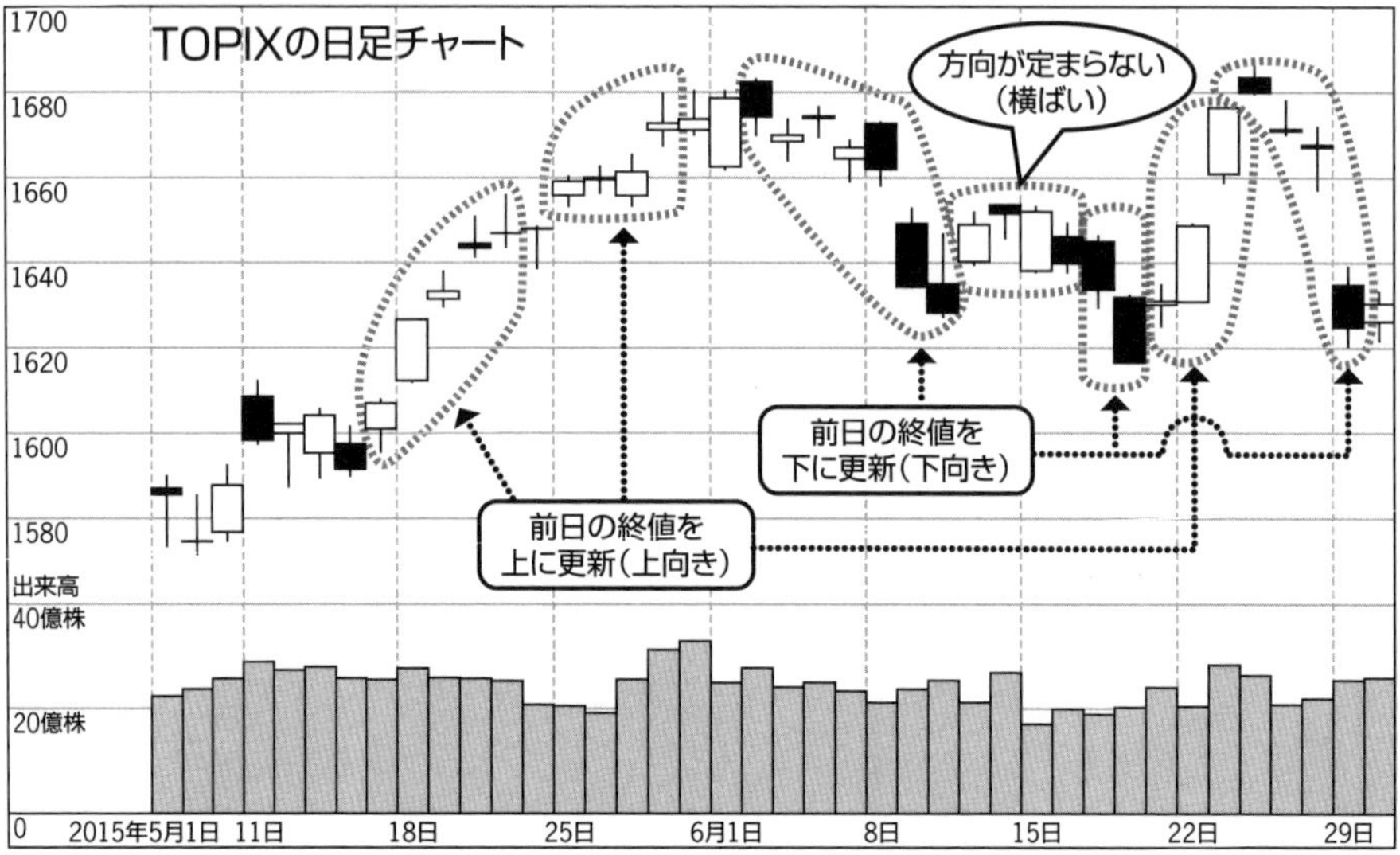

|2-17| 株価は上向きか、下向きか、横ばい（もみ合い、レンジ）かの３パターンしかない

上向き	・前日終値を上方向に更新（買いまたはホールド）
下向き	・前日終値を下方向に更新（売りまたは様子見）
横ばい	・前日の終値を上方向に更新したり、下方向に更新したり方向が定まらない ・上下一定のレンジ内で、前日の終値を上方向に更新したり、下方向に更新したり （もみ合い＝様子見、レンジ＝下限で買い、上限で売り）

09 「上下の揺れ」を読み解くオシレーター分析

「そろそろ売るか」の「そろそろ」を定義づける

ここまでローソク足やローソク足を使ったトレンド分析について説明してきましたが、ここからは売買タイミングを教えてくれるオシレーター分析についてです。オシレーター分析は、海外で生まれて日本に導入されたテクニカル指標で、このオシレーターを直訳すると、「振動するもの」や「振動子」といった言葉になりますが、この振動をテクニカル分析的に解釈すると、上下に振れるテクニカル指標といい換えられます。

客観的な定義に基づいた判断基準をつくろう

では、上下に振れるとはどういうことかというと、62ページのチャートを見るとわかるように、下限は0から上限は100までの間で上下に振れるテクニカル指標がオシレーター系チャートになります。なかには上限と下限がないものもありますが、基本的には0から100までの水準のなかで動き、その水準によって売買タイミングを計るテクニカル指標になります。

ところでみなさんに質問ですが、一般的に株を買うタイミングや売るタイミングとはどういった状態を考えればよいのでしょうか。みなさんは売るタイミングや買うタイミングをどのように考えますか？　よく耳にするのは、「そろそろ」という言葉です。「そろそろ下げ止まりそうだ」とか、「そろそろ売り時だ」とかです。

2-18 しまむら（8227）の日足チャートとRSI

この「そろそろ」をみなさんなら、どのように定義づけしますか？　実は、この「そろそろ」を定義づけすることが非常に重要なのです。

成り立ちがシンプルな指標

なぜなら、定義づけできずに感覚的な判断になってしまうと、行き当たりバッタリになり、その日の気分で判断がぶれてしまったり、安定的に良い結果を導き出せなかったりすることになるからです。そのため、どのような時でも客観的な定義づけによって導き出されたぶれない安定的な判断基準が必要なのです。そこで、このオシレーター系のテクニカル指標を用いるのが有効になります。

また、オシレーター系のテクニカル指標は、その成り立ちがシンプルで、初心者から中上級者まで幅広い投資家が利用できるテクニカル指標なのです。したがって、初心者はまずどういったときが買いどきなのかを知る上でもしっかり身につけておく必要があります。

10 株価の勢いを示すモメンタム分析

トレンド分析を補完する存在を上手に使いこなそう

続いてはモメンタム分析についてです。売買タイミングを計るときにトレンド分析を合わせて使う方がより効果的だとお話ししましたが、モメンタム分析は、トレンド分析の補足として使われると同時に、オシレーター系テクニカル指標の誤ったシグナルを発見するのにも有効な指標となります。

そもそもモメンタムを直訳すると、勢いや推進力などといった言葉が当てはまりますが、その和訳通り、モメンタムは株価の勢いを表す指標です。ではなぜトレンド分析と共に補完的に使われるのかというと、株価が上昇トレンドと判断されても、勢いがなければ長続きしませんし、また推進力という意味からすると、値動きに勢いがなく小さくなることが考えられるからです。そうなった場合、予想される結果は、上昇トレンドと判断して買ったものの売り圧力に負けて上昇がいったん止まってしまったり、株価が反転して下落に向かったりすることです。

上昇・下落トレンドがどの程度続くのかが判断できる

そこでモメンタムが示す、勢いの度合いをトレンド分析とあわせて活用することで、今発生しているトレンドが強いのか、弱いのかに加え、上昇トレンドの勢いが強いのか、あるいは下落トレンドの勢いが強いのか

2-19 三菱電機（6503）の日足チャートとモメンタム

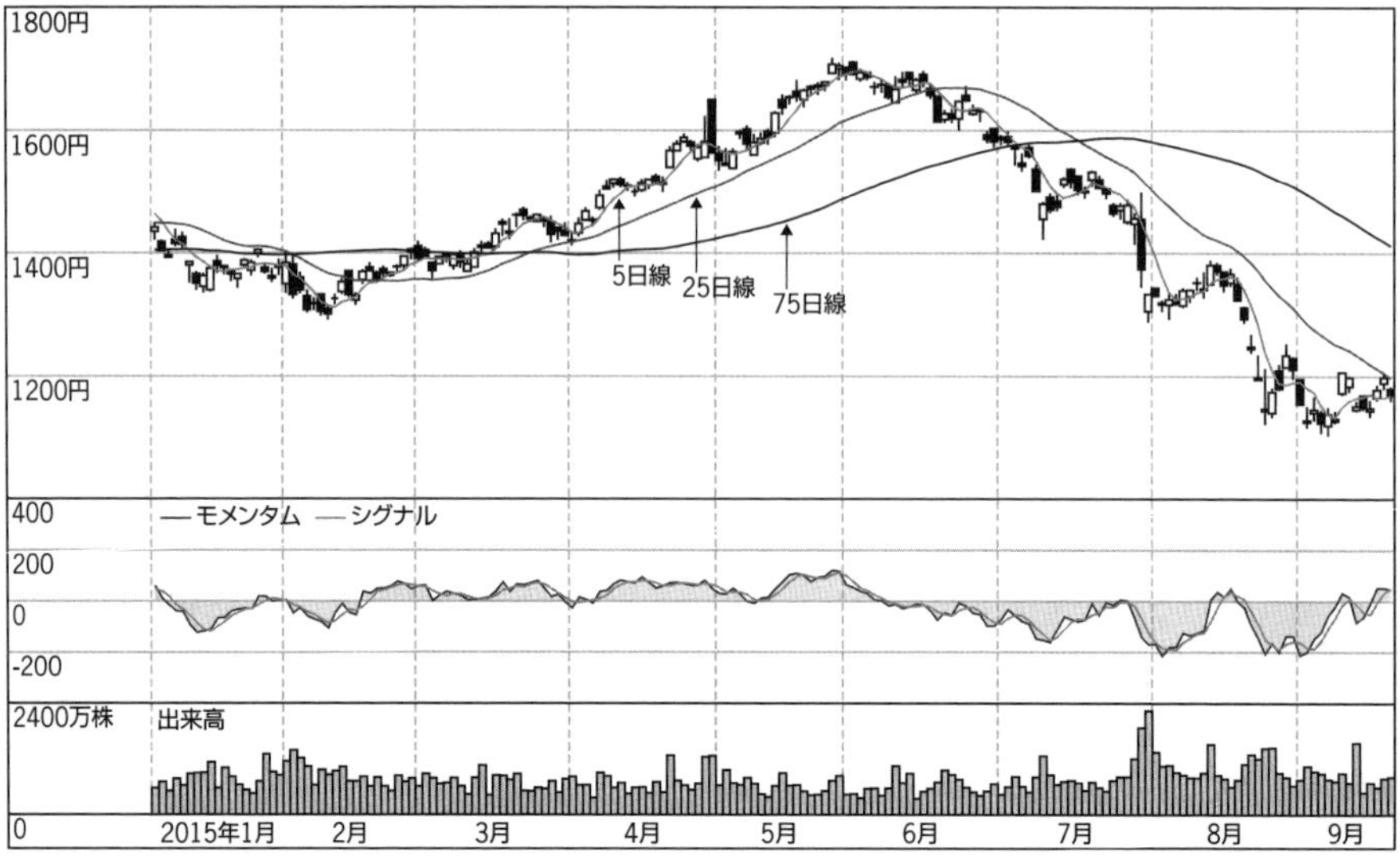

などを判断できるようになります。チャートは上のようなものになります。こうした特徴を活用して、上昇トレンドが続いていると判断されても、勢いが鈍ければ早めに利益を確保したり、損失が拡大しないうちに売却したりといった判断に役立てられるようになりますし、また逆に下降トレンドと判断されても、モメンタムの下落の勢いが低下しているようであれば、「そろそろ」買いタイミングがやってくるのではといった判断が客観的な数値を基にできることになるわけです。

さらにポイントとしては、上昇トレンドでモメンタムが強くなり始めたところでは、買いまたはホールドと考えられますし、上昇トレンドでモメンタムが弱いときや、下降トレンドでモメンタムが強いときなどは、様子見や利益確定を優先させるといった判断が導き出されます。いかがですか？　ローソク足に加え、トレンド分析やオシレーター分析を身につけることによって、売買タイミングがはかりやすくなると思いませんか？　また、使いこなせるようになれば、パフォーマンスの向上に役立つはずです。

第3章

トレンド分析をマスターしよう①(トレンドラインと移動平均線)

01

トレンドラインを引くのはとても簡単

角度をみればトレンドが見えてくる

さて、ここからはトレンド分析について徹底的にマスターしたいと思います。トレンドとは株価の方向という意味になりますが、たとえば、みなさんは株価が上昇中か下降中か、どう判断しますか？　大抵の場合、昨日より上がったとか、下がったとか、超短期的な期間での値上がり値下がりを根拠に判断していることが多いと思いますが、実際の株式投資でこうした超短期的な値動きに頼ってしまったとしたら、おそらくその時の値動きに振り回されてしまい、客観的に判断することが難しくなるのではないかと思われます。

そこで、日々の値動きに惑わされず、客観的に株価の方向が判断できるようになるのがトレンド分析です。まず、初心者はトレンドラインを引く分析手法を学びましょう。トレンドラインとはとても簡単な線であり、特殊な技術や技法など必要ありません。ローソク足のヒゲである安値（下ヒゲまたはローソク足の実体）と安値（同）を左から右に結びます。あるいは、高値（上ヒゲまたはローソク足の実体）と高値（同）を左から右に結びます。これだけでトレンドラインの完成です。とても簡単ですね。

支持線と抵抗線が示すトレンドとは？

それではミクシィ（２１２１）のチャートをみてください。２０１５年1月26日に３８７５円の安値をつ

3-01 ミクシィ（2121）の支持線（サポートライン）

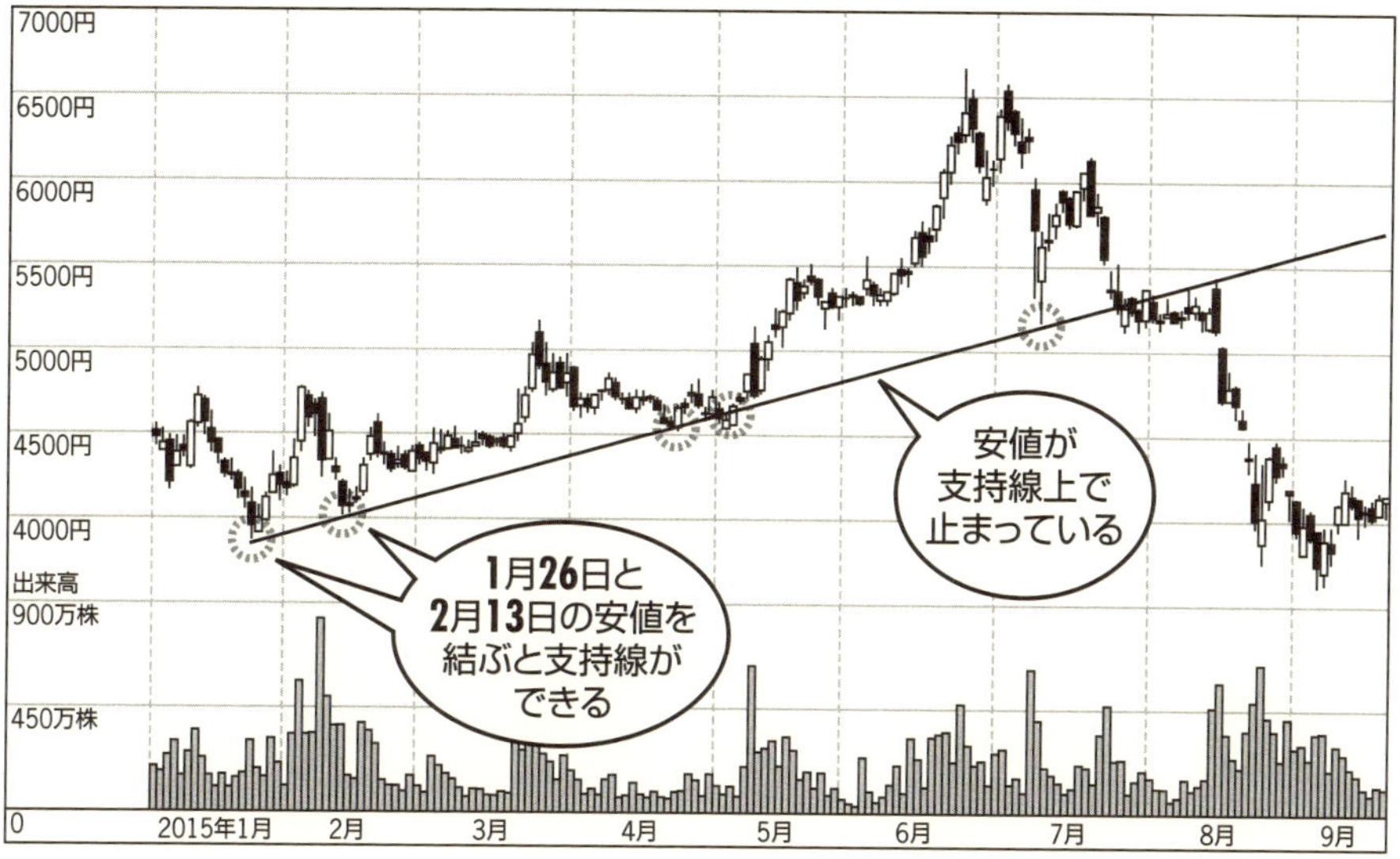

けたあと、翌2月13日に４０２０円の安値をつけ反発しました。この２つの安値と安値を結び、左から右に線を伸ばしていくのです。すると、4月22日や5月1日、7日、8日や7月9日の安値がこの支持線で止まっているのがわかります。この支持線を割り込まなかったことから株価はこの線上を維持していることになり、支持線が示す株価の方向（トレンド）が続いていると考えられるのです。

次はトレンドの判断についてです。トレンドの判断は、その角度で決まります。小学生のとき角度を測る分度器を使ったのを覚えているでしょうか。株価のトレンドを確認するのに、３６０度の円形の分度器をイメージしてみてください（ちなみに分度器を実際に使う必要はありませんので念のため）。

トレンド判断が客観的にできる

トレンドラインが０度または１８０度上にあるときは、株価は横ばいと判断されます。また90度から１８０度までの間の方向にあるときは上昇トレンドと判断します。さらに１８０度から２７０度までの間の

3-02　ミクシィ（2121）の抵抗線（レジスタンスライン）

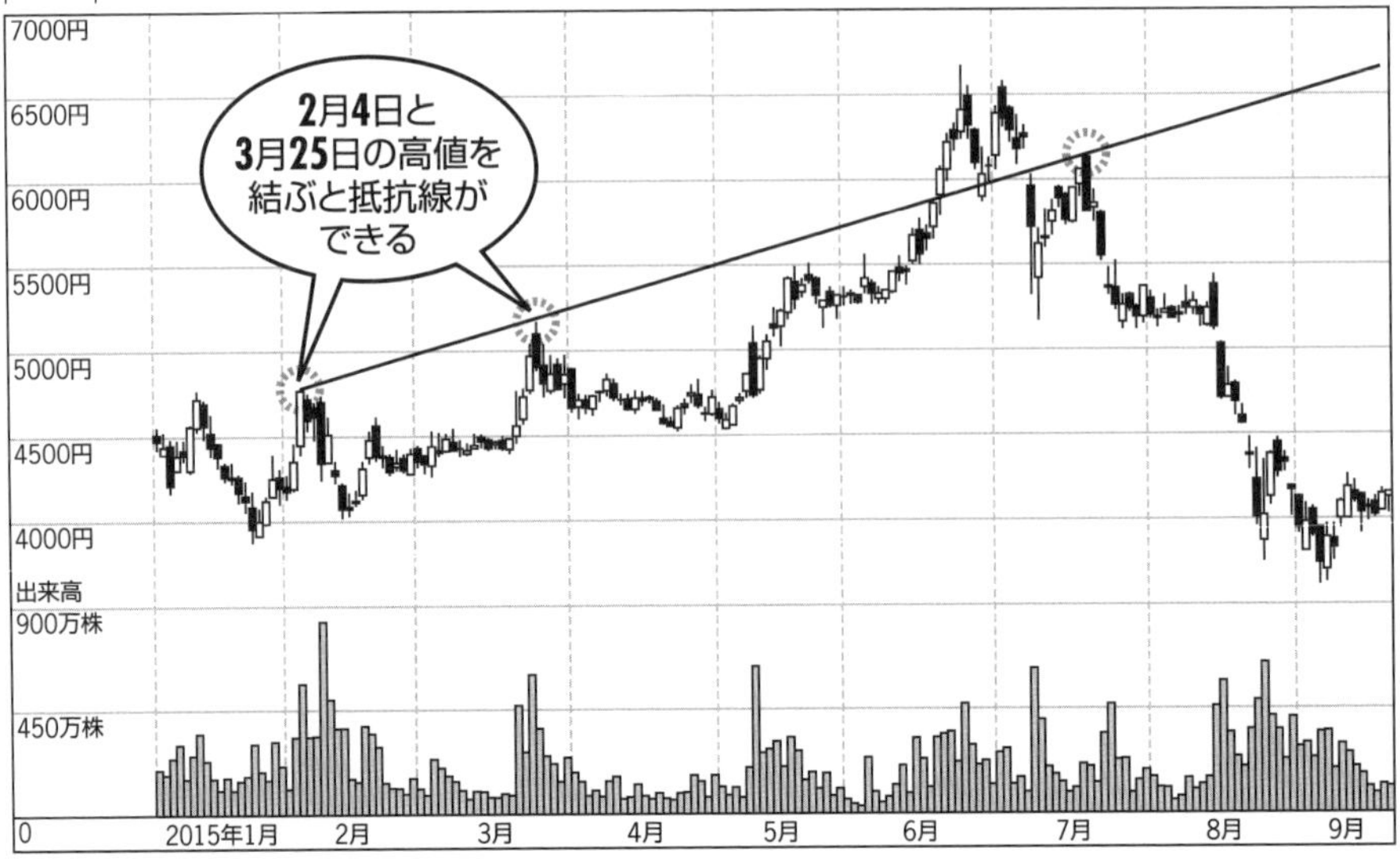

方向にあるとき、株価は下降トレンドと判断されます。このように厳密に角度を測れば、トレンド判断は数値化され、より客観的に判断できるでしょう。

肝心のミクシィの支持線のトレンドですが、角度が90度から１８０度の間にあり、右肩上がりになっているので上昇トレンドです。

抵抗線も考え方は同じです。抵抗線についても再びミクシィ（２１２１）で確認してみましょう。図版３-02をみてください。この場合の抵抗線は、２月４日の高値４７８０円と3月25日の高値５１７０円の各高値と高値を結んで伸ばしたものになります。また、支持線でもみてきたように、高値と高値を結んだ線が上向きとなっていますので、抵抗線は上昇トレンドと判断できるわけです。ここまでは、トレンドラインの方向を知るための検証でしたが、上下に変動している株価のトレンドはどのように判断すればよいのでしょうか。そこでポイントになるのが、２本線の組み合わせになります。２本線の組み合わせとはどういうことなのか、次のページで紹介します。

02

株価のトレンドは2本線の向き（チャンネル）で判断する

ここからはいよいよ株価のトレンド判断についてお話ししたいと思いますが、実は、株価のトレンドを判断するためには2本のトレンドラインを使って確認する必要があるのです。トレンドラインの上昇トレンドを定義づけしてみるとわかりますが、上昇トレンドとは抵抗線の場合、右肩上がりの線が引かれるためには、すぐ前の高値が更新される必要がありました。また、支持線の場合、すぐ前の安値から切り上がっている状態であることが必要と定義できるでしょう。

この2つの定義に合致したトレンドラインの状態を考えてみると、抵抗線と支持線の両方が右肩上がりであることになり、株価も右肩上がり、すなわち上昇トレンドであると考えられるわけです。したがって、仮に支持線が上向きでも抵抗線が下向きのときは、上昇トレンドとはいえません。また、抵抗線が上向きでも、支持線が下向きのときは上昇トレンドとはいえないです。さらに、株価の下降トレンドについても同様に定義づけすると、上昇トレンドの逆で、高値が切り下がると同時に安値も切り下がっている状態ですから、抵抗線、支持線の状態を考えた場合、この2本線が共に右肩下がりでなければなりません。

チャンネルが上向きか下向きかを読み取る

このように、トレンドラインを最初にお話ししたのは、高値が切り上がったからといって上昇トレンドではないこと、また安値が切り下がったからといって、株価は下降トレンドではないため、この2本の線の向き

3-03 ミクシィ（2121）のトレンドライン（抵抗線＆支持線＝チャンネル）

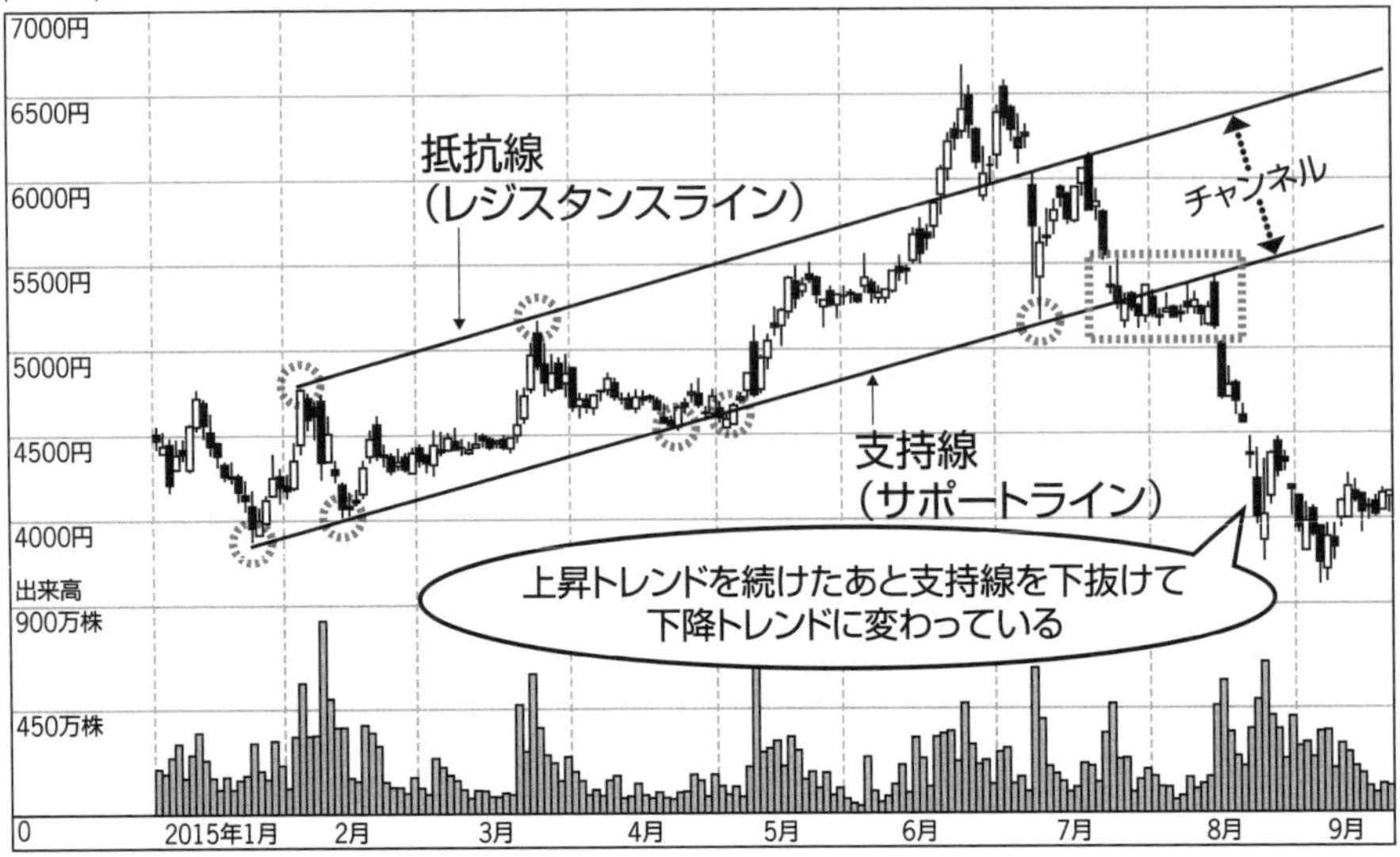

がとても重要ということを頭に入れてほしいからなのです。なぜなら、失敗の多くは、価格に目を奪われて、下降トレンドになっている株を買ったり、保有し続けたりして損失を膨らませているケースだからです。

それでは、株価が上昇トレンドになっている状態をチャートで確認してみましょう。先ほど支持線と抵抗線について調べたミクシィです。ミクシィの２本のトレンドラインをみると、支持線と抵抗線が２本とも右肩上がりになっているのがわかります。このような状態が「株価は上昇トレンドである」とされるわけです。また、抵抗線と支持線の間のことをチャネルと呼び、上昇トレンドのことを「チャンネルが上向きだ」とか、「チャンネルが下向きだ」などと呼ぶこともあるので、豆知識として覚えておいてください。

保有株の状況をチェックする手間を減らせる

ここまで株価のトレンドについて詳しく説明してきましたので、よく理解できたのではないかと思いますが、少しだけ簡単な売買判断について触れておきましょう。トレンド分析ができれば、売買判断について

3-04 トレンドラインのまとめ

トレンドライン	トレンドラインの定義	
	上昇トレンド	下降トレンド
抵抗線（レジスタンスライン）	すぐ前の高値を更新する	すぐ前の高値を超えられず反落
支持線（サポートライン）	すぐ前の安値よりも安値が切り上がる	すぐ前の安値を更新する
株価（日々線）	抵抗線、支持線ともに右肩上がり	抵抗線、支持線ともに右肩下がり

もとても簡単に行えます。たとえば、上昇トレンドが確認された状態のなか支持線の上で買えば、右肩上がりが続いた場合、いずれ株価に含み益が発生することになります。また、右肩上がりが続いた場合、保有する時間が長ければ長いほど株価が上昇すると同時に、含み益も膨らむことになります。一方、支持線を割り込んだときはミクシィの7月末以降の動きのように、下落基調になることが考えられるので注意が必要です。

上昇トレンドが続く株に投資しよう

このように、とてもシンプルな分析手法ですが、このことを知っていれば、日中忙しい社会人でも、あるいは日々勉強や遊びで忙しい大学生でも、保有している株が値上がりを続けていることが確認でき、一日一回取引終了後に株価を確認するだけでよくなるはずです。この上昇トレンドが続く株に投資することが、株式投資の醍醐味であり、お金を働かせることにつながっていくと思われます。

さらに、業績悪化などの株価そのものに影響を与えるような悪材料ではなく、需給の関係で利益確定売りに押されているような、短期的に下落しているケースで、株価が抵抗線と支持線の間（チャンネルの中）を維持し続けているとき、支持線を割り込まなければ上昇トレンドと判断されるため、慌てて売る必要はないと考えられるのです。

03

「トレンドラインのパターン①「下向き平行線」」

下落基調を示す重要なサイン

続いてもトレンド分析の知識を深めるために、2本のトレンドラインから分析した株価のトレンドについてお話ししていきたいと思います。分析するのは、支持線と抵抗線の2本線が並行して伸びているパターンですが、ミクシィのように2本線が上昇している形ではなく、下向きに推移しているパターンです。銘柄は大豊建設（1822）です。

この銘柄をみるとよくわかりますが、2015年3月2日に738円の高値をつけたあと、8月25日に安値466円をつけるまで安値更新が続いています。

トレンドラインを引かずに株価だけを追いかけている人にとっては、高値の738円から下落基調が続いているなか、5月末に安値をつけて6月初めに反発に転じたところで底打ちしたと考え、6月の高値をつけたあとの反発途中で買うことが予想されます。

長期保有すべきかどうかの判断もできる

また、慎重な投資家は値段的にはもっと下がるとみて、8月4日に安値をつけた翌営業日（5日）に反発したところで買うことも考えられます。

3-05 下降トレンドの大豊建設（1822）

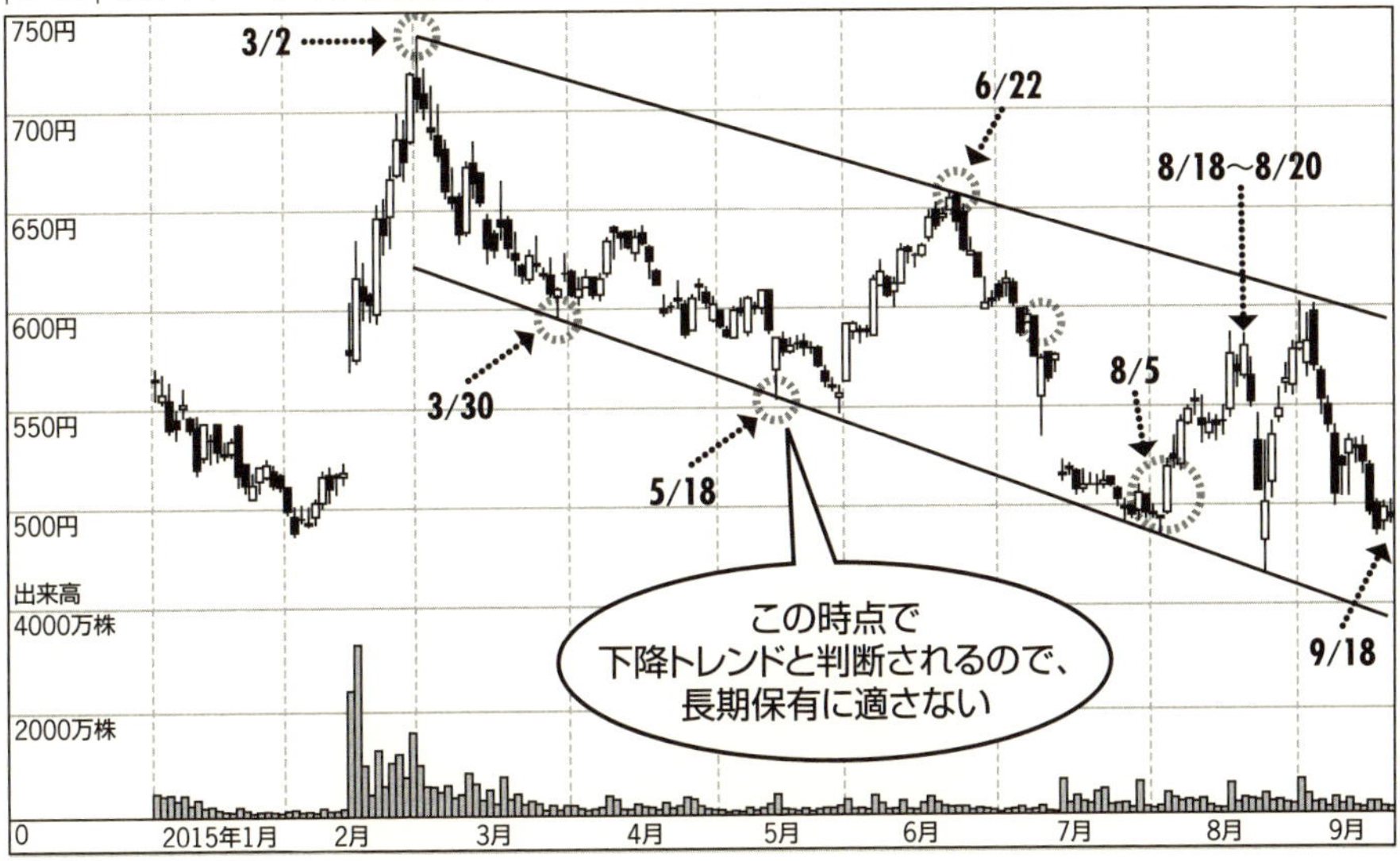

ただ、8月5日の時点で、抵抗線と支持線を引いた場合、3月2日の高値と6月22日の高値659円を結んだ抵抗線が下向きになっていると同時に、3月30日の安値595円と5月18日の安値554円とを結んだ支持線も下向きで下降トレンドとなっていることから、すでに下降トレンドと判断され、少なくともこの時点では、長期保有には適していない銘柄であることがわかっていたわけです。

下降トレンドの保有は危険

もし、8月5日に買っていたとしたら、その後の損益状況はどうなっていたのでしょうか。

買ってすぐは反発が続きましたが、8月18日から20日の間に売りそびれてしまっていたら、その後の急落に巻き込まれることになってしまうことに加え、チャートの右端の9月18日まで保有していた場合、含み損につながっていることになり、さらなる下落も想定されるところです。したがって下降トレンドの銘柄の長期保有は損失拡大につながるため、株価水準だけにとらわれて買わないよう注意する必要があるといえるわけです。

04

トレンドラインのパターン②「拡大」

高値が抵抗線に押し返される

抵抗線が切り上がっていても、支持線が横ばいになっていたり、切り下がっていたりしたら、株価のトレンドはどのように判断したらよいでしょうか?

アコーディア・ゴルフ（２１３１）の例で解説します。２０１５年１月28日に１２１３円をつけたあと、株価の方向が定まらない、いわゆる「もみ合い」でしたが、３月25日に１２４５円の高値をつけて反落したところで２つの高値が決まりました。そこで、高値と高値を左から右に線で結んで伸ばしてみると、７月23日や８月３日、14日の各高値がこの抵抗線で押し返されているのがわかります。

このように高値と高値を結んだ抵抗線が株価の上値を押さえていると考えられる反面、トレンド分析の観点からは、ミクシィと同様に右肩上がりのため、抵抗線は上昇トレンドを示していると考えられるわけです。

続いて支持線をみます。１つ目の安値は２０１５年４月１日の１１３１円になります。続いて２つ目の安値は７月９日の１１２２円になりますから、この安値と安値を結んで支持線を引きます。支持線の向きは少し右肩下がりになっていますね。支持線が右肩下がりになっているとトレンドラインの向きも下降トレンドとなります。

3-06 アコーディア・ゴルフ（2131）の抵抗線と支持線

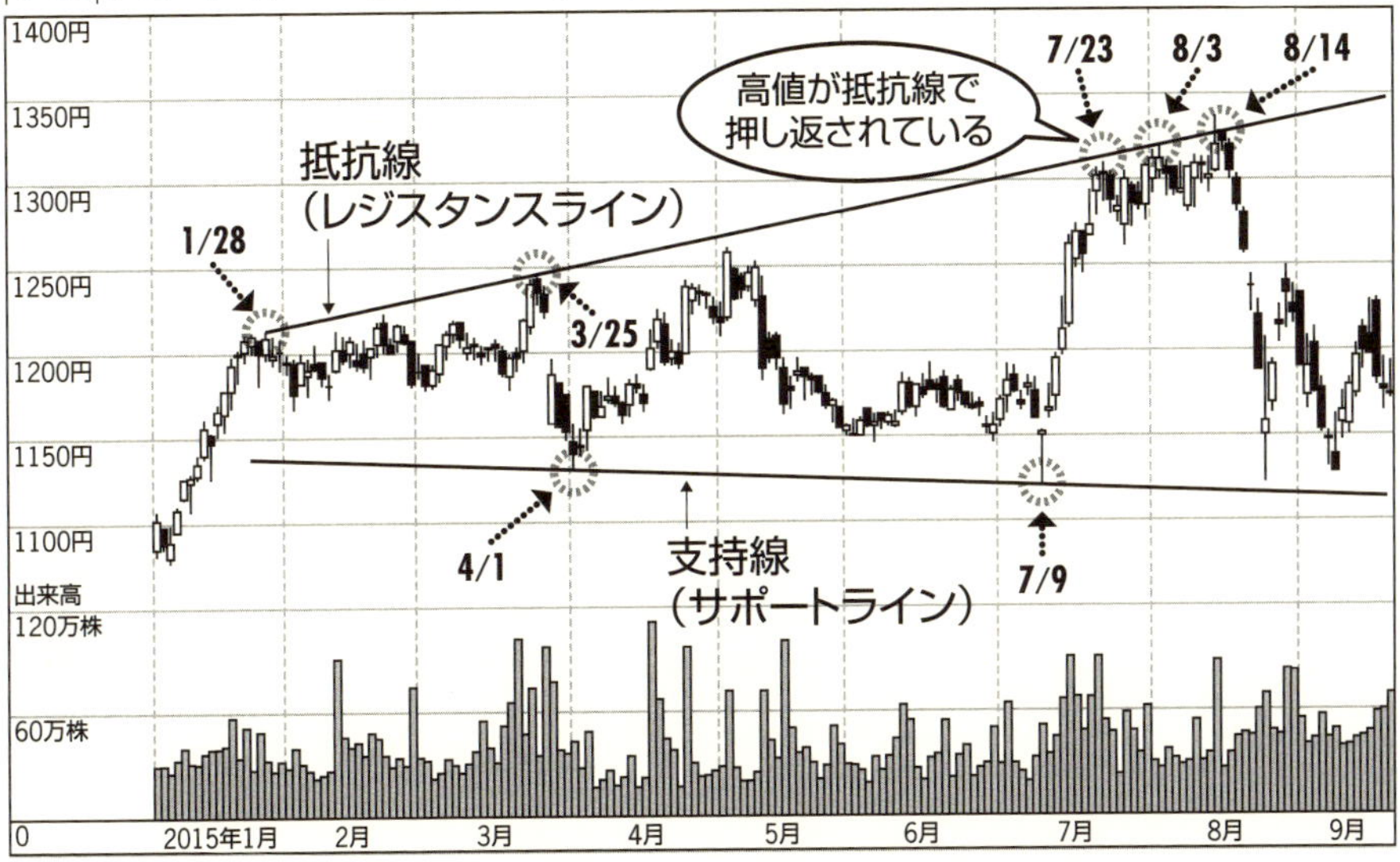

「値下がりしたから買う」は危険

これら2つのトレンドラインの向きを分析すると、ラッパの先のように広がっています。このような銘柄は、高値が切り上がっている反面、安値も切り下がっており、長期保有に適さないでしょう。なぜなら、高値が切り上がっているから上昇トレンドだと考えて、安値をつけた7月9日の翌営業日の終値である1166円で買えたとしても、抵抗線にタッチして高値をつけた8月14日前後で売ってしまわないと、その後の急落によって含み損が発生するからです。

高値が切り上がると同時に安値が切り下がる銘柄を長期保有してしまった場合、長期で保有すればするほど、換金するタイミング次第では大きな損失につながることが考えられます。また、一旦含み損失が発生すると、解消されるまで相当な時間がかかり、時間的なロスも大きくなります。長期投資を目指している投資家にとって、この時間的なロスと精神的なマイナスの影響はとても大きいので、銘柄選びの段階でトレンドラインが広がっている銘柄は除外するようにする必要があるでしょう。

05

トレンドラインのパターン③「交差」

方向がみえるまでは売買を控えた方がよい

続いては、トレンドラインが交差するパターンを分析してみたいと思います。トレンドラインが交差するパターンは、安値が切り上がると同時に高値が切り下がるパターンで、抵抗線と支持線が二等辺三角形のような交差するものをいいます。

それでは実際のチャートをみてみましょう。銘柄は一休（２４５０）です。一休といえば、旅館、ホテルやレストランの予約など、少し高めの旅行などを取り扱っている会社ですが、この銘柄には2回トレンドラインが交差しているところがあります。１つ目の交差しているところは、４月13日の高値２７１３円と5月21日の高値２５８２円を結んだ抵抗線と、５月７日の安値２２１１円と6月9日の安値２３８８円を結んだ支持線を引いたところになります。

小幅な値動きをしたあと急に大きく動きやすくなる

このようにトレンドラインが交差するパターンでは、値動きが徐々に小さくなっている反面、その後の値動きが上下どちらに動くのかによって、保有者の損益状況が大きく変わっていくことになります。

なぜなら、１つ目のトレンドラインが交差するパターンと、２つ目の交差するパターンとでは、株価が逆

3-07 交差している一休（2450）のトレンドライン

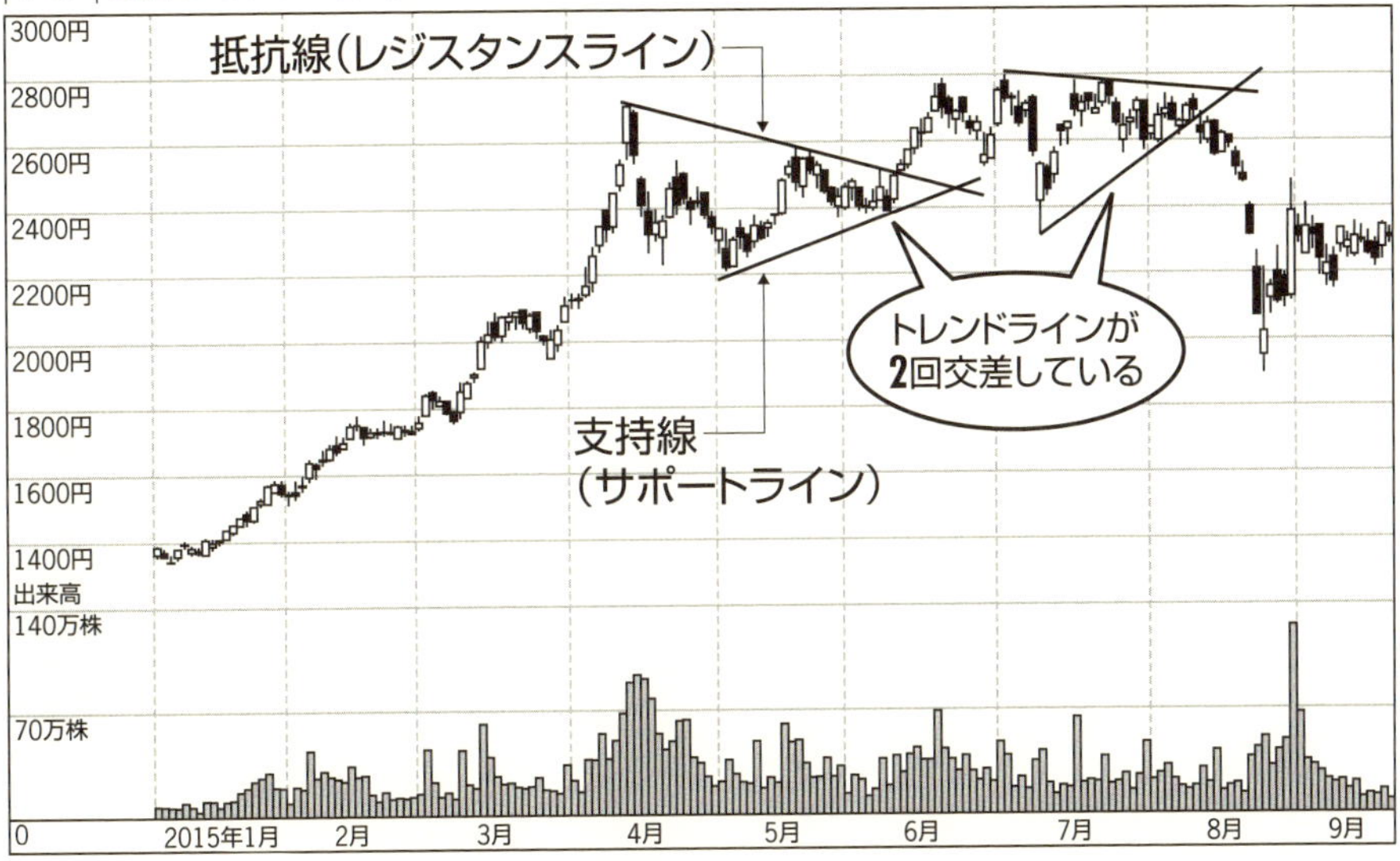

の動きをしているからです。

2つ目のパターンは、7月2日の2798円と7月16日の2780円を結んだ抵抗線と、7月9日の2314円と7月31日2570円を結んだ支持線で囲まれたところになりますが、1つ目の交差するパターンでは株価が上昇して高値を形成しているのに対して、2つ目の交差するパターンは、株価が下に放れる（トレンドが発生する）と同時に7月9日の安値も割り込んでいるのがわかります。

トレンドラインから外れた方向に動きやすくなるので注意

このようにトレンドラインが交差するパターンでは、値動きが小さくなると同時に、そのあとトレンドラインの上か下の突き抜けた方向に株価が動きやすくなるため、交差しているあいだや、方向がはっきりするまでは売買を控える方がよいということになりますので、こちらの例で紹介した「交差」のパターンも是非覚えておきましょう。

06

トレンドラインのパターン④「横ばい」

値上がり期待は低いが材料次第では化けるかもしれない

最後は2本のトレンドラインが横ばいまたは、ほぼ横ばいとなっているケースについてです。銘柄は中京医薬品（4558）です。

中京医薬品は2015年3月26日が権利付き最終売買日だったことから、配当取りで買われて310円をつけたあと、その翌日の27日に一気に売りが優勢となり値下がりする結果となりました。ただ、売られたあと290円を3月28日につけ、300円まで反発したあと押し返され、4月3日には再び290円まで下落しているのがわかります。

ここで2つの安値が決まりましたのでトレンドラインを引きます。すると、安値と安値を結んだ支持線が横ばいになっているのがわかりますが、株価も8月21日まで290円を割り込まずに推移しており、まさに横ばいといえます。抵抗線については、ここでは、3月31日につけた300円と4月21日につけた297円を結んだ下向きの抵抗線を最初に思い浮かべる人がいるかもしれません。

小幅なサヤ取りならいいが大きな単位の売買には向かない

ただ一方で、株価は290円を割り込まずに推移すると同時に、反発した6月3日では4月21日の高値で

3-08 ほぼ横ばいの中京医薬品（4558）のトレンドライン

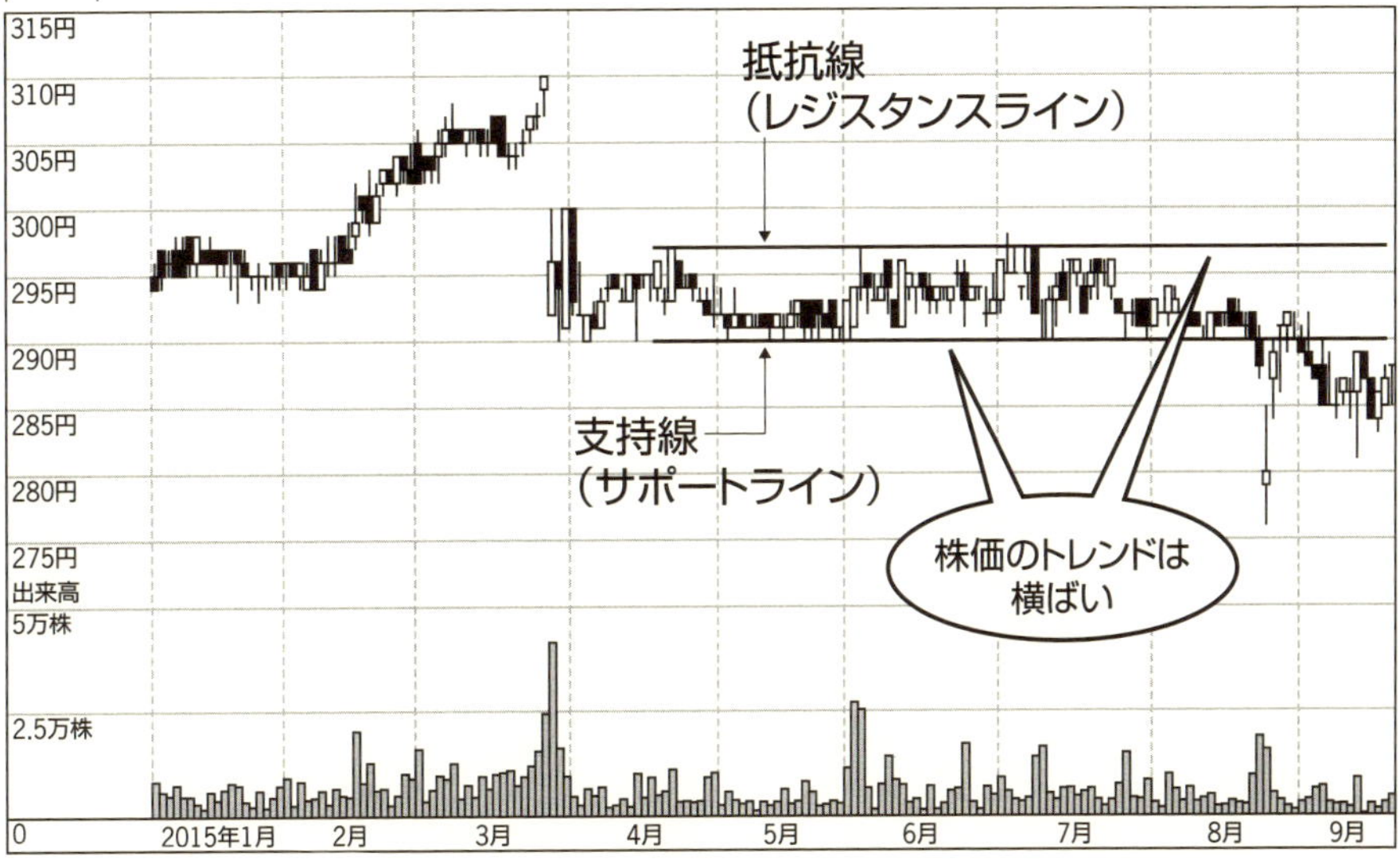

ある297円で株価の上昇が止まっているのがわかります。そこで、この4月21日と6月3日の高値を結ぶと横ばいのトレンドラインが現れることになるのです。この2本のトレンドラインの方向から、株価のトレンドは横ばいと判断することができます。また、単純に290円で買って297円で売るといった、小幅なサヤ取りなど売買が考えられそうですが、日ごろ売買株数が少ないため、大きな単位での売買には向かないでしょう。

材料によっては大化けする可能性もなくはないが…

また、このように横ばいの銘柄は、抵抗線を上回って推移するようになるまで、値上がり期待が低いと考えられます。ただ、このように横ばいの銘柄が抵抗線をブレイクした場合、材料次第では大きな値上がりになることもあるため、一概に銘柄選びで除外するのはもったいないように思われますが、支持線を下にブレイクしたときは下降トレンドが発生する可能性があり要注意です。

07 トレンドラインの引き方がフォーメーション分析の結果を左右する

トレンドライン分析の5つのパターンをしっかり覚えよう

前項まで2本のトレンドラインが並行して上昇したり下落したりするパターンや、広がっていくパターンに加え、交差するパターン、横ばいのパターンなどいろいろなものをみてきましたが、実は、ここまでにお話しした2本のトレンドラインを使った分析は、第6章で紹介するフォーメーション分析と大いに関係があるのです。

なぜなら、株価の特徴的なフォーメーションを分析するためには、トレンドラインを引くことによって浮かび上がってきた形をベースに分析を行うからなのです。

そこで現れた形を分析して株価がどのような状態にあるかを判断するわけですから、トレンドラインの引き方をおろそかにするわけにはいきません。

自分勝手な解釈や間違った線引きは厳禁

特に、トレンドラインの引き方が客観的ではなく、自分の都合のいいように引いてしまうケースでは、本来下向きのトレンドラインが形成されているにもかかわらず横ばいにしてしまったり、その逆に通常は高値や安値をベースに引いているものを終値ベースにしてみたりして、結局正しい判断ができずに損失を広げてし

3-09 トレンドライン分析パターンのまとめ

	組み合わせ①	組み合わせ②	組み合わせ③	組み合わせ④	組み合わせ⑤
トレンド	上昇	下降	横ばい	保ち合い	保ち合い
抵抗線	上昇	下降	横ばい	上昇	下降
支持線	上昇	下降	横ばい	下降	上昇
形状	上昇 平行線	下降 平行線	横ばい 平行線	拡大	交差

まったりするケースが考えられます。

また、トレンドラインの引き方が曖昧な場合、気づかないで引いてしまい、重要なトレンドの発生を見落とすケースなども見られます。したがって、トレンドラインの引き方をしっかりマスターし、株価のトレンド判断だけではなく、フォーメーション分析にも活用できるよう、是非しっかり覚えてください！

日経平均株価やＴＯＰＩＸでは実体と実体を結ぼう

トレンドラインを引くときのアドバイスをします。高値と高値、安値と安値を結ぶと説明しましたが、高値や安値は上ヒゲや下ヒゲになることが多いでしょう。そのため、抵抗線や支持線は上ヒゲと上ヒゲを結ぶと説明されたり、下ヒゲと下ヒゲを結ぶと説明されたりするのですが、日経平均株価やＴＯＰＩＸなどの指数も個別株と同じようにヒゲとヒゲを結んでよいのでしょうか。

実は指数の場合、ヒゲではなく、ローソク足の実体と実体を結ぶというのが正解です。なぜなら、指数は実際に取引が成立していなくても、気配値で算出されて価格が示されるからなのです。是非覚えておいてください。

08

トレンドラインの引き方に正解はある!?

将来の価格予測に役立てるポイントを学ぼう

ところで、投資経験のある賢明な読者の皆さんのなかには、トレンドラインの引き方に少し疑問を持った人がいるかもしれません。1つ目の疑問は、実際の株価は日々動いているのに、抵抗線と支持線をそれぞれ一本ずつきれいに引けるのだろうか？　2つ目の疑問は、結果がわかっているトレンドに沿ってラインを引いているため、結果としてきれいな線となるだけで、実際にはトレンド判断が難しいのではないか？　という点でしょう。

トレンドラインは何本引いても構わない

1つ目の疑問の答えは、83ページのチャートにあります。極端に多数のトレンドラインを引いてありますが、すべてのトレンドラインの引き方が正解なのです。トレンドラインは自分で把握し切れる範囲内であれば、何本引いても、引き直しても全く問題ありません。

続いて2つ目の疑問についてですが、トレンドラインは過去の株価をもとに引いていますが、結果がわかっているものだけをピックアップして引いているのではありません。本書ではトレンドラインの引き方を紹介するために、きれいな2本線だけにして解説していますが、実際は、これだけたくさんの線を引くこともあり、株価が短期間の間で動いているときは、トレンドの把握が難しいときもあります。

3-10　日本ハム（2282）の日足チャート

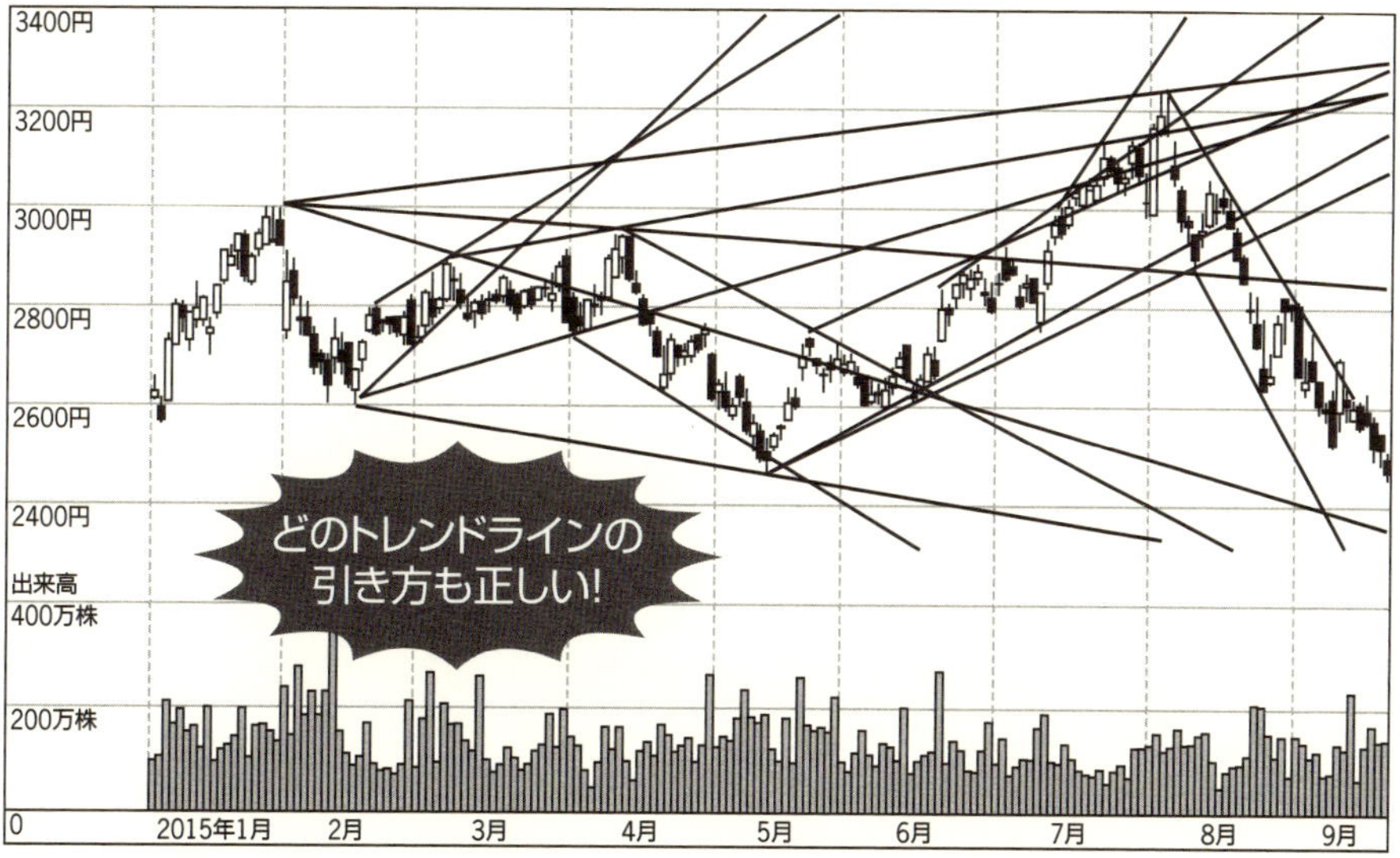

また、83ページにある日本ハムのチャートのように、何度もトレンドラインを引き直さなければならないような場合は、それだけ方向が定まっていないことになるわけですから、売買も早めに行う必要があるということが自ずとわかってきます。すなわち、放ったらかしで保有するには注意が必要な銘柄ということがいえるわけですが、**仮にたくさん線を引きすぎるとわからなくなるという人は、トレンドラインを引くもととなる、高値と高値や安値と安値の期間を短くし過ぎないことがポイントです。**期間を短くし過ぎた場合、トレンドラインの引き直しが多くなりがちです。

線を未来の時間まで引くことで株価の上限・下限が予想できる

では、どのくらいの期間が適当かということになりますが、これは一概にはいえません。期間が短くても、大きな値幅が出ているときは、無視せずにその高値や安値も活用してトレンドラインを引くことが重要だと私は考えています。

そしてさらに重要なことは、83ページにある2月17

日と5月15日の安値を結んだ支持線（下降トレンドライン）のように、ずっと先まで伸ばして引いていることです。トレンドラインを引くときに重要なのは、実はこの先まで伸ばして引くことにあります。なぜかというと、あとで解説しますが、トレンドラインを未来の時間まで伸ばして引くことで、株価の上昇が続いた場合、抵抗線の値まで接近したとしたら、いくらまで上昇しそうだとか、逆に支持線まで下落した場合、いくらまで下落したら反発しそうだなどという将来株価がわかるようになるのです。仮にその支持線で反発することになれば、2つ目の疑問である、過去のすでにはっきりわかっているトレンドに線を引いただけだという疑問が解けることでしょう。

そこで、日本ハムのチャートを、将来の動向を予測するために書き換えてみたので85ページを参照してください。書き換えるとこのような形になります。まず、右端に将来の株価まで見渡せるようにスペースを空けました。また、最も外側の大きなトレンドに加え、直近のトレンドラインも2本残しました。ここまでトレンドラインをそぎ落とすと皆さんにもこの後どのようなことが起こるか予測ができるのではないでしょうか。

仮に抵抗線を上回ることができずに下落が続いた場合、2月17日の安値と5月15日の安値を結んだ支持線まで下落することが予想されるわけです。また、それだけではありません。ほかに予測できることがあります。反発する可能性がある価格や時期なども予測可能になるのです。反発が予想される価格については、2月17日の安値と5月15日の安値を結んだ支持線と8月4日の高値と9月1日の高値を結んだ下向きの抵抗線が交差する2220円前後と考えられそうです。また、安値をつける期日ですが、9月18日から支持線と抵抗線が交差するまでの日数を数えると、このまま下降トレンドが続いた場合、下げの値幅にもよりますが、10月20日ごろまでには安値をつけることが予測できます。

予想からずれたら修正してもいい

これがトレンドラインを使った将来株価の予測方法です。一般的には、2つ目の疑問にあったように、過

3-11 トレンドラインを使った日本ハム（2282）の株価予想

去のトレンドの後追いという分析が目立ちますが、トレンド分析で重要なのは、現在のトレンドが将来も継続すると仮定した場合、どのような価格まで上昇するのか、あるいは下落するのかを予測するところまでレベルを引き上げる必要があるということです。そうすれば、現在のトレンドをもとに将来の価格が予測できるようになります。

一方で、抵抗線を上回って反発してしまった場合はどうなるのでしょうか。答えは簡単です。もう一度引き直せばよいのです。5月15日の安値と下げ止まった価格とを結んであげるだけでよいのです。そのトレンドラインが引き続き下向きであれば、下げの深さは少し浅くなったと判断できるものの、相変わらず反発が止まって反落した場合、新たに引き直した支持線まで下落する可能性が残っていると予測でき、上昇トレンドに変化するまで買うのを控える必要があると考えられるわけです。こんな風にトレンドラインを使いこなすのが中上級者の利用方法になります。ステップアップしたい人は是非試してみてください。

09

トレンドラインを引きなおす際には角度にも注目しよう

トレンド分析だけでなく株価の勢いもわかる

82ページで、トレンドラインを何度引き直してもよいと解説しましたが、ここではその引き直しによって、さらにいろいろなことがわかるという応用的な例をお話ししたいと思います。

トレンドラインは株価の方向を表していますが、この株価の方向を少し別の観点から考えてみてほしいと思います。どういうことかというと、トレンドラインの角度を確認することです。

たとえば、トレンドラインの向きを考えるとき、分度器を例に出しましたが、この分度器をもう一度思い出してみてください。分度器を使うと、角度がわかるわけですが、この分度器の角度を株価の状態に置き換えてあげるのです。

また、0度から90度の角度のなかで、15度の角度で支持線を引いた銘柄と30度で支持線を引いた銘柄とでは、何かが違うと思いませんか？　何が違うのでしょうか？　そうです。角度が急になればなるほど株価が鋭角に上昇していることになり、その銘柄は上昇の勢いがあるということになるのです。

角度が急な方が勢いがある

一般的に、株価は上昇と下落を繰り返しながら安値を切り上げ、高値も切り上がる状態が上昇トレンドと

3-12 トレンドラインの角度で株価上昇の勢いがわかる

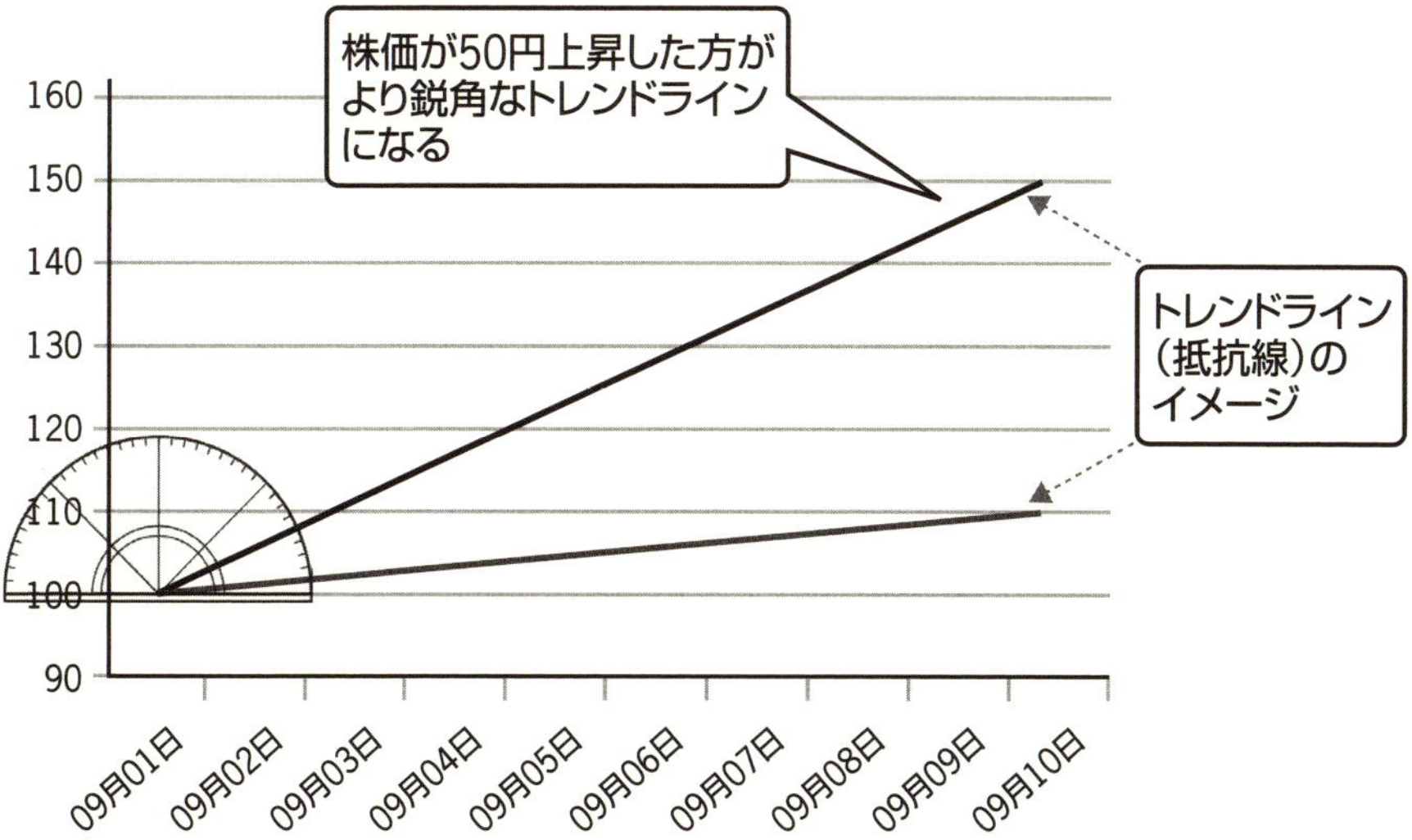

定義付けされますが、この時の安値と高値の切り上がり方が急角度であればあるほど、勢いが強いと考えられるのです。したがって、トレンドラインを引き直すことは、トレンドを分析するということだけではなく、トレンドの勢いも同時に計っていることになるのです。

分度器で角度をイメージしよう

角度が鋭くなる状態を数字で確認してみたいと思います。

たとえば、１００円の株価が10日で10円上昇した場合と50円上昇した場合のトレンドライン（抵抗線）を考えてみましょう。起点となる１００円と10日後の１１０円を結びます。続いて、１００円と１５０円を結びます。この二つの抵抗線では同じ期間のなかで10円よりも50円上昇している方が株価の上昇の勢いがあると同時に、トレンドラインもより鋭角になるということなのです。

10 トレンドラインの角度を読み解く①「緩やか」から「急角度」の場合

トレンドラインをどのように引き直したのかを確認することで、株価の上昇の勢いが強まったか、弱まったかを確認でき、売買判断につなげられます。朝日工業社（１９７５）のチャートで確認しましょう。チャート上の２本のトレンドラインをみてください。これは安値と安値を結んだ支持線になりますが、この支持線が一度引き直されているのがわかります。また、２本のトレンドラインのうち、１本の角度が急角度に変化していると同時に、株価は急角度に引き直された支持線に沿って上昇しています。

朝日工業社の安値は２０１５年2月3日の３９８円でした。これは表示期間でみると、疑う余地はありません。したがって、この安値が支持線の起点となります。次にこの３９８円と結ぶ安値ですが、左から順番にローソク足が追加されていくわけですから、次に結ぶ安値は2月5日の安値としました。なぜなら、1月21日と27日の高値が同じ値段で、抵抗線が横ばいとなっているからです。そのため、この2つの安値を結んだ支持線を割り込まずに上昇した場合、この抵抗線を突破する可能性があると考えられるのです。

その後、予想通り抵抗線をブレイクして上昇したことで、トレンドが変わったと考えられることから、支持線を引き直すことにしました。そこで、引き直したのが、2月5日の安値と2月13日の安値４１１円です。2月13日の安値にした理由は、抵抗線を突破した翌営業日の安値になっているからです。

こうした理由により、支持線を引き直して上昇トレンドラインを上に伸ばして引いてみると、最初に引いた上昇トレンドラインより、上昇角度が急で、株価上昇の勢いが強まっているのがわかります。このように、

3-13 朝日工業社（1975）の日足チャート

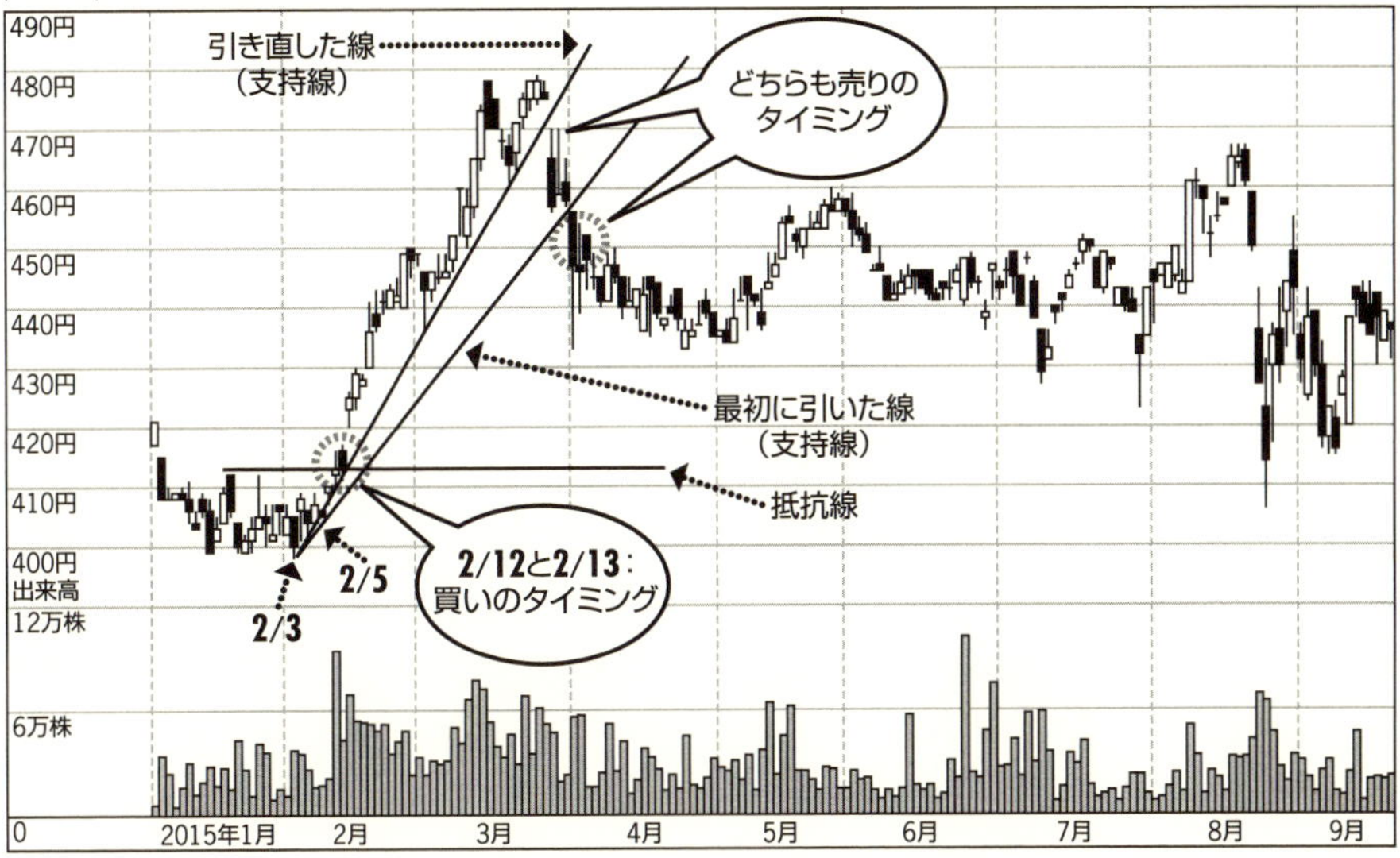

抵抗線を上方向に突破したときにトレンドラインが引き直され、さらに上昇角度が急になるようだと、それだけ株価の上昇の勢いが強いということがわかると同時に、支持線を割りこむまでは保有して利益を伸ばすといったことも考えられるわけです。

上昇トレンドのタイミングを見極めて買う

買いのタイミングはみなさん迷われるところだと思いますが、トレンドラインを引いて、ノイズとなる日々の値動きを取り除いてみると、株価は上がるか、下がるか、横ばいかの3つの値動きしかありません。またそうした値動きのなかで、上昇トレンドを示している銘柄を買うわけです。

トレンドラインを使ったベストの買いタイミングは、この銘柄の場合、抵抗線を終値で上回った2月12日か13日です。取引時間中に買える投資家は、12日の取引終了間際に買えますし、忙しい人は、抵抗線を上回ったことを確認して、翌13日に買う機会があるでしょう。もちろん、この2日以外にも、その後の上昇をみれば買うタイミングはありそうですが、実際にリ

3-14 売買の考え方とタイミング

角度	「緩やか」→「角度が上昇」＝勢いが強くなっている
売買の考え方	・急上昇を意味するため、早く乗るのがセオリー ・一方、場合によっては急反発もあるため売りそびれに注意
買いのタイミング	・横ばいの抵抗線を突破したら買い ・引きなおした支持線の上を維持している間は保有
売りのタイミング	・引きなおした支持線を割り込んだら売却（3月27日の売り気配で始まったところで売る）【理由】3月27日は権利落ち日で売り優勢となっているのと同時に支持線を割り込んで始まったため

アルタイムで動いているマーケットで取引を行う場合は、リスクを覚悟でチャンスを逃さず、買うというのがセオリーでしょう。

続いて売却のタイミングですが、先ほど支持線を割り込むまでは保有して、とお話ししましたが、ここに表示されている2本のトレンドラインのうち、最初のトレンドラインを割り込んだところで売るのか、あるいは、引き直した2本目のトレンドラインを割り込んだところで売却するのか、迷う人がいるかもしれません。

その後の株価動向をみますと、結果的には引き直した2本目の支持線を割り込んでしまったところで売却した方が、より利益が大きかったことになりますが、結果論ではなく、セオリーがあるのです。それは、株価の動きの特徴として、急上昇した株価は、勢いが止まると急落するリスクが高いということです。

短期で急上昇するケースは、それだけ投資家の買いも集まっていると考えられますが、理由が一時的なものであった場合、投資家がその銘柄を売って利益を確保しようとする動きも早まることが考えられ、注意が必要なのです。特に、日ごろの売買高が少ない銘柄の商いが膨らんで上昇した場合、上昇が一服すると、利益確定を優先させようと、売りの勢いが強まりますので要注意です。また、日頃の売買高が少ない東証1・2部、新興市場の銘柄に加えて、信用銘柄も、株価が一方向に動きやすいので注意したいところです。

11 トレンドラインの角度を読み解く②「急角度」から「緩やか」の場合

伸び悩む可能性が高いので利益確定を優先するのがセオリー

傾きが急角度から緩やかになるパターンについて解説します。

トレンドラインが引き直されて角度が急になるケースでは、上昇の反動から売り時を逃さないことが重要とお話ししましたが、急角度から緩やかになるケースでは、急角度で推移していたときよりも反落したときの株価の水準がより低くなることが考えられます。これは、いわゆる上昇トレンドのなかで発生する押し目（株価の反落）が、少し深くなる（下げ止まりの水準が低くなる）ことを意味しています。そのため、上昇トレンドを続けていても、株価の高値が低くなると同時に、場合によっては下降トレンド入りしてしまうことも考えられ、注意が必要なのです。

最初に引いた支持線が高値の抵抗線になる

それでは太平電業（１９６８）のチャートをみてみましょう。２０１５年3月は８００円台で推移した後、3月24日の高値と31日の高値を結んだ下向きの抵抗線と3月9日の安値と3月30日の安値を結んだ支持線の間で推移していましたが、４月に入り、８日に抵抗線を上抜いたあと、勢いよく上昇が続いているのがわかります。このように抵抗線を上回って新たなトレンドが発生したと考えられることから支持線が引き直されること

3-15 太平電業（1968）の日足チャート

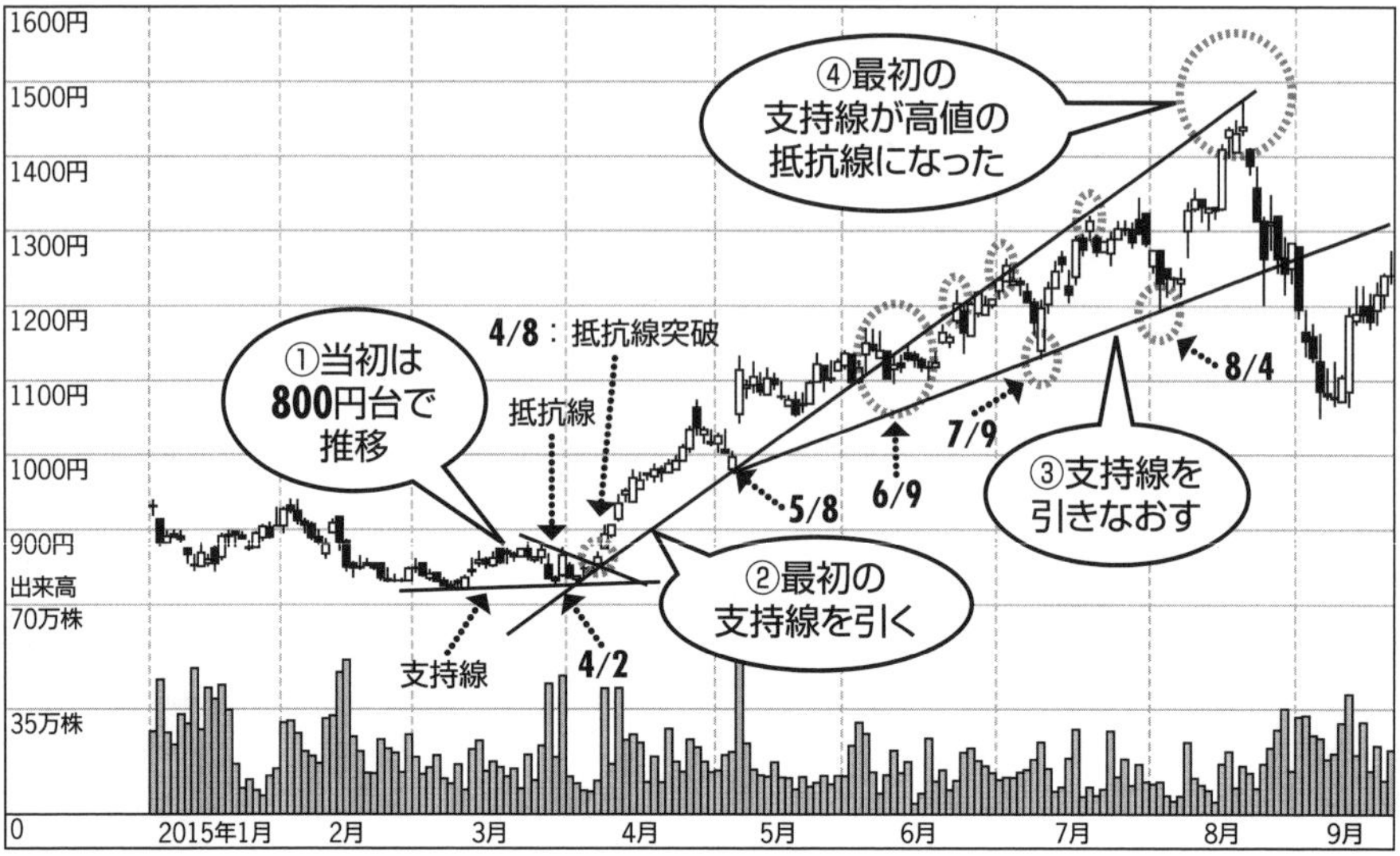

になり、４月２日の安値８２６円を起点として５月８日の安値９７７円とを結んで支持線を引きました。

　その後６月の上旬までは引き直された支持線の上で推移していましたが、６月９日に支持線を割り込んだあとは徐々に上値が重たくなると同時に、高値も伸びなくなってきているのがわかります。また、９日に支持線を割り込んでしまったことからこれまでの上昇トレンドの角度が崩れたと考えてトレンドライン（支持線）を引き直すわけですが、その際、いくつか結ぶポイントがあるものの、反落した値幅が大きい７月９日の安値１１２９円とを結んで引き直しました。

　すると、８月４日のように反落局面ではサポートになっているのがわかりました。このように支持線をいったん割り込むような場面でも戻ってくるだろうと放ったらかしにせず、支持線を引き直して下げ止まりの目途を探る必要があるでしょう。そうしたなか、ある現象に気づいた方がいるのではないでしょうか。そうです、最初に引いた支持線が、高値の抵抗線になっているという現象です。本書で初めてトレンドラインについて勉強している人は、少し不思議な感じがするかもしれませんが、トレンドラインを引き直す際、以前引いた線を残しておくと、このような現象をよく目にします。なぜこのような結果になるのかといった根拠はわかりませんが、上昇トレンドのケースに限らず、支持線を下回って推移するようなとき、株価が新たに引いた支持線で下げ止まったあと反発に転じても、割り込んでしまった支持線が今度は抵抗線になってしまい、株価の上昇を阻むことが多くあるのです。

また相場の格言のなかに、「昨日の高値は今日の安値」であるとか、その逆に「昨日の安値は今日の高値」といったものがありますが、これは、今回ここで紹介したように、高値を上回ってトレンドが発生したときは、ブレイクする前の抵抗だった高値がサポートに変わるといった意味合いと、これまでサポートと考えられていた安値を下回ると、逆にその安値が抵抗に変わるといった逆転現象を表していると考えられますが、トレンドラインでのこうした逆転現象が、ここに紹介した例になるでしょう。

上昇トレンドに安心せず利益確定売りを優先

それでは、売買タイミングを時系列に沿って考えます。3月9日に安値をつけた以降の買いのタイミングですが、4月9日に下向きの抵抗線を一気に上回った場面は新たなトレンドが発生したと考えられるポイントなので、最初の買いのタイミングといえます。

利益確定のタイミングとしては、6月9日に支持線を割り込んだところでしょう。

買いのタイミングですが、次の下げ止まりの目途となる新たなトレンドラインが引けるまで買いを見送るというのが、トレンドライン分析からみた判断になりますが、7月9日に安値を付けて反発したところが、買いのポイントになりそうです。

仮に7月9日の反発局面で買った場合、次の売りのポイントになるのが、引き直すまで支持線だったトレンドラインに到達する前後の価格帯ではないかと思われます。仮にこのトレンドラインが抵抗になると判断し

3-16 売買の考え方とタイミング

角度	「急角度」→「緩やか」＝勢いが弱くなっている
売買の考え方	・伸び悩みが想定されるため、利益確定を優先させるのがセオリー ・押し目買いは引き直したトレンドラインで水準を確認してから行う
買いのタイミング	・横ばいの抵抗線を突破したら買い ・引き直した支持線で反発したら買い
売りのタイミング	・最初に引いた支持線を割り込んだところで売却（6月9日の支持線を割り込んだところ） ・引き直した支持線を割り込んだ場合も同様にロスカットや利益確定売りが必要 【理由】支持線を割り込み上昇角度が緩やかになっているため、上昇トレンドが続いていると考えられても、一旦売却して下げ止まった価格を確認する必要がある

た場合、抵抗線の値に売り指値を指しておくことが必要になると考えられる反面、トレンドラインの手前で上昇が止まって押し返されたりするようだと、その時を逃さずに利益を確保するために売却する必要がありそうです。

続いて、さらに興味深い点について解説します。8月20日の高値と最初に引いたトレンドラインとの関係です。結果論と思われるかもしれませんが、今回紹介したように、最初に引いた支持線を下回って上昇角度が緩やかになった場合、支持線が抵抗線に変わることが想定されることから、最初のトレンドラインに接近したところでは、必ず利益確定を行っておく必要があるでしょう。なぜなら、トレンドラインの角度が緩やかになってきているため、引き直したトレンドラインが下方向にブレイクされることが考えられるからです。その証拠に、この銘柄は、8月20日に高値をつけたあと、引き直した支持線で下げ止まる場面がありましたが、その後結局引き直したトレンドラインを割り込んでしまい、さらに水準が切り下がっているのです。こうした状況から、上昇角度が緩やかに変わった場合は、上昇トレンドが続いていても安心せず、利益確定売りを優先させる必要があるといえるのです。

⑫ トレンドラインを使った株価トレンドと売買判断のまとめ

トレンドラインを未来に伸ばして使うのがベスト！

トレンドラインについてのまとめです。まずはトレンドの判断についてですが、抵抗線と支持線の両方が右肩上がりのとき、株価は高値が更新されると同時に安値も切り上がっており、株価は上昇トレンドを続けていると判断します。また、バイアンドホールド（短期売買ではなく長期保有して利益を狙うスタイル）を目指す投資家は、株価が上昇トレンドを続けている銘柄を買う必要がありました。

一方、抵抗線が下向きで、支持線も下向きの銘柄は、下降トレンドと判断されました。株価が値下がりしているため、安いところで買いたい投資家は注文を出したくなるところですが、保有していても値下がりが続くことが予想されるため、トレンドが横ばいか上昇に変わるまで買わないようにする必要がありました。

そのほか、抵抗線と支持線がほぼ横ばいで推移している場合は、株価のトレンドも横ばいと考えられ、横ばいトレンドの銘柄も中長期の保有には向かない銘柄といえました。さらに、支持線が上向きではあるものの、抵抗線が下向きでトレンドラインが交差するものなどもありましたが、こういったトレンドがはっきりしないものは、上下どちらかにトレンドが発生してから、売買を判断するのがポイントになりました。

トレンドラインを使った売買判断についてですが、支持線と抵抗線の両方が上向きであれば上昇トレンドと判断されますので、買いでエントリーするのが基本になります。また、買いのタイミングは、上向きの支持線上で下げ止まって反転したところです。一方、売りのタイミングとして考えられるのが、抵抗線で上昇が止まったところでした。ただ、上昇トレンドが続いている間は、上下動を繰り返しながら上昇が続くと考えられるので、バイアンドホールドを目指す投資家は、抵抗線で敢えて売る必要はないかもしれません。

トレンドラインが書き換えられたときは要注意

そうしたなか、上昇トレンドでも注意点がありましたが、みなさん覚えていますか？　それは、トレンドラインが書き換えられたときでした。

1つ目は上昇角度が急になった時です。急角度を維持できなくなったところから、それまでの上昇の反動が出ることがあるため、引き直したトレンドラインを下回ったところで売るのが基本になります。

2つ目はトレンドラインが引き直され、角度が緩やかになったときです。角度が緩やかになったときは、最初に引いたトレンドラインを下回ることになるため、上昇の勢いが弱まっていることを示していることになり、利益確定を優先させる必要がありました。さらに引き直したトレンドラインを割り込んだ場合は、株価の下落が顕著になる可能性があるため、利益確定を優先させるか、損失を覚悟で売ってしまう必要がありました。

一方、トレンドラインが下向きの銘柄は、買い銘柄や長期保有の銘柄の候補に入れないのが基本ですので、そうした銘柄は、いくら業績が良くても買わないようにする必要があります。

中・上級者は信用取引を活用しよう

中・上級者向けに信用取引を活用した売買のタイミングについて、少し触れておきたいと思います。初心者の中には、信用取引などレバレッジを効かせた売買は自分には関係ないと思っている人がいるかもしれませんが、実はそうではありません。個別銘柄で貸借銘柄とされている銘柄は、信用取引で株を借りて売却できる

3-17 大豊建設（1822）の日足チャート

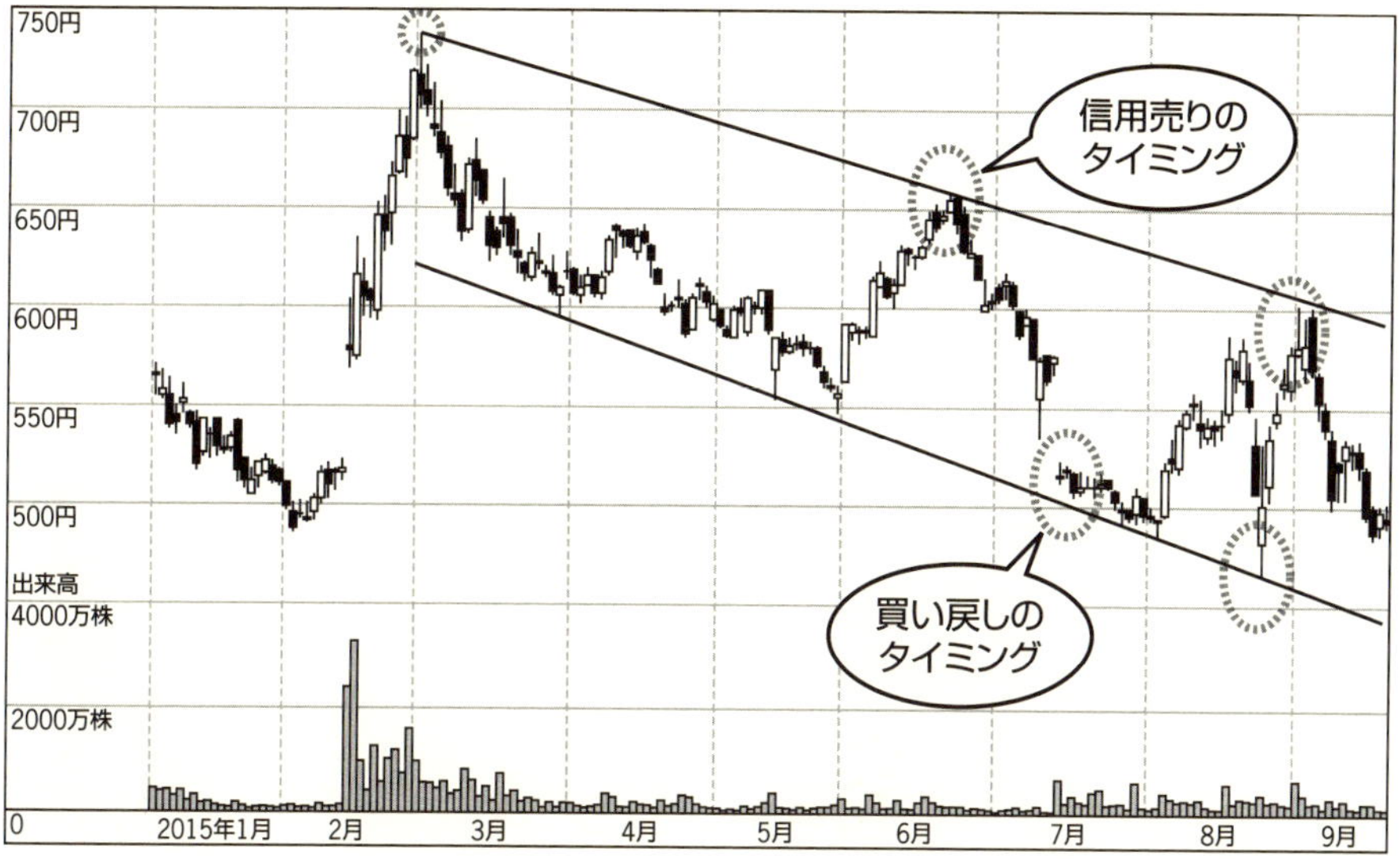

ため、現物取引しか行っていない人も貸借銘柄とされている株を保有している場合、信用取引で売られることがあるのです。

前述のように業績が良くても売られるケースでは、当面のトレンドが下向きだということを考慮して、株券を借りて売る投資家がいます。また、現時点での業績見通しは良くても、来期悪化しそうなどといった見方や、輸出関連株では、円高になるだけで業績の悪化が見込まれ、売られることもしばしばです。そのため、値下がりを見越して、信用取引を活用して売りたいと考えている投資家は、下降トレンドの銘柄を探して、下向きの抵抗線に近づいて上昇が止まったところや、押し返されたところを売るのが基本になります。

また、売ったあとに買い戻すタイミングは、下向きの支持線に接近して下げ渋ったところや、反発したところが買い戻しのタイミングになるのです。97ページでは、大豊建設のチャートを表示していますが、抵抗線につけた丸が信用売りのタイミングで、支持線につけた丸が買い戻しのタイミングになります。日本経済が低迷しているときに業績の良い大化けしそうな銘

3-18 トレンドラインのメリットとデメリット

メリット	・トレンドがわかる ・トレンドがわかると売買の判断ができる ・トレンドラインを伸ばすことで、いつ頃いくらまで上がるか、下がるかの予測ができる
デメリット	・トレンドラインの引き方に慣れる必要がある ・引き直すタイミングを見落とす可能性がある ・トレンドラインを上回ったあと反落する可能性がある ・トレンドラインを下回ったあと反発する可能性がある

下降トレンドの見極めと信用取引の売買タイミング

下降トレンドとは？	抵抗線、支持線ともに下向き
売りのタイミング	下向きの抵抗線で押し返されたら売り
買い戻しのタイミング	下向きの支持線で反発したら買い戻し

柄を探すことも投資家の楽しみではありますが、そうした思いとは別に、業績が悪く下降トレンドを形成している銘柄が市場にあふれているときは、信用取引の売りも活用して、利益を上げることも、運用として考えた場合、必要になるかもしれませんので、興味のある方は挑戦してみてください。

トレンドラインを長く伸ばすメリット

続いてトレンドラインが横ばいのケースですが、上昇トレンドの時と同じように、支持線で下げ止まって反発したところが買いのタイミングになると同時に、抵抗線で上昇が止まったところが売りのタイミングになりますが、そのほかにも、抵抗線を上回って新たな上昇トレンドが発生したときには買い、支持線を割り込んだときには売るといった売買判断が可能になるはずです。

最後に、最も覚えておいてほしいのが、チャートの右端をあけてトレンドラインを長く伸ばして使うことです。これは、どの価格まで上昇する可能性があるのか、あるいは下落する可能性があるのかを予測するためですが、単純に現在発生しているトレンドが続くと、いつ頃いくらまで上昇するのか、あるいはいくらまで下落するのかについて、おおよその目安をつかめれば、勘に頼っていた売買判断が客観的に変わっていきます。

13

移動平均線の基本的な計算方法を覚えよう

移動平均線は計算する期間で種類が異なる

では、ここから移動平均線について解説します。移動平均線もトレンドラインと同様に株価のトレンドを判断するための分析ツールですが、トレンドラインとは異なる点がたくさんあります。

たとえば、トレンドラインは直線の向きで株価の方向を判断しましたが、移動平均線は直線ではありませんでした。また、トレンドラインは、高値と高値、安値と安値の各2点を結んで判断するものでしたが、移動平均線はその名の通り、一定期間内の終値の平均価格をもとに作られた線の向きでトレンドを判断する分析手法になります。

さらに、トレンドラインは一度引くとその線を上下どちらかに抜けるか、または新しいトレンドラインが引けるようになるまでトレンドの判断は変わりませんでしたが、移動平均線は移動しながら平均価格を算出しているため、移動平均線の値が日々変化しており、トレンドラインでは読み取り切れない、より細かなトレンドの変化に加え、レジスタンスやサポートといったポイントや売買タイミングを知ることができるのもその特徴です。

3-19 日足チャートでよく使う移動平均線（5日、25日、75日）

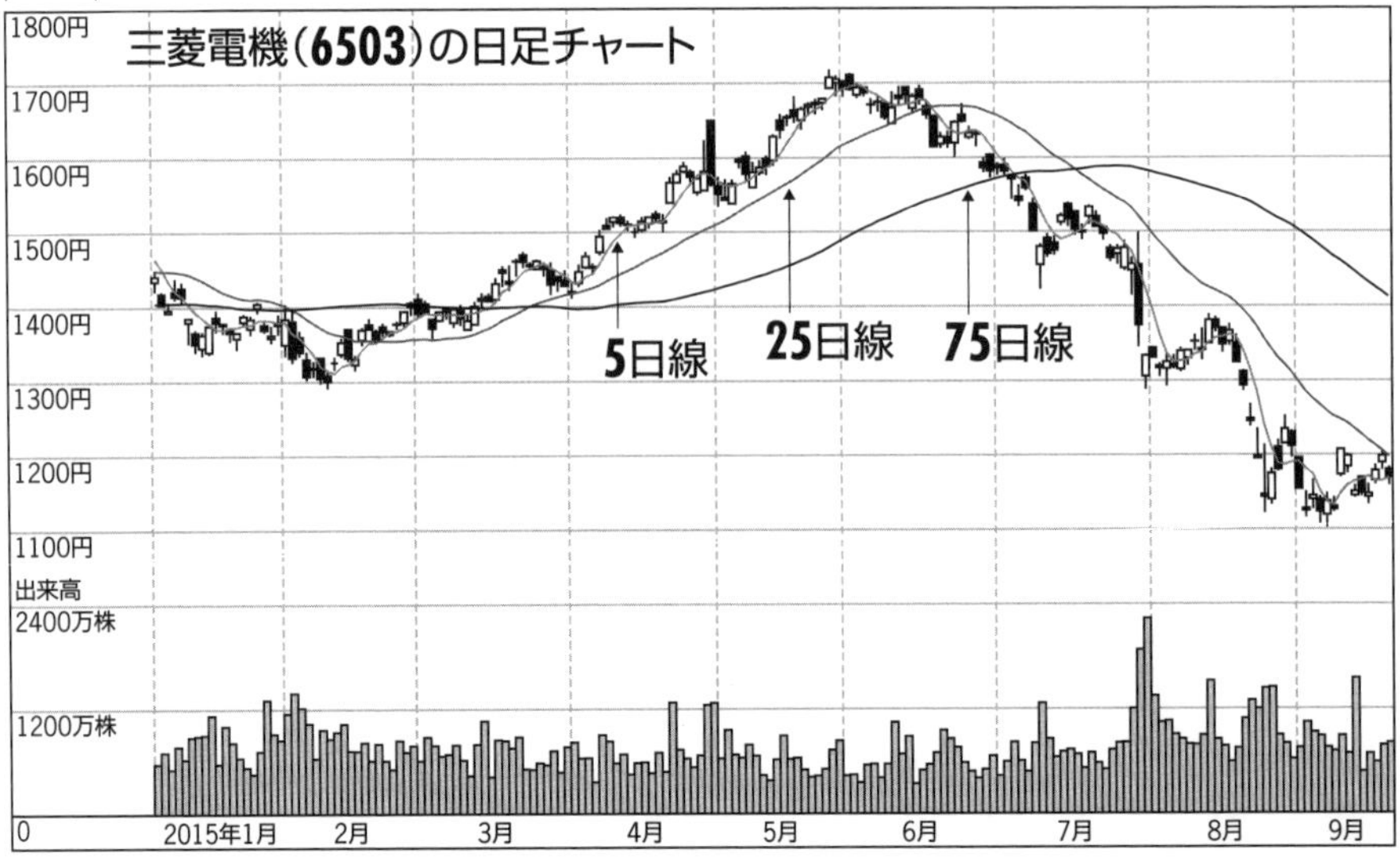

日足と週足と月足でよく使われる期間がある

それでは移動平均線とはどういうものか大体お話ししたところで、実際のチャートでみていきましょう。銘柄は三菱電機です。

まず移動平均線の種類についてですが、何か特別な種類があるわけではなく、計算する期間で分けます。移動平均線で計算する期間は一般的に取引が行われている日数であるとか、私たちの生活のサイクルである1週間（5日）、1カ月（25日）、3カ月（75日）、1年（200日）などがよく使われます。そのほか月曜日の始値から金曜日までの高値、安値、終値を示した週足や1日の始値から30日または31日までの高値、安値、終値を示した月足をもとに、週足では13週、26週、52週、月足では、6カ月、9カ月、12カ月、24カ月、36カ月、60カ月などが使われています。それでは実際の日足、週足、月足の移動平均線を次ページも含めてみてみましょう。

ちなみに計算式は、（N日間の終値の合計）÷（N日）＝（N日移動平均線）となります。

3-20 週足チャートでよく使う移動平均線（13 週、26 週、52 週）

3-21 月足チャートでよく使う移動平均線（12ヵ月、24ヵ月、60ヵ月）

14 日足・週足・月足の移動平均線に共通する特徴とは？

移動平均線の順番と向きに注目しよう

前ページで各期間の移動平均線をみてもらいましたが、株価とそれぞれの期間の移動平均線の位置を確認してみると、ある共通点があるのがわかります。

それは、株価が高いときは、サイクル（日足、週足、月足）が異なってもローソク足が最も上にあり、次に期間の短いものから上から順に並んでいるということです。

たとえば、100〜101ページにある三菱電機のローソク足と移動平均線の位置をそれぞれ確認してみましょう。

日足、週足、月足と、どのサイクルでも株価が最も上にあるとき、期間の短い移動平均線から上から順に並んでいるのがわかります。このように、株価が上昇しているときには法則がいくつかあるのです。

トレンド分析に役立つシグナル

まず1つ目が、ここで紹介した株価と移動平均線の順番です。

この株価と移動平均線の順番の法則を覚えておくと、上昇トレンド入りしたタイミングや崩れそうになっているタイミングなどがわかるようになるので是非覚えておきましょう。また、逆にローソク足が一番下にあ

3-22 イオンモール（8905）の日足チャートと移動平均線

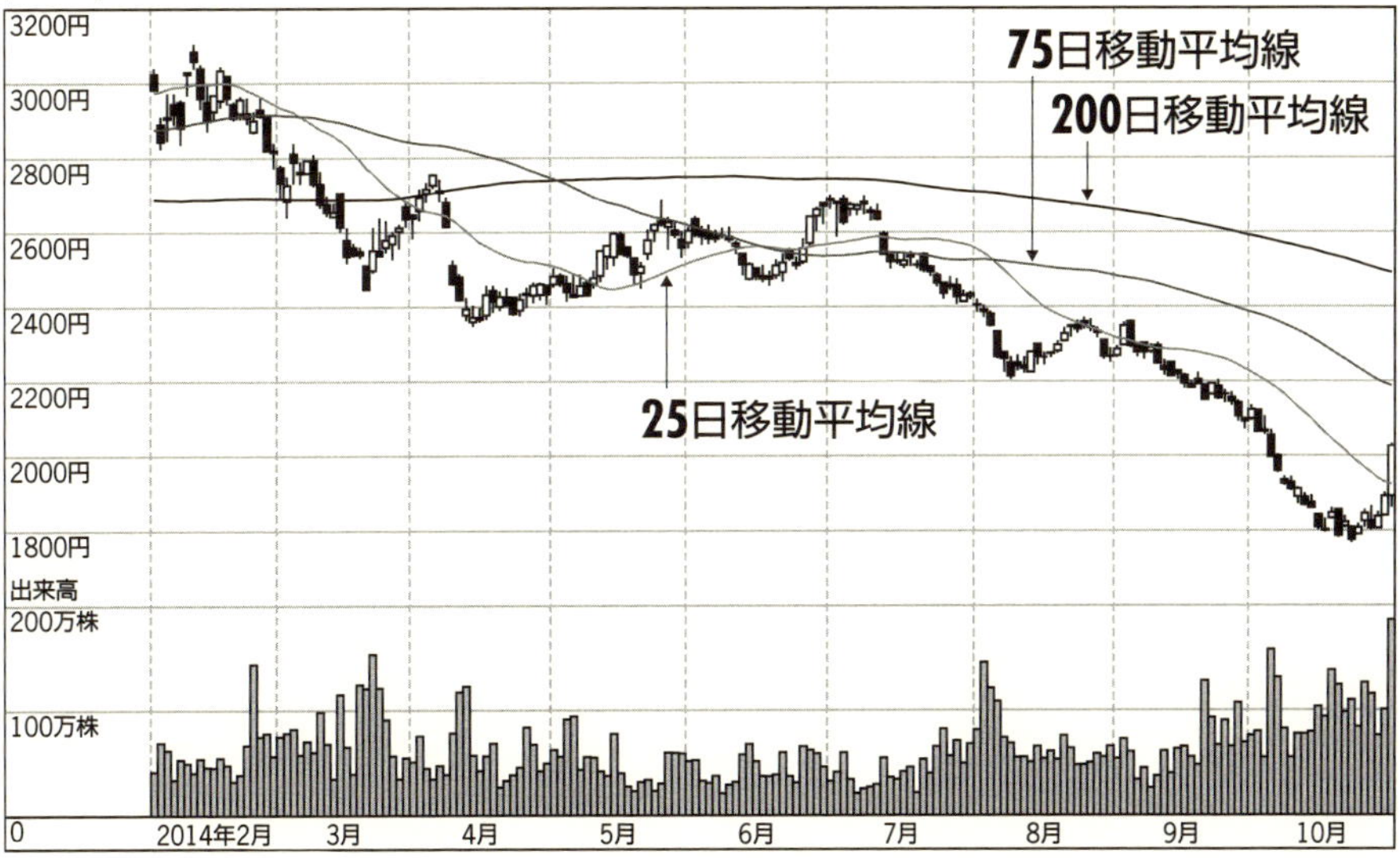

る場合は上昇しているときとは逆に、ローソク足が一番下にあり、期間の短いローソク足から下から順番に並んでいきます。イオンモールの日足の8月以降は上昇しているときとは真逆の動きになっているのがわかります。このように下落を続けているときもこの順番がトレンドを判断する重要なカギになっていますので、是非覚えておいてください。

次の共通点は各移動平均線の向きです。上昇時の各移動平均線の向きが上向きであることと、下落時の各移動平均線の向きが下向きであるという点です。これも移動平均線を使ってトレンドを分析するときに重要なポイントになります。

下降トレンドの移動平均線とローソク足の推移に注目してみてください。週足、月足の枠で囲まれた部分が日足と同じ期間になります。このチャートをみると、移動平均線を下回っているときの保有は損失拡大につながっているのがわかります。

3-23 イオンモール（8905）の週足チャートと移動平均線

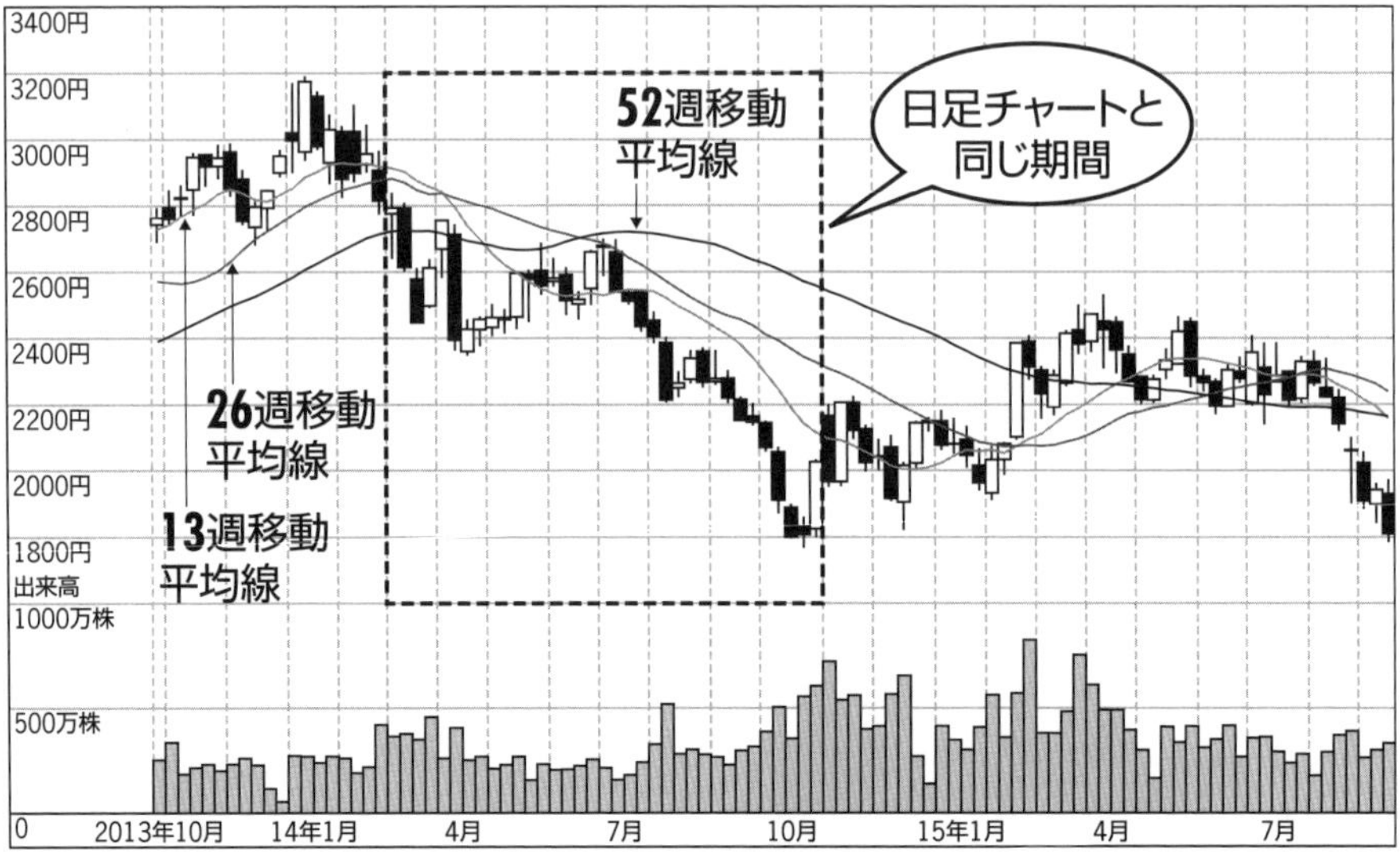

3-24 イオンモール（8905）の月足チャートと移動平均線

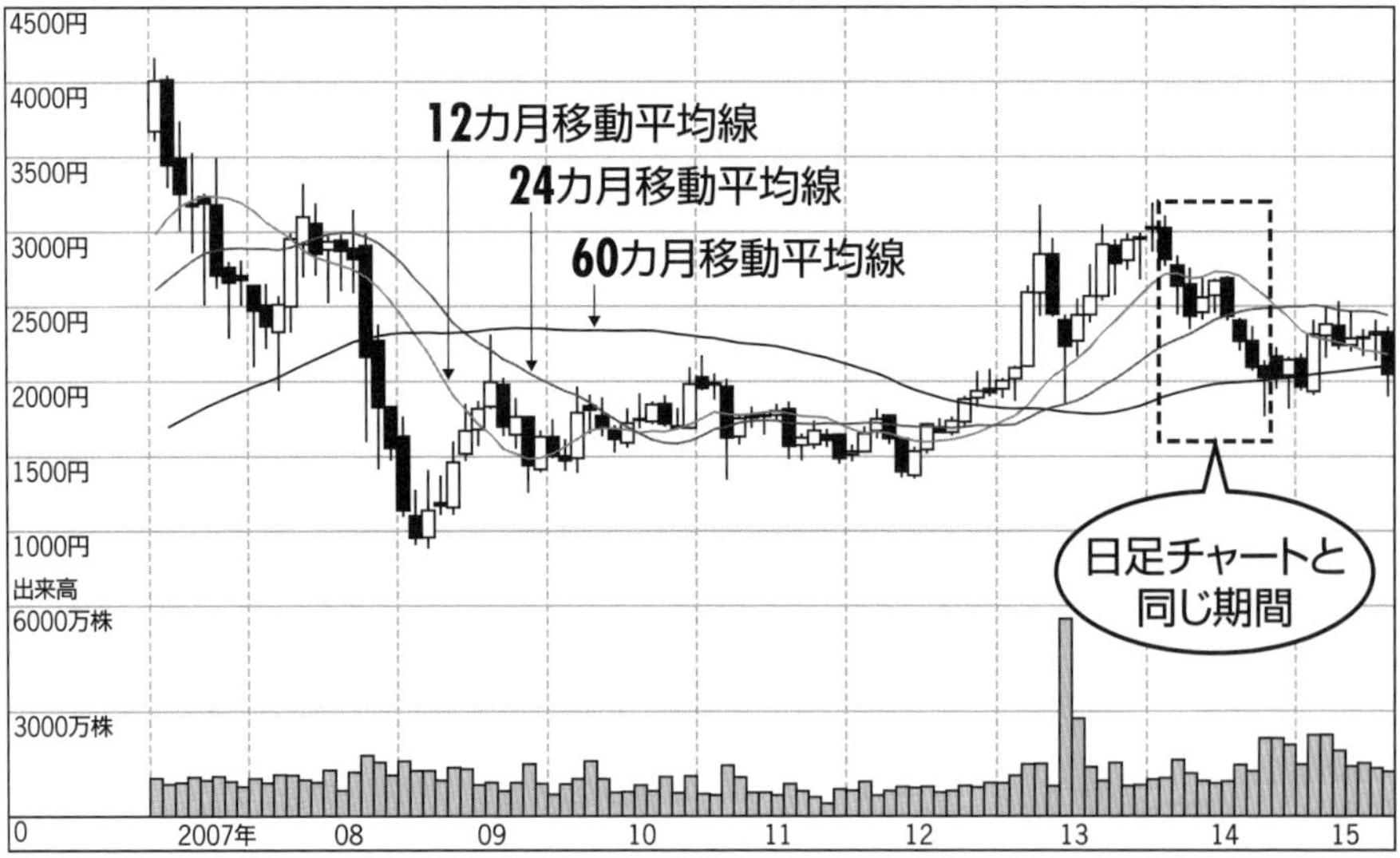

15 移動平均線を使った分析のメリットとは？

日々の値動きに左右されず長期的視野が持てる

移動平均線のメリットについて解説します。移動平均線は各期間の終値の平均値になりますから、日々の値動きがならされることになります。したがって、5日移動平均線の場合、前日比で100円上がったとしても、5日で割ることになるため、一日当たり20円しか上がっていないことになり、当日100円上昇したインパクトは5分の1になります。これは下落時も同じで、100円下落しても移動平均線に与えるインパクトはその5分の1に軽減されるわけです。そのため、日々の値動きがより平準化され、一喜一憂する必要がなくなります。また、一日で大きく値上がり、値下がりしたようにみえても、移動平均線に与えるインパクトが小さく、移動平均線の向きが変わらなければ、トレンドに変化はないと考えられるわけです。

トレンドラインだけでは売買の判断が難しい場合もある

では、ヤマダ・エスバイエルホーム（1919）のチャートをみてください。まずは移動平均線のないチャートからです。この銘柄は株価が安い、いわゆる低位株です。低位株の場合、数円でも変動すると株価へのインパクトが大きいと考えられますが、移動平均線の向きを変えるだけのインパクトにつながるのか解説するために、敢えてここで取り上げてみました。

3-25 ヤマダ・エスバイエルホーム（1919）の日足チャート（移動平均線なし）

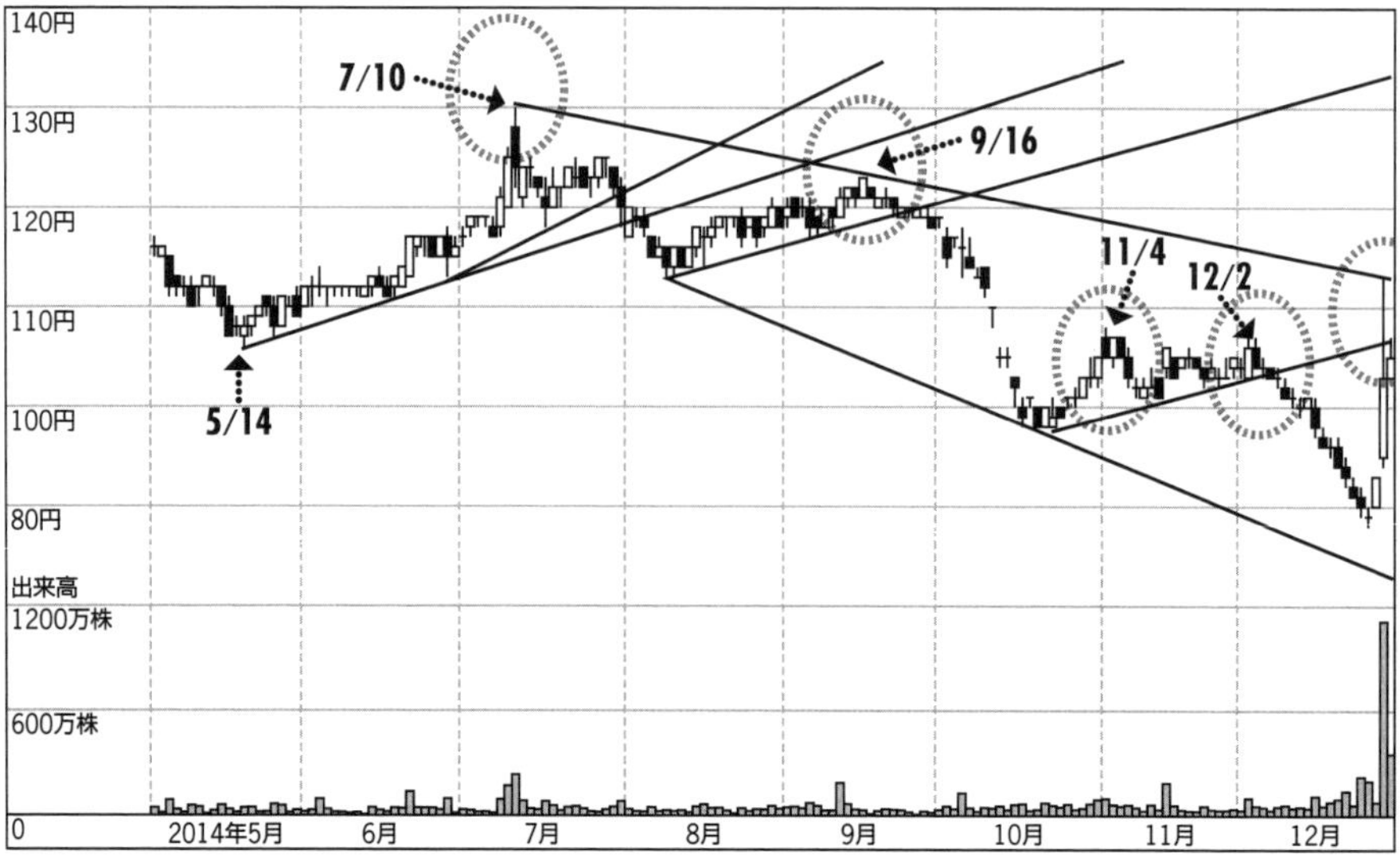

２０１４年５月14日に安値１０６円をつけたあと、徐々に上昇する展開になりました。このように徐々に反発が継続するような展開になったとき、図のようにトレンドラインを引けば、株価の方向がわかると同時に支持線を割り込んだところで売れそうです。一方で、7月10日や9月16日と、それぞれ高値が決まるまで売りの判断が難しいのではないかと思われます。さらに、11月４日や12月２日の高値近辺では、抵抗線が引けるようになるまで売りの判断が難しいのではないかと思われます。このような状況になったとき、みなさんならどのように考えますか？

長期的トレンドを把握できる

ただ、ここでのテーマである移動平均線を引くと、とてもよくわかるようになるので、１０７ページにある移動平均線を引いたチャートをみてください。先ほど、できれば高値で売りたいと考えていた、7月10日や9月16日のローソク足と移動平均線に注目してください。ここでもポイントは、トレンドラインでは上昇トレンドにみえますが、移動平均線（ここでは２００

3-26 ヤマダ・エスバイエルホーム（1919）の日足チャート（移動平均線あり）

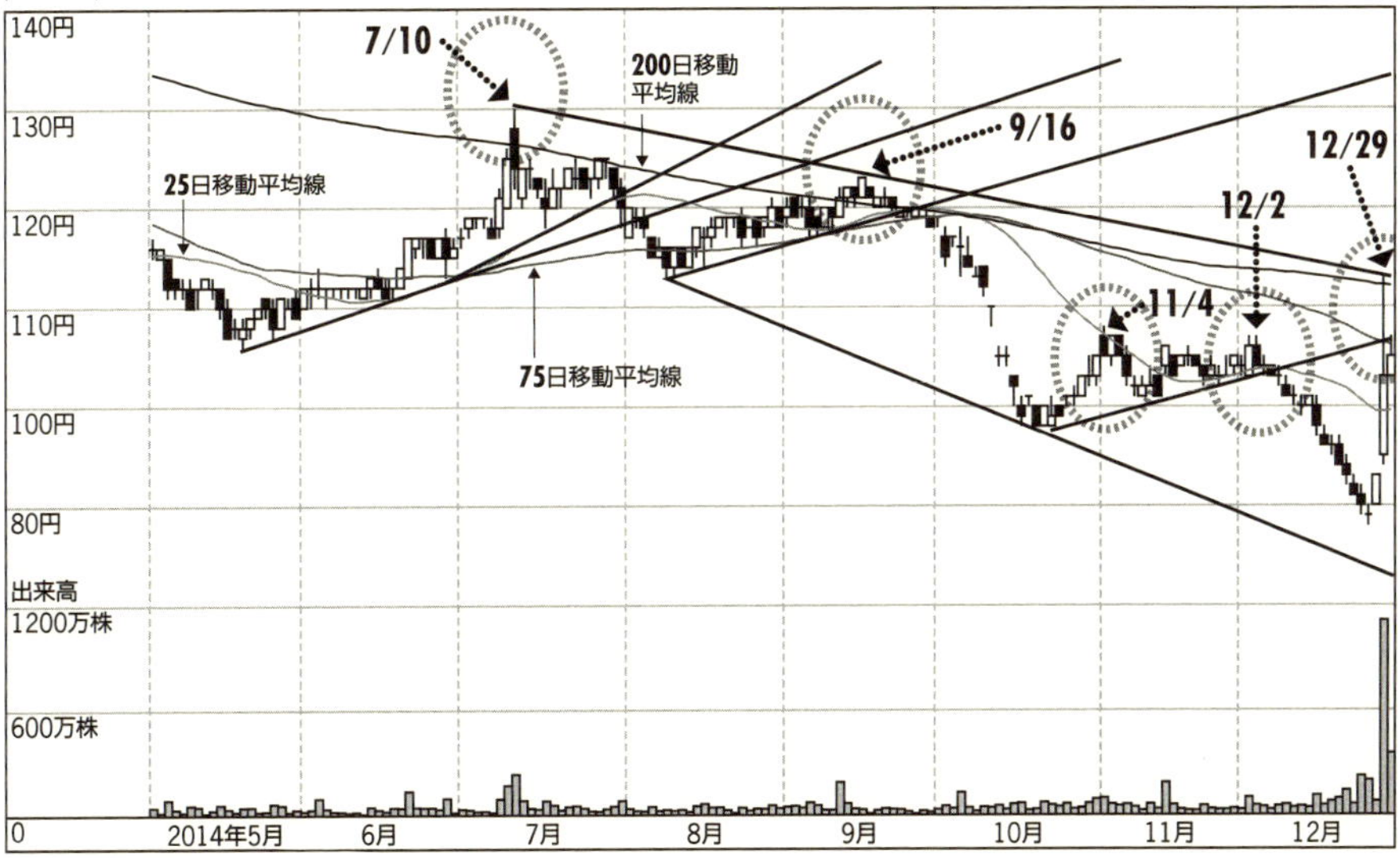

日）をみると、下向きのままになっており、5月21日（１０６円）から7月10日（１３０円）までのあいだ、24円と、およそ22%上昇しても、２００日移動平均線の向きに変化が起こっていないということです。そのため、トレンドラインでは上昇トレンドと判断できたものの、セオリー通りに支持線を割り込むまで売らずに持っていた場合、7月10日に売却することはできなかったことになります。

一方、２００日移動平均線をみると下向きに推移しており、7月10日の反落も納得できます。なぜなら、２００日移動平均線が下向きのため、トレンドラインと同じように、下向きの抵抗線に押し返されてしまったと考えられるからです。このように、移動平均線のメリットは、トレンドラインと同じように株価の方向を捉えられると同時に、売買判断にもつなげることができるのです。また、トレンドラインでは短期的なトレンドを知ることはできたものの、移動平均線を表示することで比較的みえにくかった長い期間のトレンドも把握でき、売買判断に役立つのです。

トレンドラインが見落としがちな点がわかる

9月16日や11月4日、12月2日についても、移動平均線とローソク足の関係をみてみましょう。9月16日もトレンドラインは支持線が上昇していますが、7月10日と同様に200日移動平均線が下向きのままで推移しており、株価の上昇が続きませんでした。11月4日は下向きの25日移動平均線が株価の頭を押さえています。そのため、支持線は上向きでも株価の頭が押さえられており、一旦は売って利益確定が必要と考えられますし、12月2日の局面では、ローソク足が25日移動平均線を上回りましたが、25日移動平均線が横ばいで下回ったところから支持線も下回り、下落基調がはっきりする結果でした。

そして最後の12月25日に安値88円をつけたあとの反発局面をみてみましょう。ここでは、12月26日から反発に転じ、29日は売買高も膨らむと同時に株価も上げ幅を広げています。こうした値動きをみますと、低位株だけに大化けを狙って買ってみたくなる投資家は多いのではないかと思われますが、トレンドラインが下向きになっていると同時に200日や75日移動平均線が下向きで推移しており、トレンド分析のセオリーからは、株価が押し返される可能性が高いと考えられるわけです。実際、一旦75日移動平均線を上回って、200日移動平均線をほんの少し上回るところまで上昇したものの、予想通り値を保つことができずに200日移動平均線に押し返されただけでなく、75日移動平均線を下回るところまで押し返される結果になってしまいました。

このように移動平均線は、トレンドラインと考え方や見方は同じですが、トレンドラインで見落としがちな長期や短期のトレンドを教えてくれる長所があるのです。また、期間が短いなかで価格が変動すると、トレンドラインを引いたときにたくさんの線が引かれることになり、株価の方向がわかりづらくなってしまいますが、移動平均線では株価の変動もならされてしまうため、比較的小さな変動に落ち着き、方向を見極めやすくなります。ですから、トレンドラインを引き過ぎて迷ってしまったときには、移動平均線をあわせて表示するとよいのです。特に日足で短中期の方向に迷った際は、5日と25日移動平均線が有効でしょう。

16

移動平均線を使った分析のデメリットとは？

期間が長すぎると売買のタイミングを逸することもある

移動平均線の短所について解説します。テクニカル分析は万能ではありません。また、それぞれのテクニカル分析チャートには長所と短所があります。

105ページでは、トレンド分析の観点から、トレンドラインとの比較において長所について説明しましたが、ここからは短所についてです。

トレンドを知るという観点からすると、移動平均線はトレンドラインではわからなかったり、気づかなかったりするレジスタンスやサポートがみえる長所があり、短期的な動きに惑わされることなく、トレンドの判断ができる一方、移動平均線の期間が長くなればなるほど、移動平均線の方向の変化が遅くなるため、実際の売買では判断が遅れてしまうことがあるのです。

移動平均線の変化の遅れをチャートで確認しよう

判断が遅れる理由を東ソー（4042）の日足チャートで説明します。

2015年1月から6月23日の高値をつけるまで、株価は25日や75日移動平均線がサポートになって、上昇を続ける結果となっていますが、7月6日に大幅安となったあと、上向きの75日移動平均線を下回りました。

3-27 東ソー（4042）の日足チャート

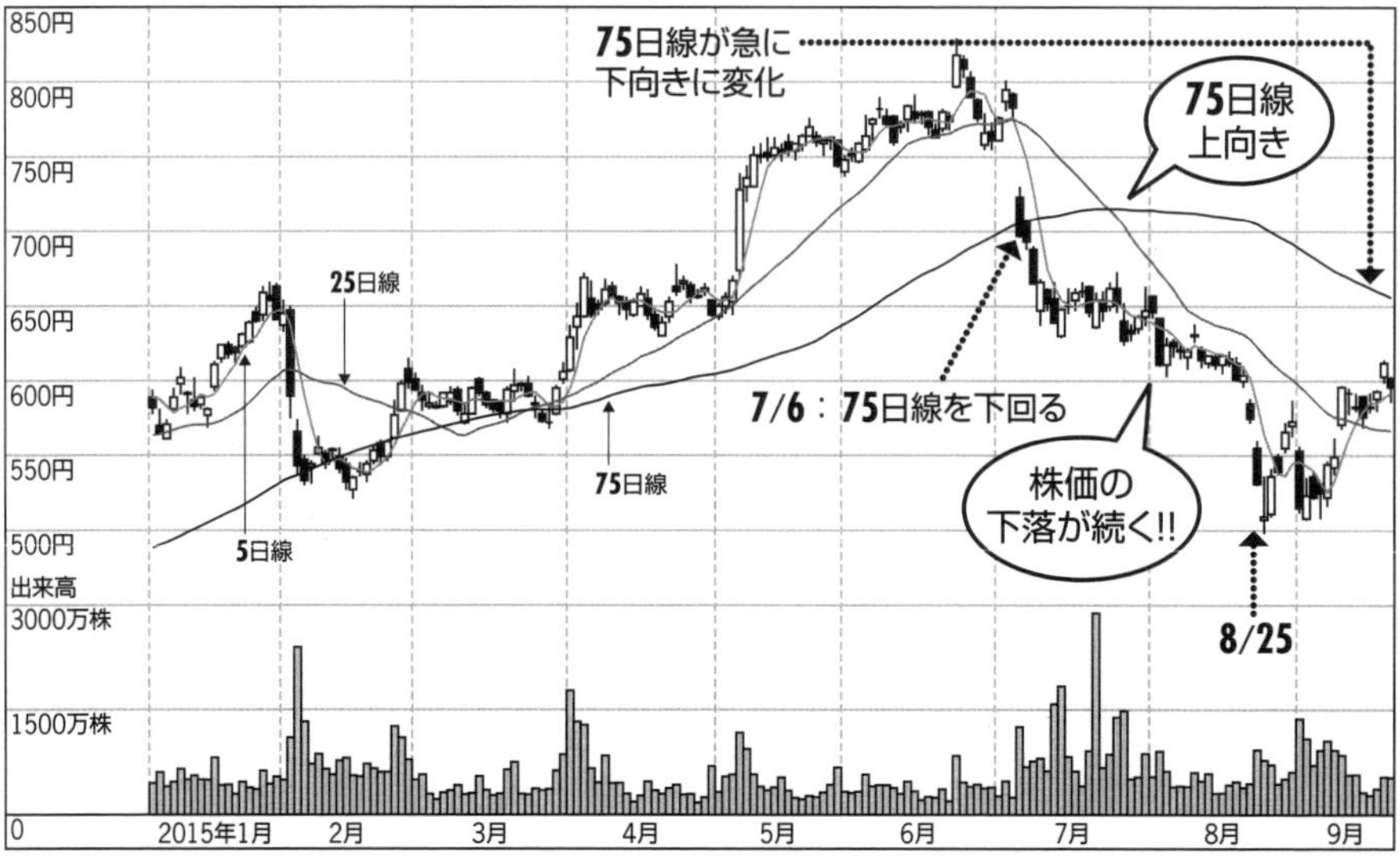

また、ローソク足は5日移動平均線に押し返されて下落基調が続いているものの、75日移動平均線は上向きを続けており、ローソク足と移動平均線の逆行現象がみられます。また、そのあとも8月25日に安値をつけて反発していますが、75日移動平均線は下向きを続けていることに加え、むしろ安値をつけた8月25日から下向きの角度が急になっているのがわかります。

短期間の売買では短い期間の移動平均線を使うようにしよう

このようなことから、移動平均線でトレンドを判断する場合、長期の移動平均線（日足は75日）のトレンドの変化を待って判断していたのでは、売買タイミングが遅れてしまうのです。また、短期の移動平均線も株価が上下に振れた場合、方向が定まらなくなることがあるため注意が必要です。

そのため、比較的短い期間（1週間から1カ月程度）で売買する投資家は、5日や25日移動平均線を中心に考える必要がありそうです。

17

グランビルの法則で売買タイミングを見極めよう

ポイントは株価水準をしっかり確認すること

移動平均線の長所と短所を踏まえ、移動平均線を使った売買タイミングを考えた人がいます。アメリカ人のジョセフ・E・グランビルです。グランビルは200日や80日、40日などの移動平均線をもとに買いと売りの法則をそれぞれ4つずつ示しました。これらの法則は、前述の短所で示したように長期の移動平均線を使って法則通りに売買判断を行った場合、売買判断が遅れることからパフォーマンス（投資成果）があまりよくないとの批判があります。しかし、この法則は移動平均線とローソク足をもとにした売買判断では秀逸であると考えられることから、敢えて解説したいと思います。ただ、そのままではパフォーマンスが悪化する恐れもありますので、実際の売買で活用できるよう、短い移動平均線に変更してその考え方を紹介します。

グランビルの法則の特徴は、200日移動平均線をもとに長期のトレンドのなかで売買タイミングを計ろうというものですが、みなさんおわかりのように、最近は取引スピードの速さの向上もあって、動きが速くなっているのが現状です。そのため、本書では25日移動平均線を使ってお話ししたいと思います。

移動平均線の向きに注意して買いの判断をしよう

買いの4つの法則は113ページのとおりですが、112ページのチャートとあわせてみていきましょう。

3-28 三菱電機（6503）の日足チャート

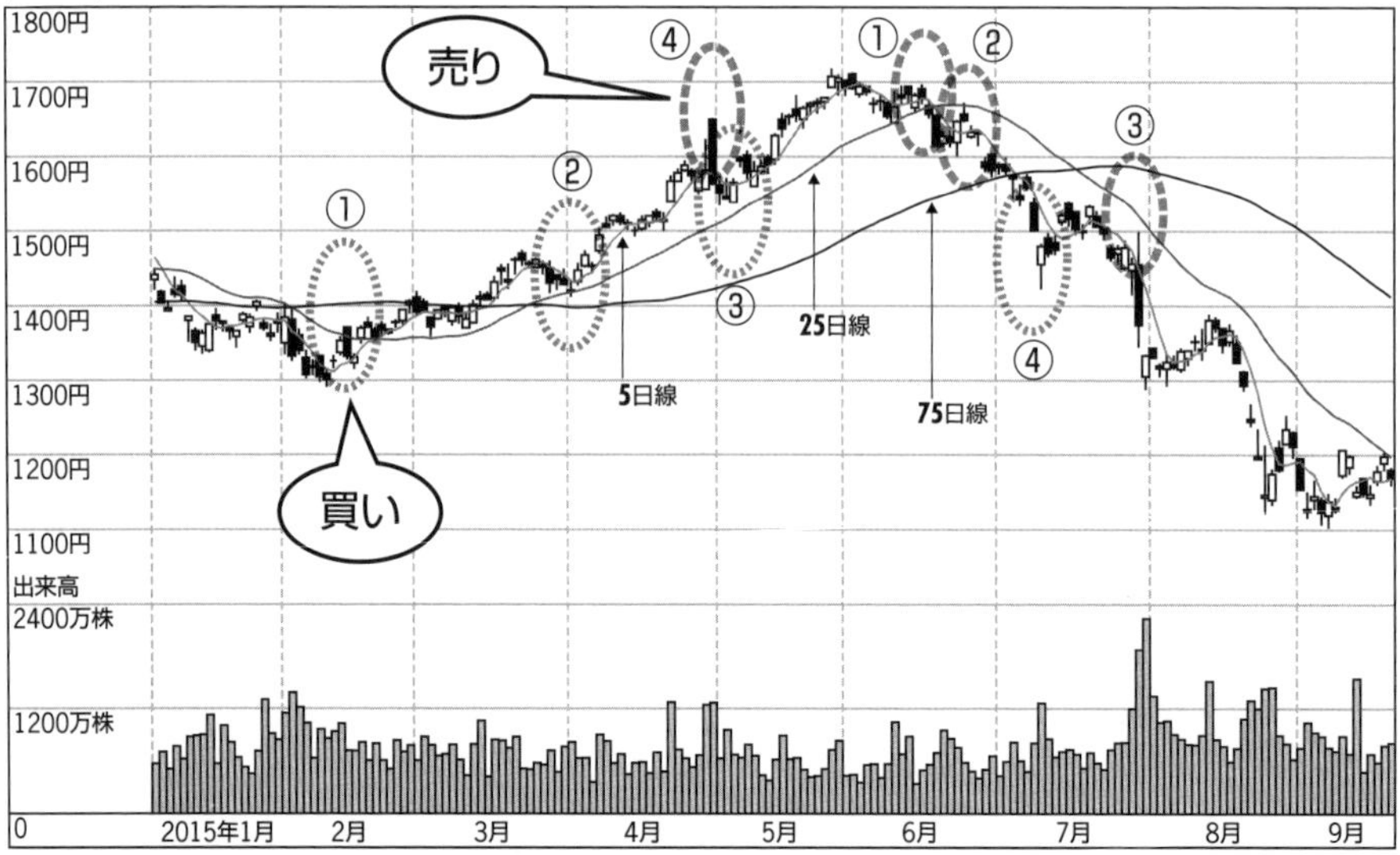

まず、①の買いパターンについてです。成功のポイントは、移動平均線が横ばいに変化したことを把握できるかどうかです。なぜなら、この移動平均線の向きが下向きのままで推移しているときは、株価が反落してしまうことが考えられるからです。これまでみてきたように、移動平均線の向きはすぐには変わりません。移動平均線の短所（109ページ）で解説したように、期間が長ければ長いほど移動平均線の向きが変化するまでに時間がかかるため、下向きの移動平均線を上抜いても、移動平均線の向きが上向きに変化しなければ、上昇トレンド入りの可能性が低くなります。そのため、①では、特に25日移動平均線の向きに注意を払って売買判断を行わなければいけません。

②のポイントは、上向きが継続しているかどうかになります。特に移動平均線がしっかりと上向きの時に、一旦割り込んでも戻す場合が多いことに加え、反発が続いた場合、高値を更新することも多くあります。実際に②の後の株価を見ると、高値を更新して上昇トレンドが続く結果になっています。

③でも移動平均線の上昇トレンドが続いているこ

3-29 グランビルの法則による売買のタイミング

買い
① 移動平均線が長期間下落ないし横ばいで推移した後に株価がその移動平均線を下から上へ突き抜けるとき
② 株価が移動平均線を下回ってきた場合でも、移動平均線が上昇中のときは、一時的な調整と見て買い（押し目買い）
③ 移動平均線の上方にある株価が足踏み状態のまま、上昇中の移動平均線に近づいてくるなか、移動平均線を割り込むことなく再び上昇したとき
④ 下向きになっている移動平均線よりも、さらに株価が大きくかけ離れて下落した場合、（下降中の移動平均線との下方乖離が大きくなった場合）、自律反発する可能性が高いと考えて買い

売り
① 上昇してきた移動平均線が横ばい、または下落に転じるなか、株価が移動平均線を上から下へ割り込んだとき
② 下降中の移動平均線を株価が下から上に突き抜けても移動平均線の下落が続いているとき（戻り売り）
③ 移動平均線を下回っている株価がもちあいのまま、あるいは一時的に上昇し下落中の移動平均線に接近してきたものの、移動平均線を上回れずに再度下落に転じた場合
④ 上昇中の移動平均線から株価が大きく上に離れ過ぎた（上方乖離が大きくなった）場合、株価は高値警戒感から自律反落する公算が大きいと考えて売り

とが重要です。また、移動平均線を割り込まずに反発する場合、それだけ買い意欲が強いことの表れになりますから、下げを待っていると買いそびれてしまいますので注意が必要です。

④は、最も注意が必要な買いのパターンではないかと思います。なぜなら、下降トレンドのなかでのリバウンド（自律反発）を狙う買いだからです。リバウンド狙いの買いは、失敗すると大きな代償を支払わなければならなくなります。

112ページのチャートで示した④以降の株価動向をみてもわかるように、下降トレンドの途中であるリバウンド局面で買っても、売りそびれてしまうと、その後は損失が膨らむことになるため、とても危険な買いといえるのです。初心者が株価水準にだけ目をとらわれたり、ファンダメンタル分析で業績が良いのだからと、リバウンド局面を株価の底入れ局面と勘違いして買ってしまったりして最初はうまくいっても、結局売りそびれて損失を抱えることになるという、最悪の結果につながっていきますので要注意です。

また、余談ですが、ここで私はリバウンドという言葉を使っています。これは下降トレンドのなかでの自律反発でもう一度下落することが考えられるからです。一方、このリバウンドを押し目と呼ぶ人がいますが、それは間違いで、②や③が押し目になりますので、間違って使わないようにしたいところです。

長期間の移動平均線を確認して売りの判断をしよう

続いては、売りについてです。ここでも、移動平均線の向きが重要になります。

特に、買いか、売りかで間違いやすいのは、①か②ではないかと思われます。なぜなら、現在の株価がどの水準にあるかを、過去に遡って調べてから買う投資家が少ないからです。たとえば、①の場合、株価と移動平均線の関係だけみれば、移動平均線が横ばいで、一旦下回ったところから株価が戻るのではないかと考え、押し目だと判断し、買ってしまうことが想定されます。また②の場合も下落の始まりとは考えずに、押し目だと判断して買ってしまうことが多いでしょう。

ではどうすれば、そうした失敗を避けられるのでしょうか。ポイントは、「株価の水準」です。最低でも9カ月程度の移動平均線と株価の推移を示しておけば、現在の株価水準がわかります。また、グランビルの法則の①から③までのシグナルがすでに表れていることから、順番からすれば、売りシグナルに近づいていることが予測できるはずです。もちろん、その当時、初心者だったならば、売りと判断するのは難しかったかもしれませんが、少なくともグランビルの法則を知っていると同時に、本書でお話ししているように株価水準のチェックを怠っていなければ、買わずに様子をみることもできたはずなので、是非、ここで解説した注意点やポイントを頭に入れ、自ら失敗を招かないように注意してください。

18

どの移動平均線を使うかはケースバイケース

移動平均線は銘柄にあった期間で設定しよう

移動平均線を使ったトレンド判断と売買タイミングの計り方で、もう少し注意点についてお話ししたいと思います。それは、どの移動平均線を基準にトレンドや売買タイミングを組み立てるかということです。本書では主に日足を使って解説していますが、これは、実際に株の取引をしている人のなかで、数日から数カ月のあいだで売買を行っているケースが多いと考えているからです。

中には、数年から10年単位で考えている人がいるかもしれませんが、そうした人が日足チャートで売買タイミングを考えた場合、売買回数が増えるだけで、一度の大きな値幅を取ることはできません。一方で、現在の株式市場のように外国人投資家が取引所の売買代金の6割以上を占め、ボラティリティ（価格の変動率）が高くなっている市場動向のなかでは、本書で説明している25日移動平均線をベースにトレンドや売買タイミングを計ることが実勢に最もマッチしているのではないかと思われます。

この移動平均線を使うべきという決まりはない

また、移動平均線については、どの移動平均線を使わなければならないといった決まりはありません。したがって、25日が長いと感じる人は、20日や、あるいは10日の移動平均線などを使っても構わないのです。

3-30 三菱電機（6503）の日足チャートと10日移動平均線

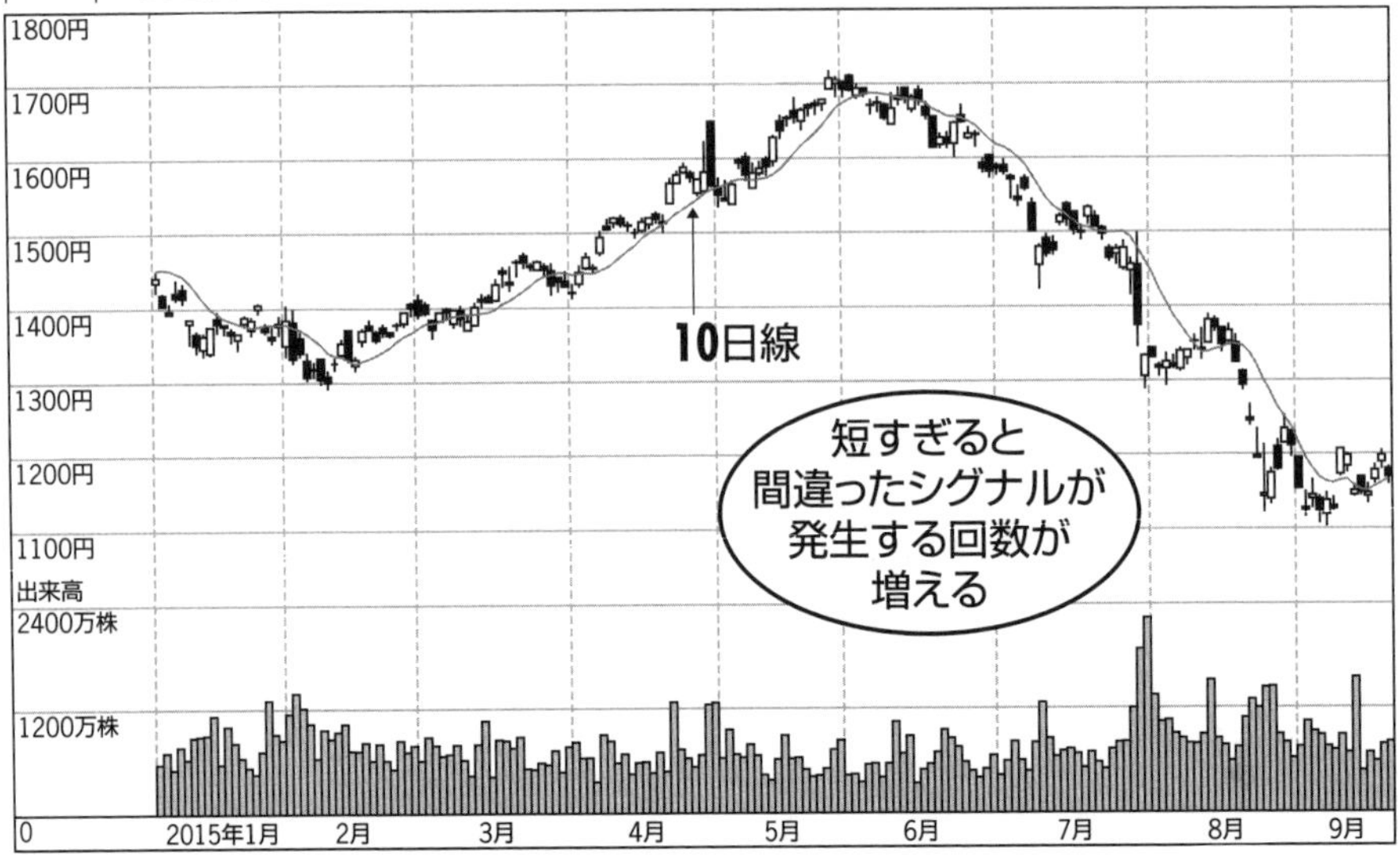

ただ、移動平均線の日数を長くしたり、短くしたりすると、それぞれに弊害が生まれます。たとえば、短くし過ぎた場合、トレンドの判断が早くなる反面、いわゆる「誤ったシグナル（ダマシ）」が発生する回数が増えることにつながるのです。上のチャートは、100ページの三菱電機の移動平均線を10日にしたものですが、わかりやすいサポートになっておらず、10日の移動平均線を使った場合、売買判断を誤ることになりそうです。

それぞれの銘柄にあった日数をしっかり考えよう

一方、長くした場合はどうでしょうか？ 117ページにあるのは、75日移動平均線のみを表示した場合の日足チャートになります。このチャートをみると、100ページにあるような25日移動平均線ではっきりとみえていたトレンドと売買タイミングの判断ポイントが全くみえなくなってしまっており、この75日移動平均線1本だけでは使い物にならないことがわかります。そのため、ベースとなる移動平均線をしっかり決

3-31 三菱電機（6503）の日足チャートと75日移動平均線

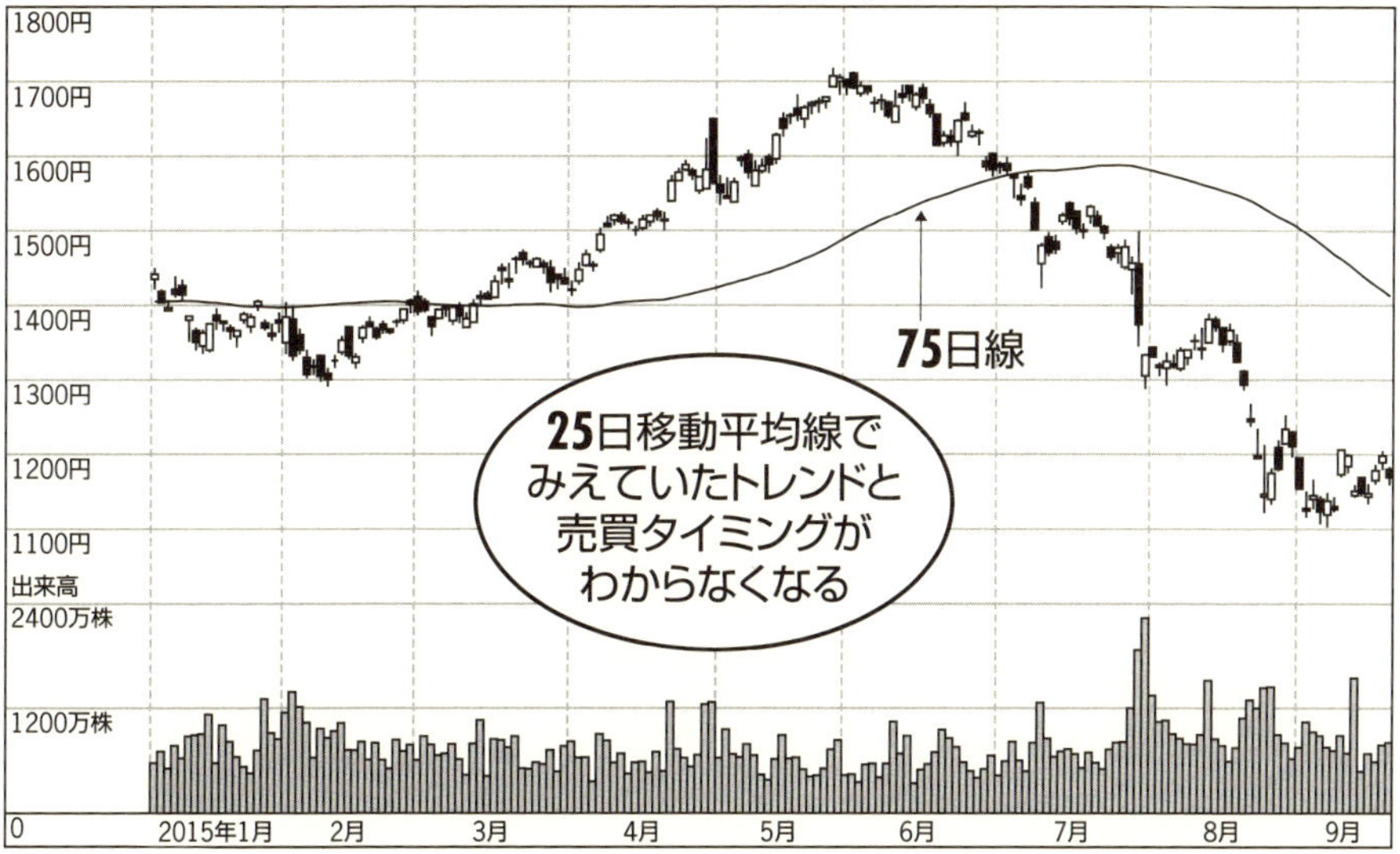

めた上で、その銘柄にあった日数を使って利用するのがベストなのです。

ゴールデンクロスやデッドクロスを初心者は学ぶべきか？

また、一般的な移動平均線を使った売買タイミングの計り方に、ゴールデンクロスやデッドクロスといった売買シグナルの考え方がありますが、本書では取り上げませんでした。

なぜなら、ゴールデンクロスやデッドクロスといった売買シグナルよりも優れたシグナルがほかにあるからです。したがって、初心者のみなさんは移動平均線を使う場合、トレンド判断と適正化した移動平均線を使ったグランビルの法則をもとに売買判断を心掛けるようにすると、これまでより売買が上手になるはずです。

トレンドラインと移動平均線のまとめ

これまでトレンドラインと移動平均線についてお話ししてきましたが、いよいよ本章のまとめです。

トレンドラインはシンプルで、特別な知識を持っていなくても、初心者から中上級者まで誰でもトレンドの判断ができる優れものです。ただ、手軽に利用できることや、見かけのシンプルさから軽く扱われてしまう傾向があるようですが、数日や数カ月単位のなかで売買を行う投資家にとっては、短期から中期までのトレンドの把握ができるほか、売買タイミングも計れるなど侮りがたい分析チャートです。

また、移動平均線は、トレンドラインではみえないレジスタンスやサポートを教えてくれると同時に、トレンドラインと同様に中期的な株価の方向がわかります。

さらに、これらのトレンド分析をマスターすることによって、まず、買ってもよい銘柄か、やめた方が良い銘柄かといった、そもそもの入り口にあたる判断ができるようになります。第1章でお話ししたように、業績が良くても下がる銘柄があれば、業績が悪くても上がる銘柄があるように、そうした株価の方向を教えてくれるのがトレンド分析です。是非このトレンド分析を身につけて投資の成功者に近づきましょう。「トレンドラインを制する者が投資の成功者になる！」ということをしっかり頭に入れ、トレンド分析をベースにしつつ、このあとの章を読み進めてください。

練習問題

問題 01

以下のチャートに、正しいトレンドラインをそれぞれ引きなさい

【TOPIXなどの指数のチャート】

抵抗線を引きなさい

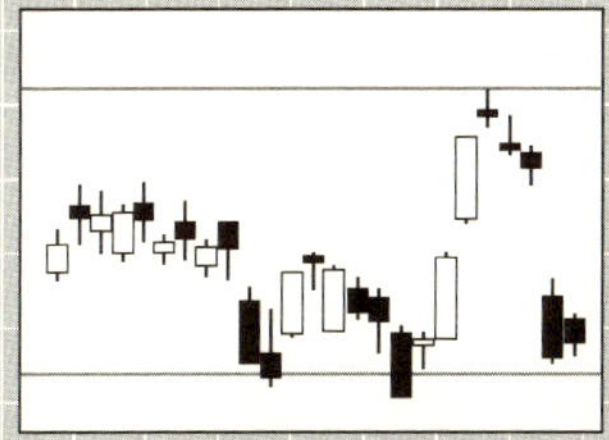

支持線を引きなさい

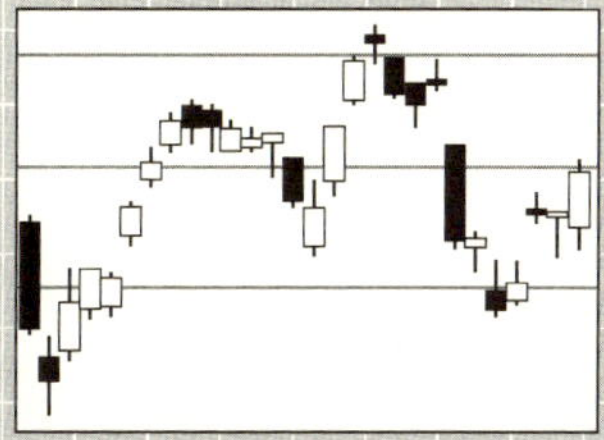

【個別株のチャート】

抵抗線を引きなさい

支持線を引きなさい

解 答 文

問題 01

答え 2 以下の図の通り

日経平均株価など指数の場合は、以下のようにローソク足の実体部分を結びます。個別株の場合はヒゲとヒゲを結びます。

【指数の場合】

・ローソク足の実体と実体を結ぶ（抵抗線）

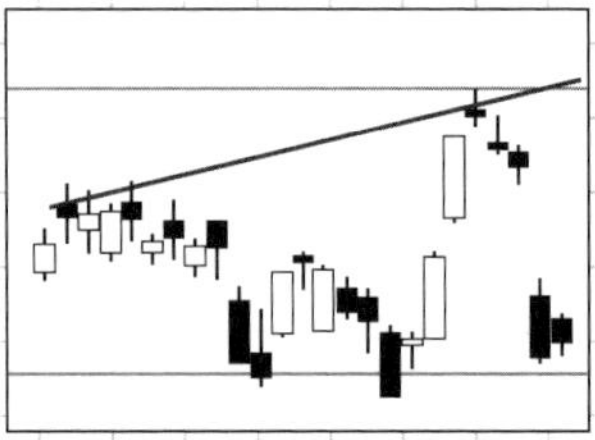

・ローソク足の実体と実体を結ぶ（支持線）

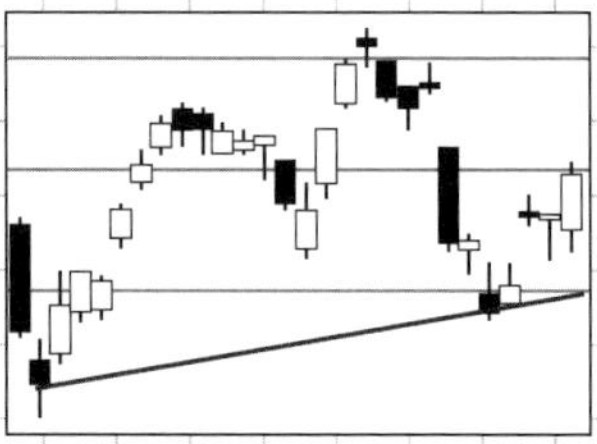

【個別株の場合】

・高値と高値を結ぶ（抵抗線）

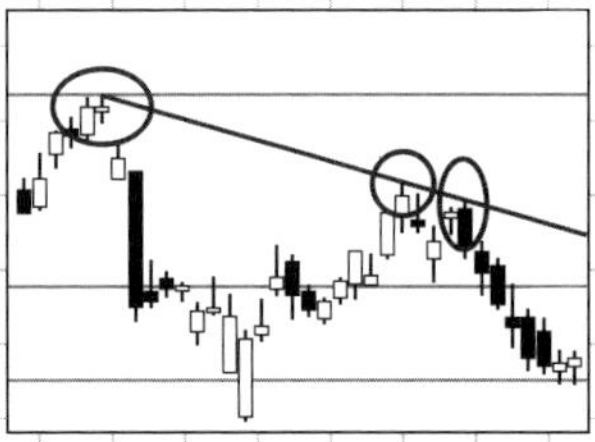

・安値と安値を結ぶ（支持線）

第4章

トレンド分析をマスターしよう②（モメンタム）

01

モメンタム分析の基本的な考え方を知ろう

株価の上昇や下落の勢いを計る便利な指標

テクニカル分析でモメンタムとは「勢い」のことをいいます。モメンタムを知っておくと、トレンド分析で示されたトレンドに乗ってよいのか、あるいは見送った方がよいのかの判断など、迷ったときに助けられます。たとえば、株価が上昇トレンドにあっても、この上昇の勢いが続くのかどうかが気になるところです。

トレンドラインや移動平均線でも、株価の勢いを計ることができました。それは、角度でしたね。角度が急だと、値幅も大きくなっているはずですので、その分勢いがあると考えるわけですが、緩やかな上昇トレンドが続いているときなどは、迷うことがあるのではないでしょうか。

また、株価が高値をつけてから反落したところを押し目だと思って買ったところ、実際には上昇の勢いが鈍っているところで、移動平均線を割り込んで下落トレンド入りしてしまった、といった苦い経験がある投資家もいるかもしれません。何がいけなかったのかは検証する必要がありますが、もし、トレンドの判断が間違っていなかったにもかかわらず、イメージしたものと異なる値動きになってしまったという人は、このモメンタムを勉強する価値は大きいです。

値幅を時系列に分析するのが基本的な考え方

では、どのように上昇の勢いを計るのでしょうか。また、下落しているとき、下げ止まるかどうかの勢いの判断はどのように行えばよいのでしょうか。そうした上昇や下落の勢いをどのようにして計ればよいのかを解説します。上昇や下落の勢いを計るのに、いろいろな考え方がありますが、ここではシンプルな分析手法を説明したいと思います。

それは上昇値幅や下落値幅を元に分析する手法です。みなさんに質問します。たとえば、Aという銘柄があったとします。この銘柄が昨日30円上昇しました。この30円という上昇幅をみて、みなさんは上昇の勢いがあると思いますか？　人によって大きいと感じたり、小さいと感じたり、おそらく答えは分かれることでしょう。また、ある人は、元の株価がいくらかなのかによって変わるから一概に勢いがあるとか、ないとかの判断はできないというかもしれません。

少し違った角度から質問をしたいと思います。同じAという銘柄ですが、昨日30円上昇しました。今日は40円上昇しました。この銘柄の上昇の勢いは昨日と今日とではどちらが大きいでしょうか？　こうなると、全員が30円と40円を比較して40円の方が値幅が大きいので、勢いが増しているという答えになるのではないでしょうか。このようにただ単純に30円の値幅が大きいのか、小さいのかといった質問に対しての答えは分かれると思いますが、時系列で値動きを見た場合、上昇幅が拡大していれば、上昇の勢いが増しているといえます。一方で上昇幅が縮小していれば、上昇の勢いが低下しているといえるでしょう。こうした考え方をもとにモメンタムは作られているのです。

モメンタムは2本線で表示される

ではここで、モメンタムの作り方を紹介します。前述のように値幅を元に計算するのですが、単純に前日

4-01 モメンタムチャート（10日）と三菱電機（6503）の日足チャート

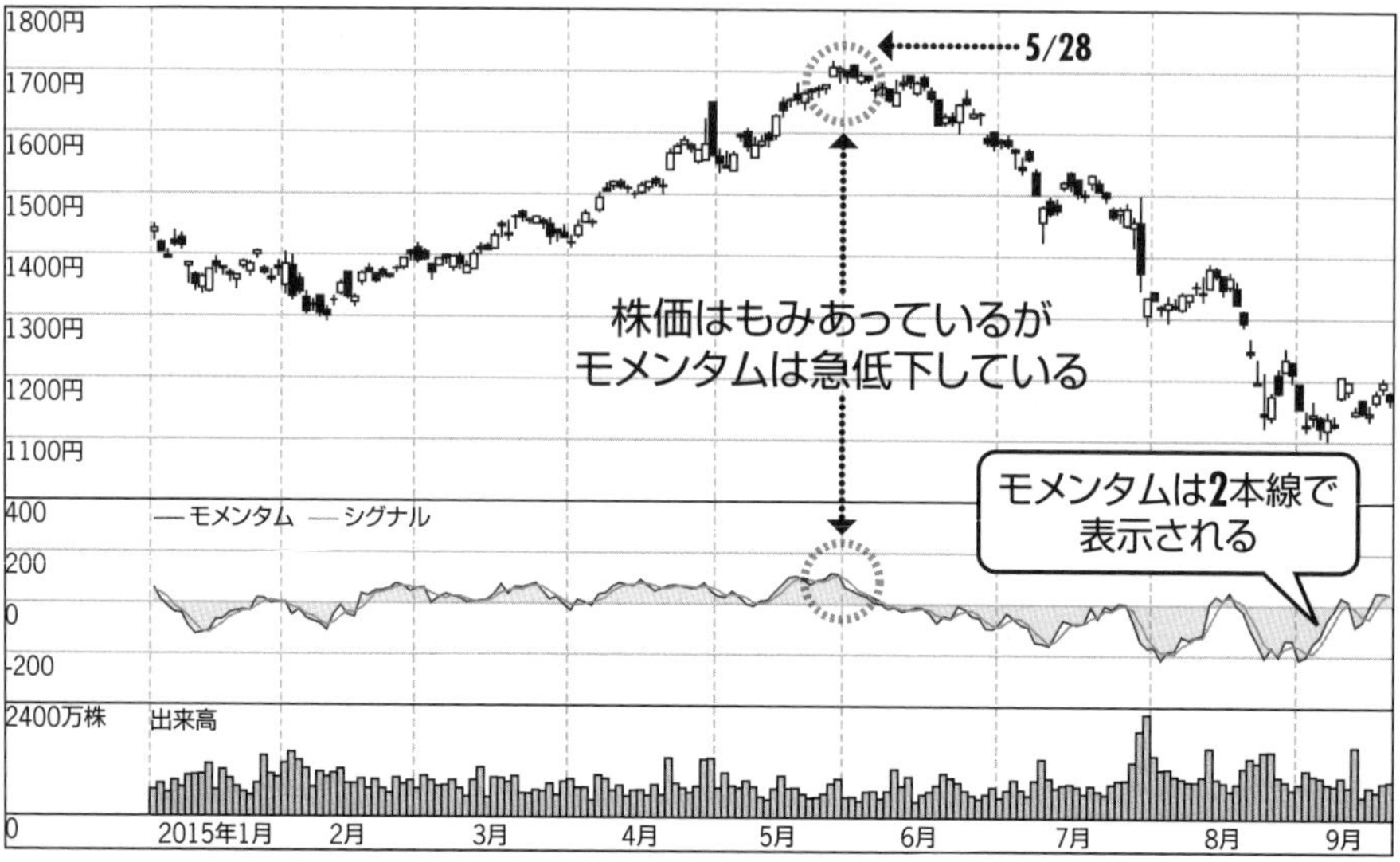

比を計算するものではありません。前日比で値幅を計算した場合、上下の変動が激しくなってしまったときに勢いが強いのか、弱いのか判断できなくなってしまうからです。そこで、モメンタムを計算するとき、一般的には10日前の終値と当日の終値とを比較しています。たとえば、10日前の終値が８００円で当日の終値が８４０円だった場合、８４０円－８００円＝40円と、この40円分が上昇の勢いになります。この計算を、移動平均線のように毎日１日ずつ移動しながら計算していくのです。

そうしてできたものが１２４ページのチャートになります。上段がローソク足のチャートで、下段がモメンタムです。モメンタムは２本線で表示されていますが、１本はモメンタムシグナルと呼ばれる、モメンタムの移動平均線になります。モメンタム１本だけではなく、このモメンタムシグナルを一緒に表示する理由は、モメンタムだけでは上下の方向がつかみづらいことがあるので、モメンタムの移動平均線であるシグナルを表示することによってブレを回避できるのに加え、モメンタムがシグナルを下回ったり、上回ったり

4-02 モメンタムのつくり方と一般的な分析方法

計算式
当日の株価－n日前の株価＝モメンタム（n日前＝10日が一般的）

勢いの強弱の判断
・モメンタムがプラスの場合は上昇の勢いが強いと判断される ・モメンタムがマイナスの場合は下落の勢いが強いと判断される ・0は当日の株価とn日前の株価が同じをことを表すので、上昇・下落の勢いは0（＝ニュートラル）と判断される

売買判断
上昇中でも、モメンタムが株価に先駆けて低下し、シグナルとクロスして下向きに転じたらいったん売り

したところを売買のタイミングとして判断することもできるなどの利点があるからです。

株価下落の先行指標として利用できる

話をチャートに戻します。上段のローソク足チャートとモメンタムの動きがほぼ連動しているのがわかると思いますが、一方で、5月28日に高値をつけた翌日以降、株価は高値圏で数日もみ合いを続けていますが、モメンタムは急低下して、シグナルとクロスしているのがわかります。特に最も高い水準でクロスしていますが、これが勢いのピークになります。また、モメンタムの方が株価の下落よりも早いタイミングで低下しているため、先行指標として利用できるでしょう。したがって、このチャートのようにローソク足しか表示されていなくてトレンドの判断ができなくても、モメンタムが先行して低下したことから、利益確定売りを出すというのがセオリーになるのです。

02 モメンタムが低下した場合やマイナスに転じた場合の意味を知ろう

122ページでモメンタムと株価の関係について簡単に解説しましたが、計算式からもわかるように、常にプラスになるとは限りません。たとえば、10日前に800円だった株価が下落して当日780円になっていた場合、計算式から、780円－800円＝マイナス20円となります。これは、とても簡単な計算式です。このようにマイナスになった状態をどのように判断すればよいのでしょうか。もう既におわかりだと思いますが、モメンタムがマイナスになっているということは、下落の勢いの方が強まっていることを示しています。

そこで、三菱電機の移動平均線も一緒に書かれたチャートをみてください。先ほどのモメンタムが低下したあとに株価も下落していますが、25日移動平均線を割り込むと同時に、グランビルの法則にあったような下落基調になっているのがわかります。では、株価が25日移動平均線を割り込む前後のモメンタムはどのような水準にあったのでしょうか？　モメンタムは中心に0が表示されていますが、株価が25日移動平均線を割り込むより先に0を割り込んでいるのがわかります。

このように、株価は25日移動平均線の上にあるものの、モメンタムの方が先にマイナスに転じ、下落の勢いの方が強まっていることを示唆していたのです。したがって、25日移動平均線上で下げ止まるかどうかの判断にモメンタムを加えて分析していたら、モメンタムがマイナスに転じていることから買いは見送るといった判断ができたのではないでしょうか。さらに、逆張りと呼ばれる、下落したところを買いたい投資家が陥りやすい罠を見破ることもできます。株価が下落している局面では、モメンタムも低下していますが、そのあとの

4-03 三菱電機（6503）の日足チャート

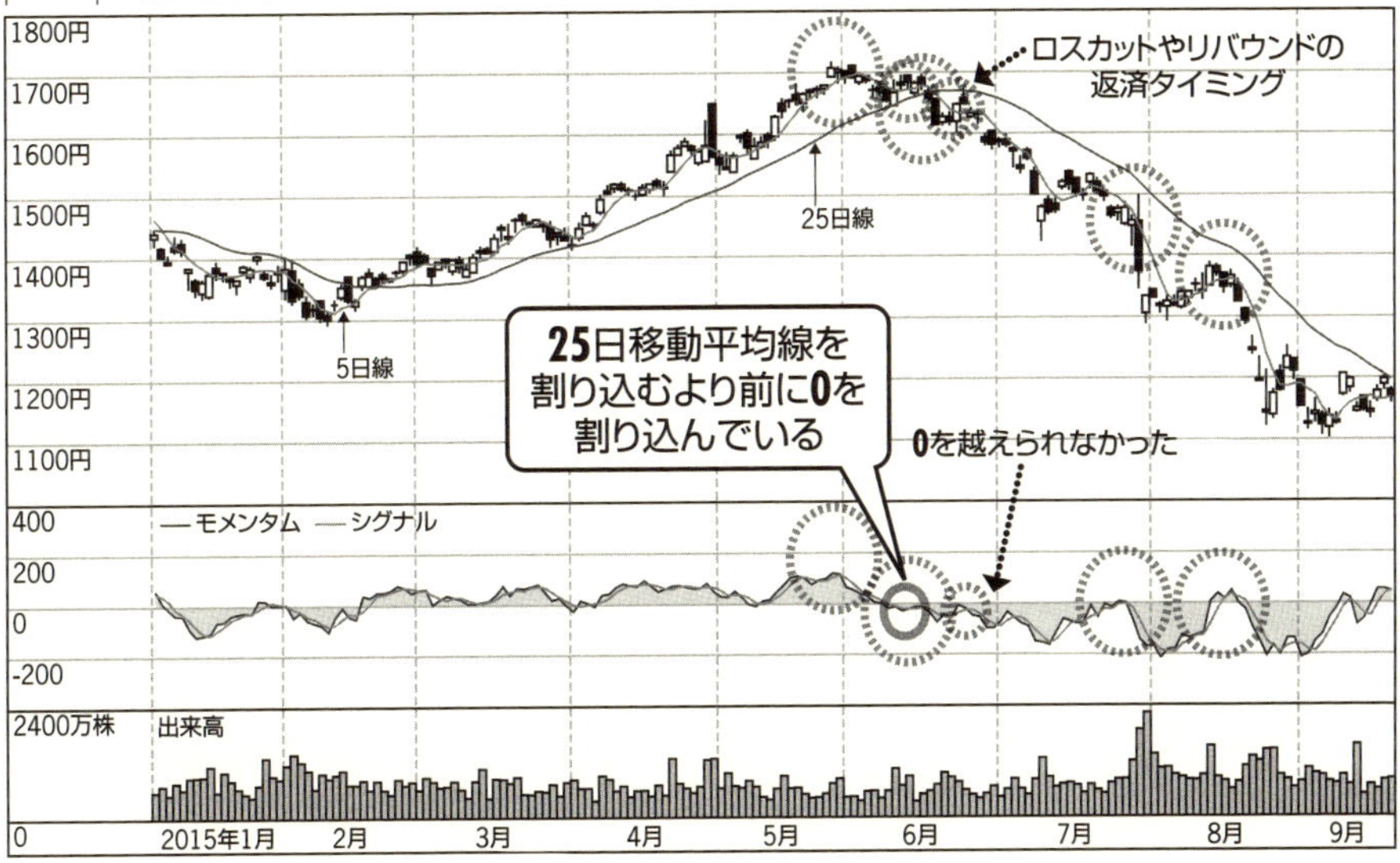

反発局面で25日移動平均線を越えられないと同時にモメンタムも0を越えることができていません。また、越えたとしてもすぐに0ラインを割り込んでいるのがわかります。こうした場面がロスカットやリバウンド狙いの買いの返済タイミングになるのです。したがって、欲張らずに売るのがセオリーとなります。

トレンドとモメンタムの関係とは？

トレンドとモメンタムは非常にわかりやすい関係になっています。上昇トレンドにあるときは、高値を更新している状態でしたから、株価は過去の価格よりも現在の価格の方が高くなります。一方、下降トレンドは、安値を更新している状態でしたので、現在の価格の方が過去の価格よりも安い状態になります。

これをモメンタムの計算式に当てはめてみた場合、どのような結果になるでしょうか。たとえば、高値更新が続いているような銘柄では、日々株価が上昇しているわけですから、モメンタムの上下動はあるにせよ、モメンタムはプラスを維持し、0ラインよりも上に位置している状態が続くと考えられます。一方、株価が

4-04 三菱電機（6503）の日足チャートでみる逆行現象

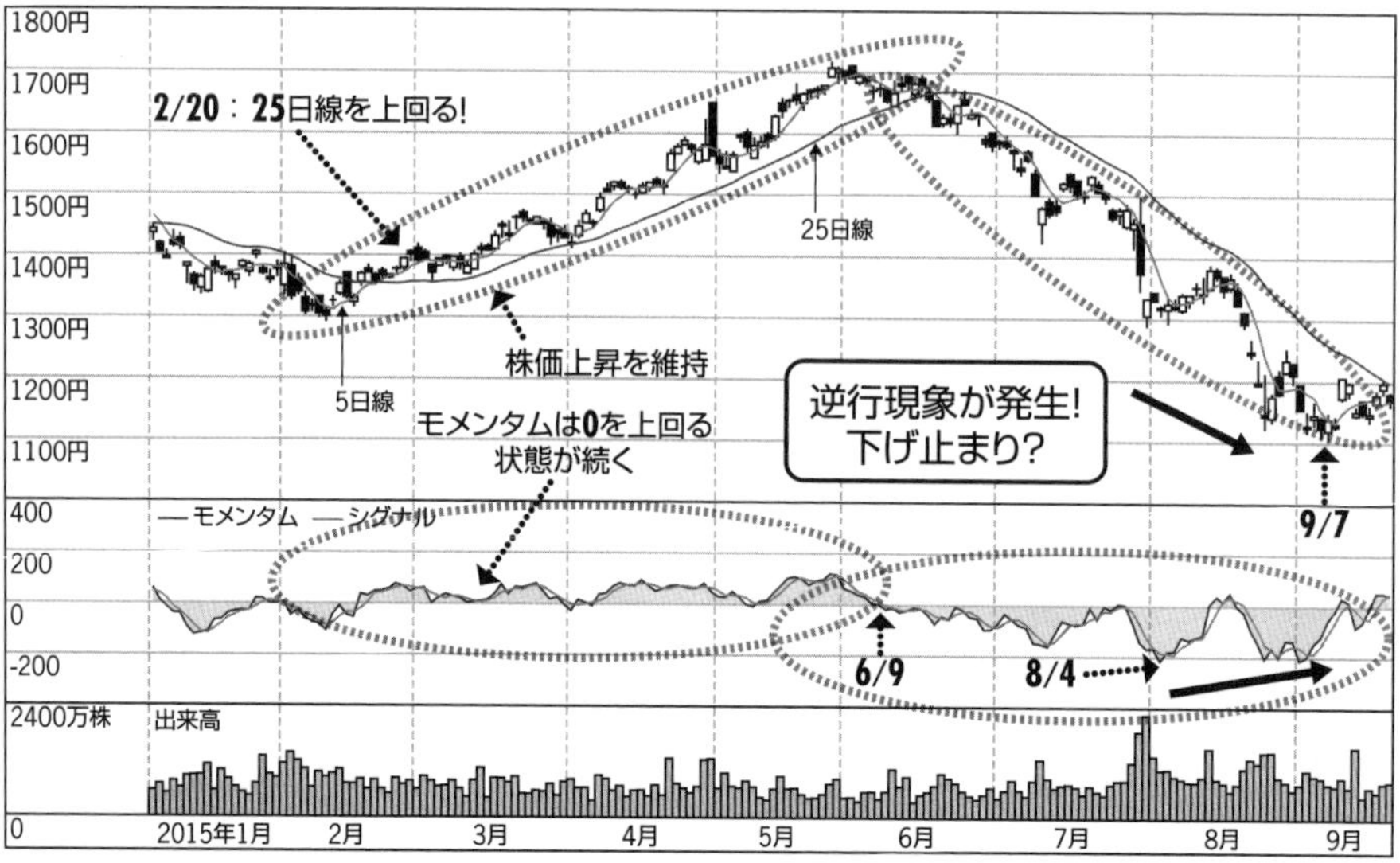

直近の安値を更新しているような状態のときも計算式に当てはめてみると、現在の方が過去の株価よりも安いわけですから、モメンタムはマイナスの状態が続き、0ラインを下回った状態が続くと考えられるわけです。

0ラインを割り込んでいるかどうかに注目しよう

三菱電機は2月20日に25日移動平均線を上回ったあと、終値で一度も25日移動平均線を下回ることなく上昇トレンドが続きましたが、その間のモメンタムを見ると、25日移動平均線に接近した4月1日前後を除いては、モメンタムとシグナルが0ラインを上回っているのがわかります。また、株価が25日移動平均線を割り込んだ6月17日より前の6月9日の時点で2本線がともに0ラインを割り込んでいるため、下落の勢いが強まっています。また、その後のモメンタムをみると、0ラインまで戻すことはあっても、押し返されたり、上回る場面でもすぐに割り込んだりしているのがわかります。

こうした状況から、上昇トレンドのあいだ、モメンタムは0ラインを上回った状態を続ける時間が長く、下降トレンドにあるときは、モメンタムは0ラインを下回った状態を続ける時間が長いと考えられるわけです。したがって、株を保有し続けるのであれば、上昇トレンドが継続しているなかで、モメンタムも0ラインを上回った状態が続いていることを確認する必要があるといえます。

信用取引にモメンタムを活かす方法

信用取引の売りはどうでしょうか。将来値下がりが続くと判断されるところで、信用取引で売ることができれば、相場が下落局面でも利益を上げることができますし、売買の選択肢が広がります。また、信用取引を利用するのは難しいという人は、日経平均株価などの指数が下がると、逆に価格が上昇する日経ダブルインバースなどを買うこともできます。続いて、下げ止まり（信用売りの返済）のタイミングをどう計ればよいでしょうか。モメンタムは勢いを表す指標ですから、その勢いが低下したところで、信用取引の売りを買い戻せばよいのです。では、モメンタムの下落の勢いが低下した状態とはどういうことをいうのでしょうか？　たとえば、10日前の株価が９００円、当日の株価は８８０円だったとします。するとモメンタムは８８０円－９００円でマイナス20円となります。したがって、モメンタムは株価が値下がりするなかで、20円分の下落の勢いがあると考えられるわけです。

一方、翌営業日の株価は８４０円で、10日前の株価が８５０円だったとします。このとき、前日比では、40円も値下がりしていますが、10日前の株価水準との比較になるモメンタムは、８４０円－８５０円＝マイナス10円となり、値下がりしているにもかかわらず、モメンタムは前日のマイナス20円分からマイナス10円分に低下したことになるのです。

4-05 日経ダブルインバース（1357）の日足チャート

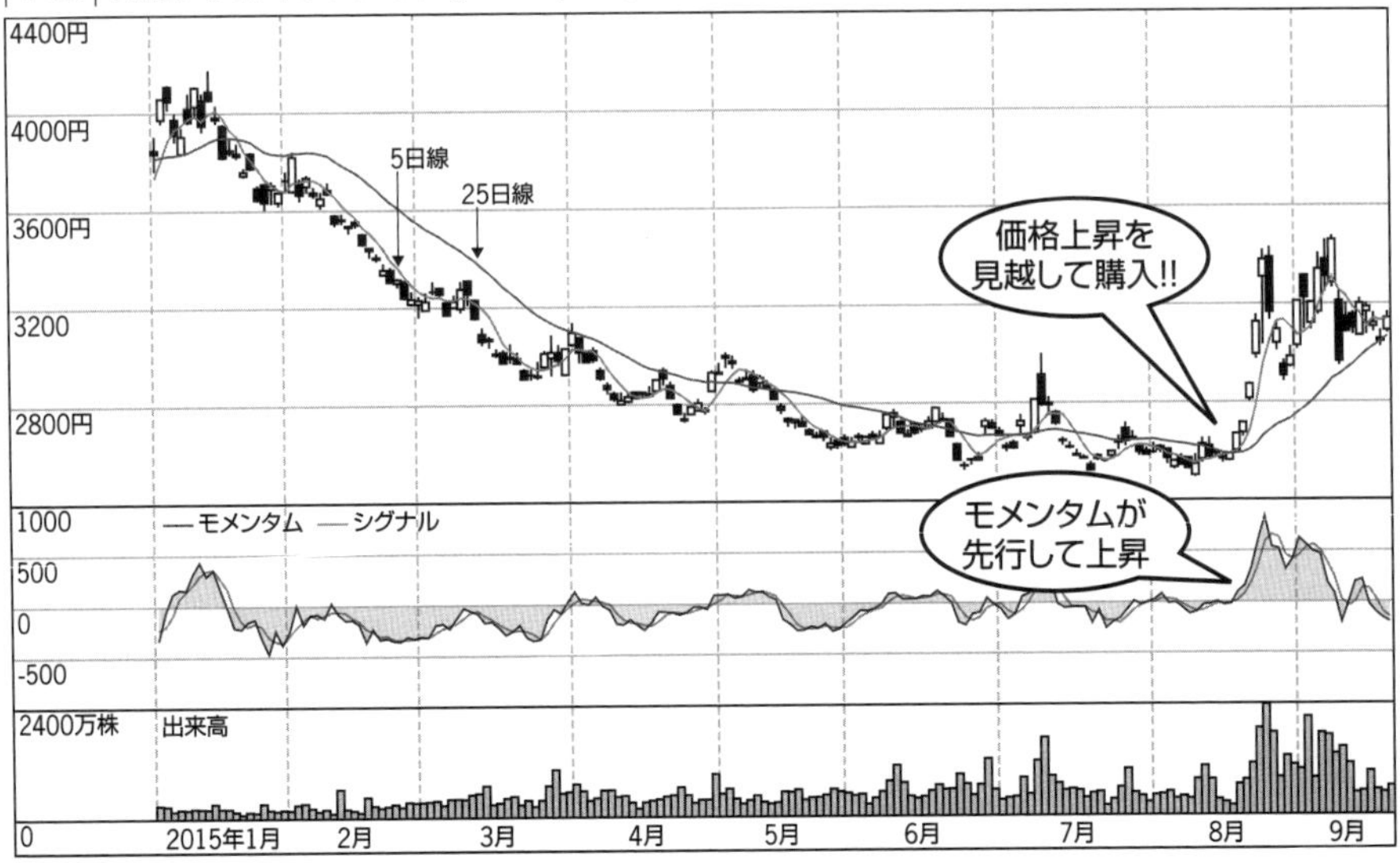

株価の下げ止まりの兆しである逆行現象

このように、株価が下落しても、株価の下落ほどモメンタムが低下しなくなることを逆行現象（コンバージェンス）といい、株価の下げ止まりの兆しが表れるときに発生することがあるのです。このように株価が終値で安値を更新しているにもかかわらず、モメンタムが低下するような現象は、下落の勢いが弱まっていると考え、売っている場合は買い戻すか、株価が横ばいに転じてきたら、グランビルの法則の①を思い出して新規に買うなどといった戦略が考えられるわけです。ちなみに128ページの三菱電機は9月7日に1103円の安値を付けていますが、モメンタムの最も低い水準は8月4日となっており、下落の勢いが弱まっていることを示唆しています。ただ、トレンドはまだ横ばいになっていませんから、しばらく様子を見るか、あるいは最低単元分だけ買うなどがセオリーになります。

04 モメンタムを参考にしてこのタイミングで買おう

0を上回ったら上昇の勢いが強くなっている

さて、モメンタムの作られ方や簡単な売買判断がわかったところで、具体的に銘柄を見ながら詳しく分析していきます。銘柄はドトール日レスHD（3087）です。ローソク足とモメンタムを上下に表示してありますが、株価の動きとモメンタムの動きをしっかり確認してください。また、ここでは0ラインを基準に売買タイミングについて考えます。

株価が上昇しているのにモメンタムが横ばいの理由は？

株価の動きですが、1月29日に安値をつけたあと、株価は少しずつ反発に向かう状況になっているのがわかります。そうしたなかで、モメンタムとシグナルが2月10日に0ラインを上回ると株価の上昇もしばらく続く状態になっているのがわかります。また、株価が上昇を続けるなか、モメンタムはプラスの状態でしばらく横ばいが続いています。

突然ですが、ここで質問です。なぜモメンタムは横ばいで推移していたのでしょうか。チャートにヒントが隠れています。横ばいで推移しているモメンタムは、一定の値幅で上昇していることを示しているのです。すなわち、10日前の値幅と比較して一定の値幅、例えばこの銘柄のケースですと、実際に10日前と当日を比較

4-06 ドトール日レスHD（3087）の日足チャート

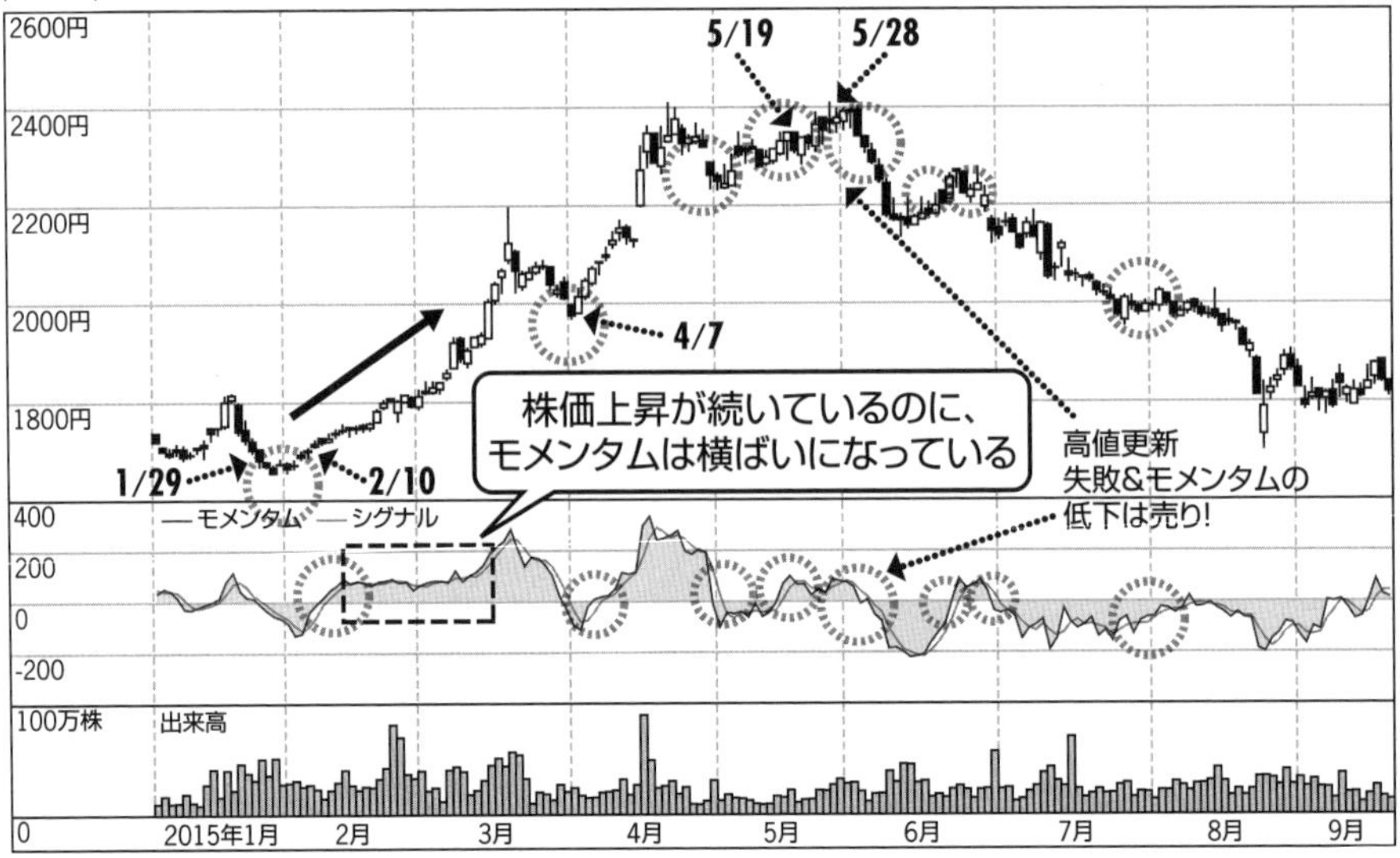

して、およそ70円から90円までの値幅で上昇を続けていたことになるのです。このことを踏まえてチャートをみると、上昇角度が一定で、ローソク足の大きさもほぼ同じ大きさになっているのがわかりますね。したがって、モメンタムが高止まりして横ばいを続けながら上昇を続けているときは、規則正しい上昇を続けていると考えられるため、ホールドするのがセオリーになりますので、決して伸び悩んでいると勘違いして売ってしまわないように注意してください。

モメンタムを利用した売買のセオリー

では本題に戻りますが、4月以降で株価が上昇を続けているなか反落するところでは、モメンタムが0ラインをいったん割り込みますが、モメンタムの低下が限定的で、下げ止まってから再び0ラインを上回ると、株価も反発に転じているのがわかります。こうした現象が5月28日に高値をつけるまで、4月7日や5月19日と繰り返されています。こうした値動きが、いわゆる「押し目」と呼ばれるものであり、株価の上昇が続いていることが確認できれば、モメンタムが0ラインを上回ったところを買うのがセオリーになります。

一方、売りのタイミングについてですが、ここでも0ラインをもとに考えてみます。株価が上昇を続けている間は、なかなか0ラインを割り込む場面がありません。また、上昇が続いているあいだは、保有し続けることになるため、売りのタイミングはあまりないといえそうです。

また、0ラインを割り込んだところでも、上昇トレンドが続いているあいだは、数日で0ラインを上回ってしまうため、どこで売ればよいのか、判断に迷ってしまいます。仮に5月28日に高値をつけるまでのあいだ、上昇トレンドが続いていると考え、0ラインを割り込んでも売らなかった場合、どうなるのでしょうか？　上昇トレンドの間は値幅が取れる（上下する値幅から売却益を得る）可能性があるものの、5月28日以降の0ライン割れで売っていなければ、その後の下落局面入りの前に売りそびれてしまうことになり、利益が吹っ飛んでしまう可能性があるばかりか、損失につながってしまいかねません。このような場面で売り時を逃さないようにするには、上昇トレンドの定義である「高値更新」に失敗したことがポイントになりますので、**高値更新失敗＆モメンタム低下は売り**と覚えておきましょう。

移動平均線と併用したモメンタムの活用法

そこで、移動平均線を一緒に表示した134ページのチャートでもう一度確認してみます。移動平均線を表示したチャートとあわせてモメンタムの売買タイミングを確認すると、ローソク足だけではわからなかったトレンドや売買タイミングがみえてきます。たとえば、モメンタムが3月31日に0ラインを割り込んだ場面では、25日移動平均線がしっかり上昇トレンドを継続しているのがわかるため、4月7日にモメンタムが0ラインを上回ったところでは、より確信をもって買いと判断することができそうです。さらに5月19日の場面でも上向きの移動平均線にサポートされているところで0ラインを上回っているため、ここでも買いサインと判断

4-07 移動平均線を加えたドトール日レスHD（3087）の日足チャート

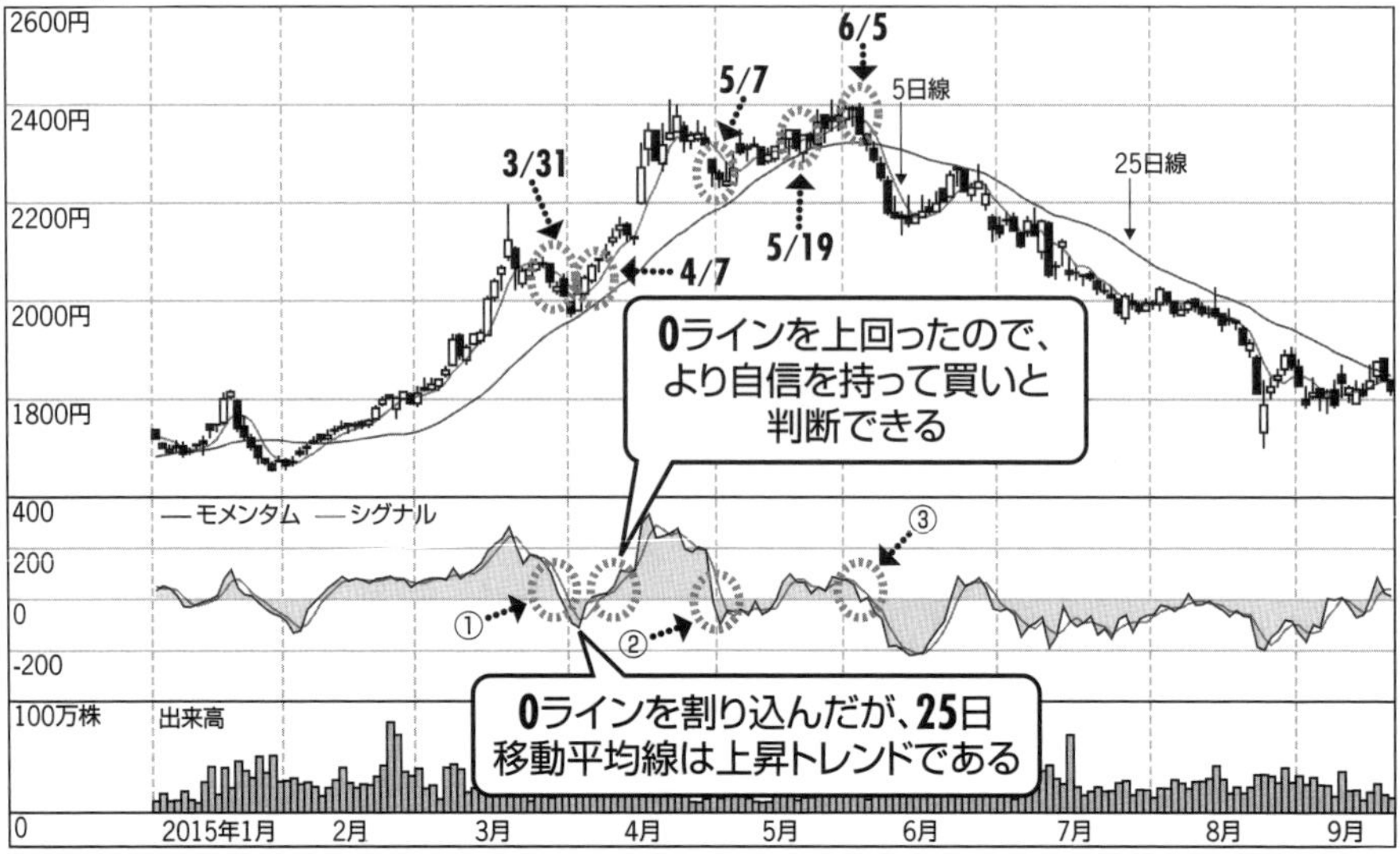

することができるでしょう。一方で、売りサインの判断についても同様のことが考えられます。

たとえば、3月31日に0ラインを割り込んだ場面では、上向きの25日移動平均線がサポートになると考えられることから、売らずに様子をみることができます。一方、5月7日に割り込んだ場面でも同様に上向きの25日移動平均線がサポートになると考えられることから、様子をみることができるでしょう。そして3つ目に0ラインを割り込んだ6月5日ですが、ここではモメンタムが0ラインを割り込んだと同時に25日移動平均線を下回っているのがわかります。また、25日移動平均線の向きをみると、グランビルの法則の3つ目にあった移動平均線が上向きから横ばいに変化しているところを下回っており、売りサインと考えて、セオリー通り売ってしまわなければならない条件が揃っているといえそうです。

このように、高値で売り抜けようなどということさえ考えなければ、毎日の株価を確認するだけで無理なく売買タイミングを計ることができるのです。

05

モメンタムを参考にしてこのタイミングで売ろう

0を下回ったら下落の勢いが強くなっている

さて、売買タイミングがわかったところで、下落局面でも利益を上げることができる、カラ売り（株券を借りて売る）について考えてみましょう。なぜ、このような話をするのかというと、本書はもちろん初心者向きで、信用取引に関する説明はほとんど行っておりません。ただ、みなさんが初心者から脱却したいであるとか、中・上級者を目指そうと考えているのであれば、信用取引を避けて通ることはできないでしょう。なぜなら、現物取引しかしない投資家でも、貸借銘柄といって信用取引で売りができる銘柄を保有した場合、信用取引の買いや売りで株価が影響を受けるからです。

また、ご存知のように、株式市場は上昇するときもあれば、下落するときもあります。そして、経済が停滞しているときなどは下落基調が鮮明になります。そうしたときに現物取引しか知らない投資家や、下降トレンドでの売買タイミングを知らない投資家は、失敗する可能性が高くなるため、知識として覚えておく必要があるのです。

マイナス圏で横ばいを続けているかがポイント

下降トレンドでの信用売りと買い戻しのタイミングについて解説します。

4-08 ドトール日レスHD（3087）にみる売りのタイミング

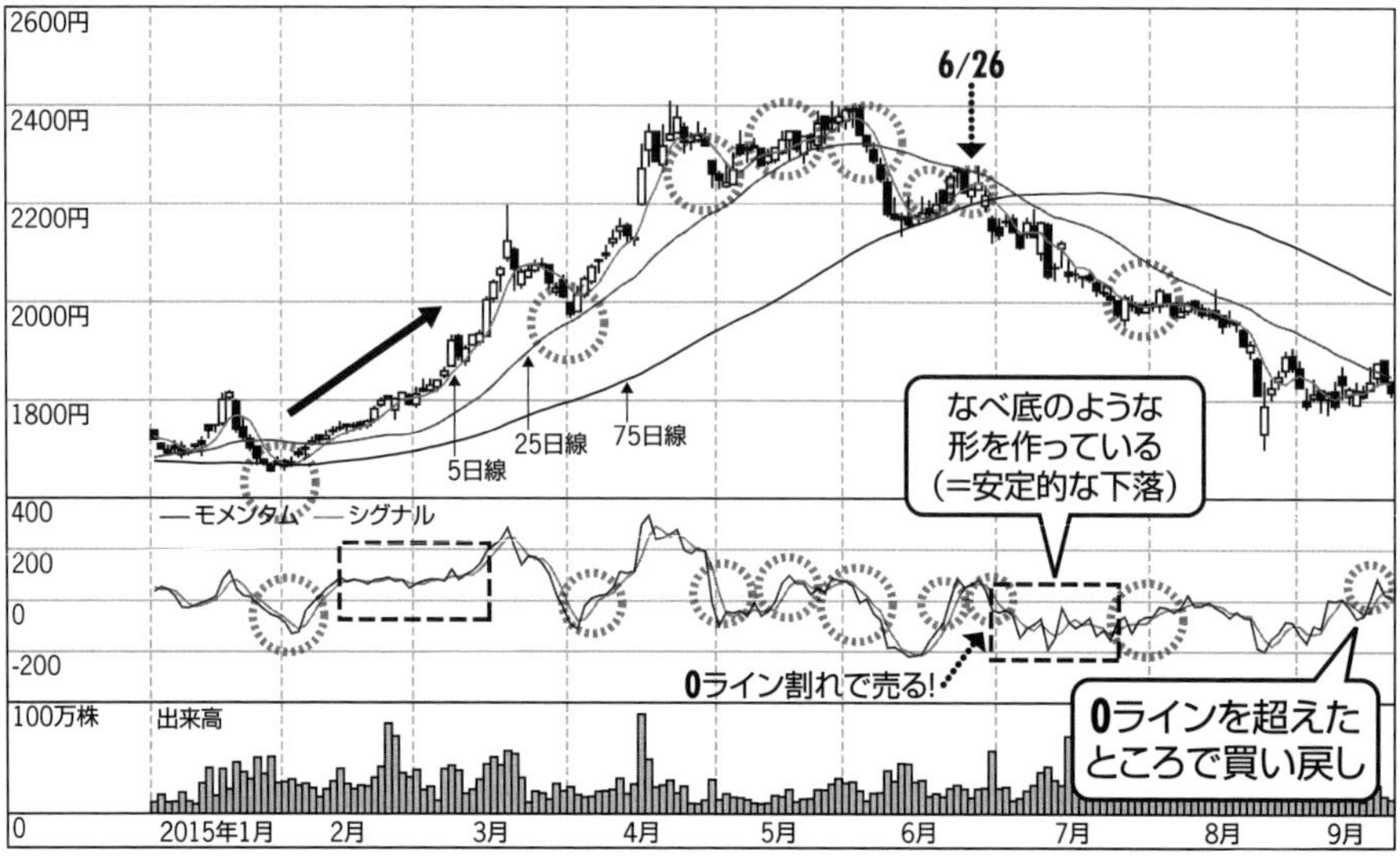

銘柄は同じくドトール日レスＨＤです。ここでは移動平均線とあわせてみていきます。株価はほとんどのケースで上下の値動きを繰り返しています。その上下の値動きが大きかったり、小さかったりすると同時に、期間も長かったり短かったりします。

そうしたなか、いったん下降トレンド入りしたときに、その下降トレンドが長引くのか、あるいは短期で終わるのかの判断に役立てたいのがモメンタムなのです。

１３１ページでモメンタムがプラスを保ちながら横ばいで推移している話をしましたが、覚えているでしょうか？　モメンタムがプラス圏を横ばいで推移しているとき、株価は安定的な上昇を続けていると説明しましたが、下降トレンドが続くかどうかのカギは、このモメンタムがマイナス圏で横ばいを続けているかどうかにあります。

たとえば、６月26日に下向きの25日移動平均線に押し返されたあと、株価は下落基調が続きましたが、そのなかで７月１日にモメンタムとシグナルも０ラインを割り込む結果となりました。

その後のモメンタムをみると、0ラインを割り込んだまま緩やかななべ底のような形を作りながらゆっくりと0ラインに近づいており、安定的に下落しているのがわかります。このような状態では、バイアンドホールドを目指す投資家は買ってはいけません。また、信用取引で売りが可能な投資家は0ラインを下回ったところで売ります。そうしたなか、前述のようにモメンタムがマイナスで横ばいを続けている間は売ったままにしておき、モメンタムが0ラインを超えるまで様子をみるのが、信用取引の売りのポイントになります。

上昇だけでなく下落でも利益を得るチャンスが得られる

続いて、買い戻すタイミングですが、モメンタムが0ラインを越えたところで買い戻し（売りの返済）を行います。また、下向きの25日移動平均線を越えられずに再びモメンタムが0ラインを割り込むときはもう一度信用取引で売るなど、この売買を繰り返し行うのです。特に、移動平均線が下降トレンドを形成するなか、モメンタムが0ラインを割り込んだタイミングを逃さずにエントリーすることと、そのあと0ラインを下回ってマイナスで推移しているあいだは、下落基調が続いていることになりますので、売ったまま様子を見て、買い戻すタイミングを探ることになります。

もちろん、すべての銘柄がここで紹介したような値動きになるわけではありませんし、都合のよい形になるとは限りません。しかし、ここで紹介したような値動きをフォローできれば、上昇で利益が上げられるばかりか、下落場面でも利益が上げられることになり、収益チャンスも2倍に増えるわけですから覚えておきましょう。

06

モメンタムにいくつも山が出てきた際の対処法

モメンタムの水準に着目しよう

さて、モメンタムの売買判断で次にみてもらいたいのが、モメンタムの水準についての分析です。銘柄はマブチモーター（6592）です。ローソク足とモメンタムが一緒に表示されていますが、まず、ローソク足のトレンドから確認しましょう。

ローソク足をみると、1月16日に安値をつけたあとに反発してから25日移動平均線を上抜き、その後は25日移動平均線がサポートになって上昇しています。

次に、モメンタムの水準に注目してください。モメンタムは株価の勢いを表すテクニカル指標で、その水準は勢いの強さを表しているわけですが、株価が上昇しているからといって勢いが強いわけではありません。実際のチャートをみると、モメンタムは2月25日にピークをつけています。また、株価が伸び悩む中で低下しています。さらに、株価が上向きの25日移動平均線を割り込んだところで、いったん0ラインを割り込む場面がありました。

逆行現象が出たら株価が天井をつけるシグナル

その後、モメンタムの反発と同時に0ラインを上回って推移しています。ただ、株価は上昇トレンドを続

4-09 マブチモーター（6592）の日足チャート

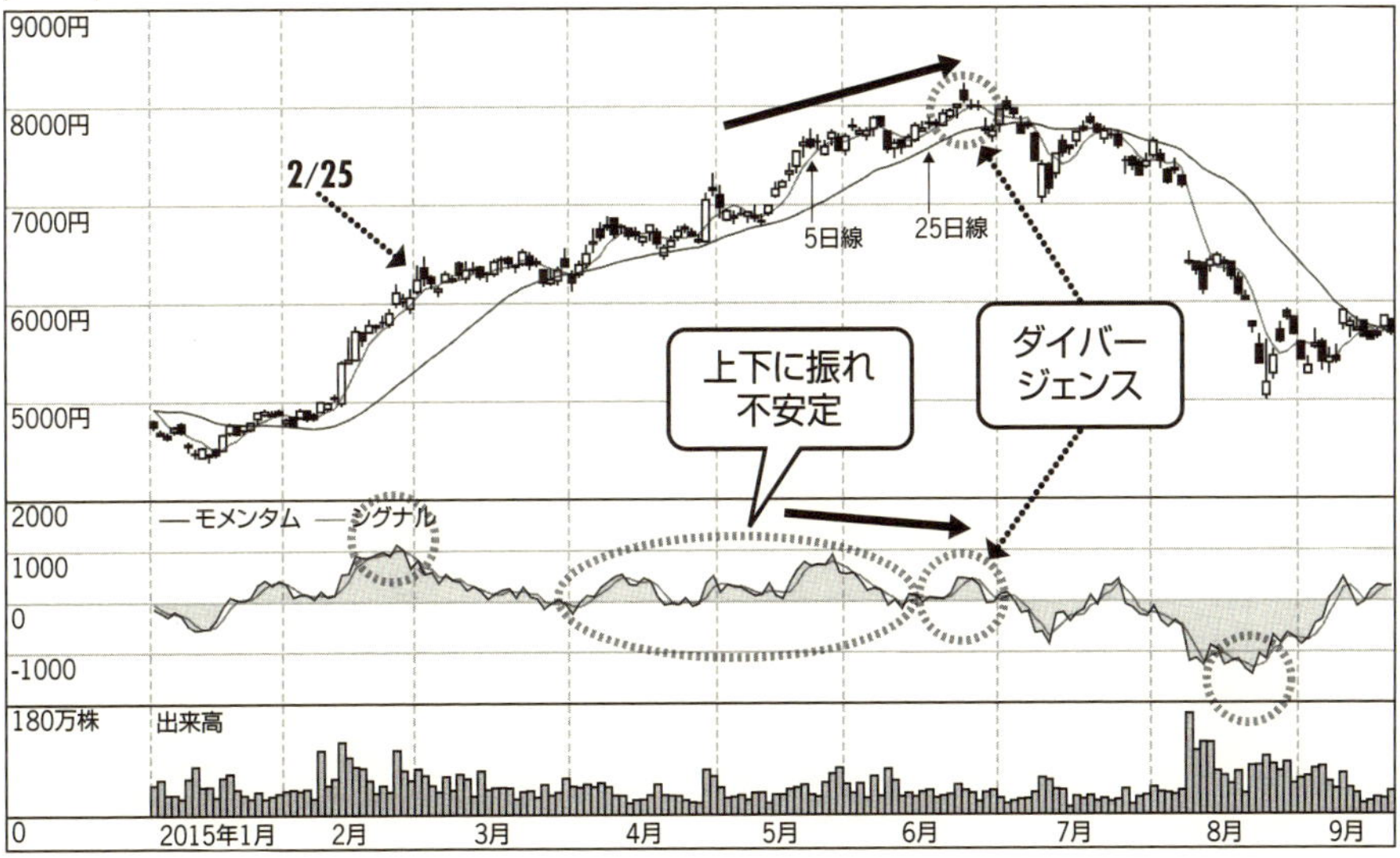

けていますが、モメンタムは上下に振れており、安定的に上昇しているとはいえない状況です。

こうした銘柄の場合、モメンタムが強いとはいい切れないため、売りのタイミングを逃さないようにすることが重要です。

また、株価が高値をつけた6月24日のモメンタムをみてください。株価が高値をつけているのに、モメンタムの水準は前の山を越えられず、低い水準になっています。こうした状態を逆行現象（ダイバージェンス）といい、株価が天井をつけるケースが多くみられるのです。理由は簡単です。これまでお話ししてきたように、株価は天井圏にあり、さらなる上昇が期待されるものの、上昇の勢いは目いっぱいで、力つきようとしているといった状況だからです。

25日移動平均線が横ばいに変化しているなか、25日移動平均線を割り込むと、下落基調が強まるため、保有株を売却すると同時に信用取引で売るといった戦略を考えることもできるので覚えておきましょう。

07

モメンタムの誤ったシグナルはこうして見極めよう

間違えてエントリーしたらすぐに撤退

さて、ではどのようなときにモメンタムは誤ったシグナルを発するのかみてみましょう。モメンタムの売買タイミングは、0ラインを上回ったときや、下回ったとき、また、モメンタムがプラス圏やマイナス圏の水準の高いところでピークアウトして2本線がクロスしたときが売買タイミングと考えられました。

さらに、株価が高値を更新しているにもかかわらず、モメンタムが前の山を越えられないとき、上昇の勢いがピークアウトした後、反落して2本線がクロスしたときは逆行現象（ダイバージェンス）が発生していると考え売りのタイミングになりました。逆に、株価が安値を更新しているにもかかわらず、モメンタムの低下が止まり、逆行現象が発生したときは、買いのタイミングと考えられました。

最初にトレンドを把握するよう心掛けよう

そうしたなか、一見するとシグナルの誤りが少なそうなモメンタムですが、やはり、注意点があるのです。

141ページのチャートの四角い枠で囲んだところをご覧ください。モメンタムはトレンドが発生しているときや、ある一定の比較的大きな値幅で動いているときはきれいに売買タイミングを教えてくれるのですが、ここに取り上げたダイヘン（6622）の枠のなかの値動きのように、値幅が小さく方向感のない値動きの時に

4-10 モメンタムで正確な売買タイミングがわからないケース

は、0ラインを行ったり来たりすることになり、正確な売買タイミングを教えてくれません。そのため、このような値動きに陥ってしまったときにエントリーしてしまうと、方向がはっきりするまで待たされてしまうのです。こうした状況を避けるために重要なことは、やはり最初にトレンドを把握することです。この銘柄の場合だと、25日移動平均線が横ばいとなっていることに加え、上昇トレンドの定義である、高値を更新する状況になっていません。そのため、仮に間違えてエントリーしてしまった場合は、すぐに撤退することが重要になりますので覚えておきましょう。

一方、モメンタムが0ラインを挟んで上下に動いているときに、もみ合いから脱するときのポイントですが、それは、モメンタムがもみ合い時の上下のレンジをどちらかに突破したときになります。

チャートでは5月13日にモメンタムが勢いよく上昇して、それまでの上限だった水準を上回ったところになります。この水準を上回ったところで買い注文を入れ、2月27日の水準に達して伸び悩んだところで売るなどが売買タイミングとして考えられます。

08

モメンタムチャートの応用編①「期間を長くしてみる」

銘柄にあわせて期間を調整すれば売買タイミングがみえてくる？

ここでは応用編として、少し実験をしてみます。モメンタムの期間を変えると、どのようにタイミングが変化するかを調べてみます。

銘柄はたったいま分析に用いたダイヘンです。それでは、モメンタムの日数を15日にしたチャートをご覧ください。前の10日のモメンタムと比較して最も違いがわかるところが2カ所あります。みなさんわかりますか？　ひとつは、四角い枠で囲まれたところです。10日のモメンタムは0ラインを挟んで上下動していたため、エントリーしてしまうところですが、このチャートのようにほぼ横ばいで推移していると間違えてエントリーすることはなさそうですね。

続いて残りのポイントですが、これはモメンタムのピークアウトのタイミングのズレです。10日のモメンタムのプラスのピークは8月13日でした。また、マイナスのピークは8月25日でした。一方、15日のモメンタムのプラスのピークは8月20日で、マイナスのピークは9月8日となっていました。

モメンタムのピークを見逃すと対応が遅れてしまう

このように、モメンタムのピークが後ろにずれているのがわかります。

4-11 ダイヘン（6622）の日足チャート

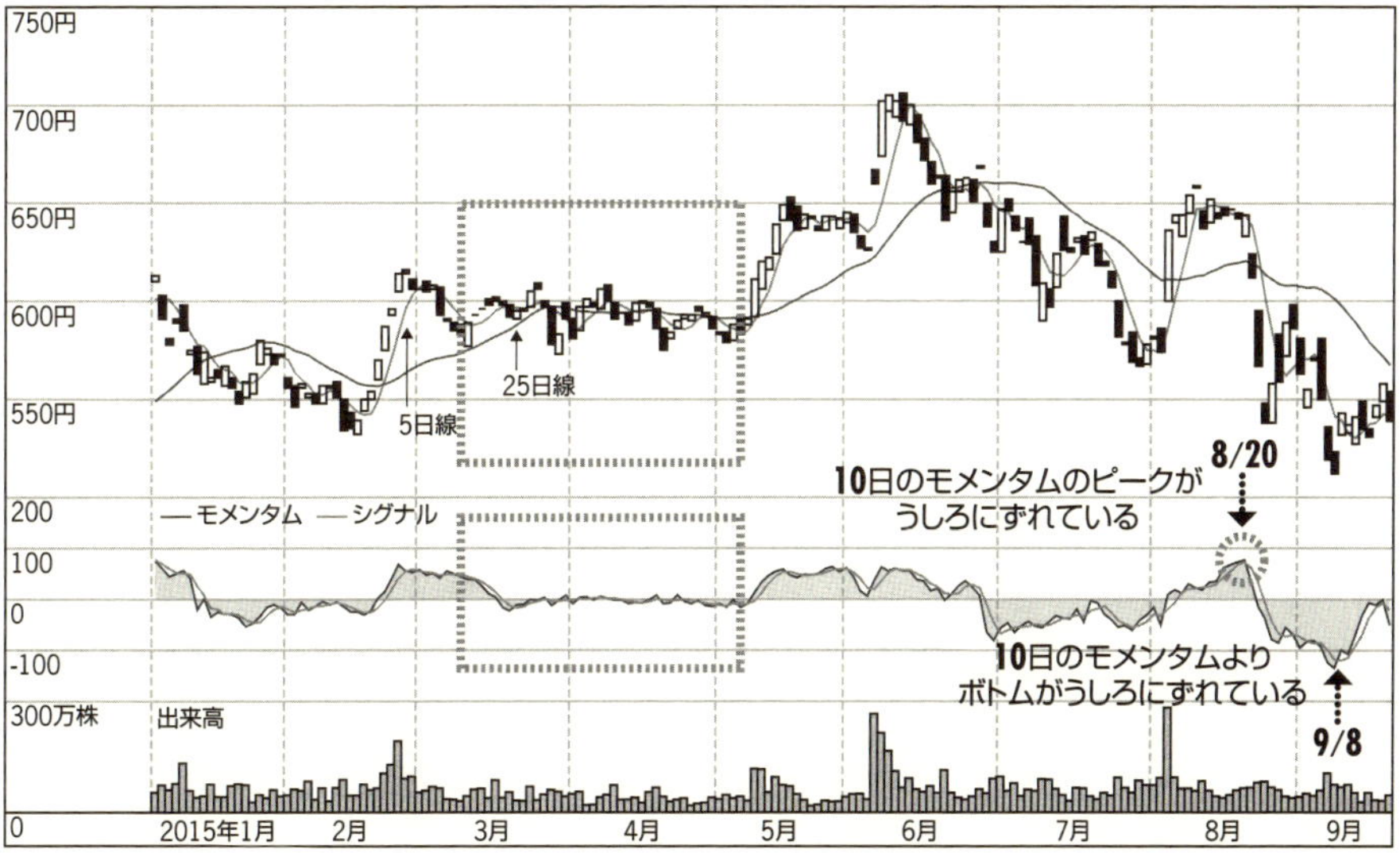

通常、テクニカル指標の時間を変更するとき、長くすると、ここで示したように、チャートがなだらかになり、ノイズを減らすことができる反面、売買タイミングに関わる、モメンタムのプラスやマイナスのピーク時が後ろにずれてしまい、見逃すと利益確定やロスカットが遅れてしまうことが考えられるのです。

独自にフィッティングをして最適な期間をみつけだそう

ただ、この銘柄のように、ほとんど動かなかったり、あるいは、急に動き出して値動きが荒くなったりするような銘柄は、少し期間を長めに調整するとよりみやすくなるでしょう。

私はこうした調整をフィッティングと呼んでいます。洋服の試着のことですね。チャートも個別銘柄に合わせてフィッティングしてあげると、独自の最適化された売買タイミングをみつけることができるかもしれませんので、ぜひ試してみてください。

09

モメンタムチャートの応用編②「期間を短くしてみる」

期間を少し変えるだけで予想がしやすくなることもある

応用編の②として、期間を短くしてみます。銘柄はＪＸホールディングス（５０２０）です。ＪＸホールディングスの株価を俯瞰してみると、値動きは三菱電機（１２７ページ）やドトール日レスＨＤ（１３２ページ）と同じように1月16日に安値をつけたあと、6月2日まで上昇して下落するといった、大きな山を形成するような値動きですが、細かくみてみると、1月16日から6月2日に高値を付けるまで、比較的細かく上下動を繰り返しながら上昇しているのがわかります。

こうした銘柄の場合でも、25日移動平均線がサポートになっていますが、押し目買いをしようとしても、押し目でエントリーするタイミングがつかめないように思われます。この状況で、モメンタムの日数を短くするとどのように変わるのでしょうか。次のチャートをご覧ください。モメンタムを5日と、10日の半分にしてみました。するとどうでしょう。なんと、モメンタムが0ラインを境にはっきり上下動していることに加え、捉えづらかった売買タイミングがほぼぴったりフィットしているのがわかります。

ずれたままの指標を使うのは危険

では、具体的に比較してみましょう。たとえば、最もわかりやすく、売買タイミングの変化が現れたとこ

4-12 モメンタムを10日にしたJXホールディングス（5020）の日足チャート

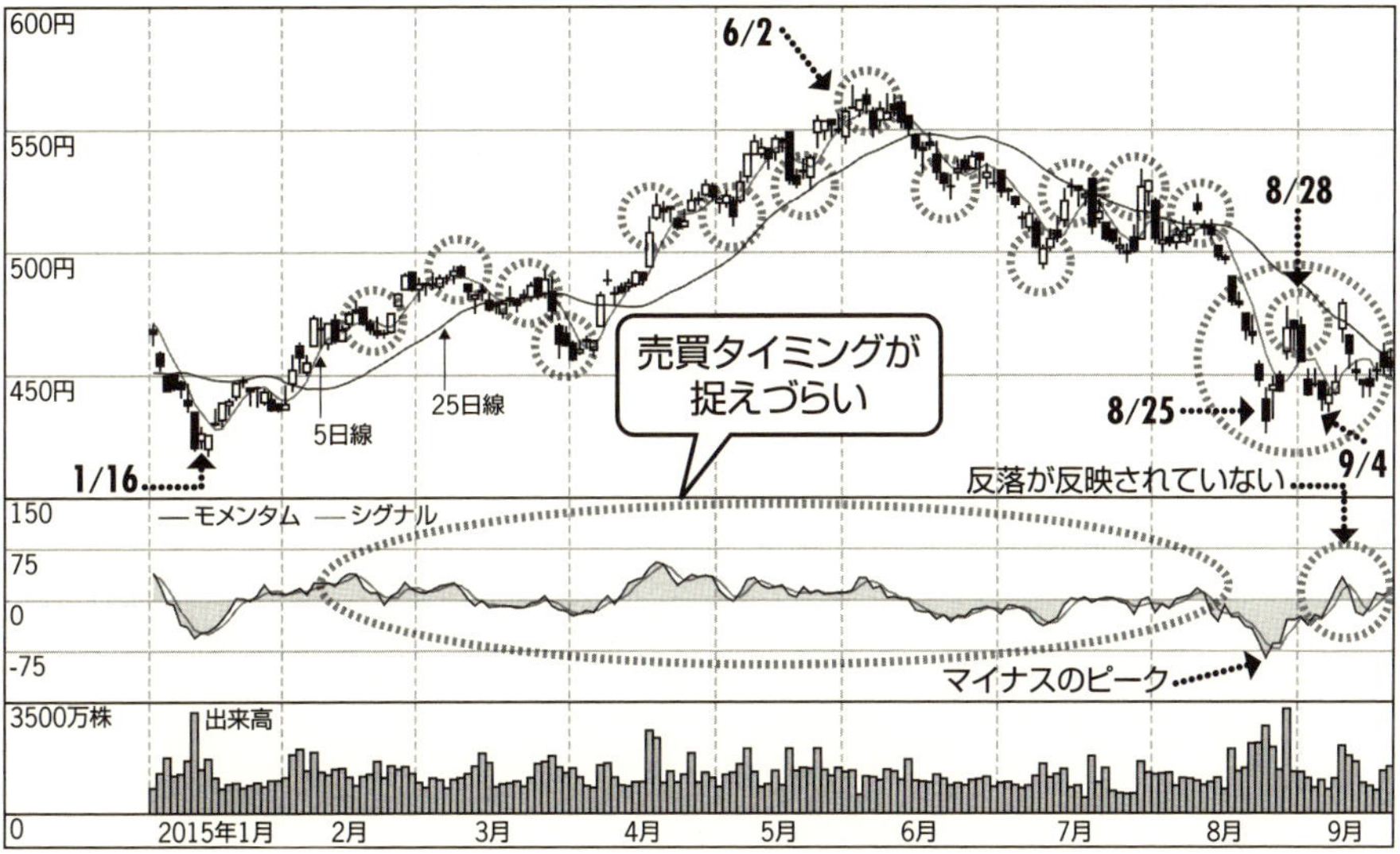

4-13 モメンタムを5日にしたJXホールディングス（5020）の日足チャート

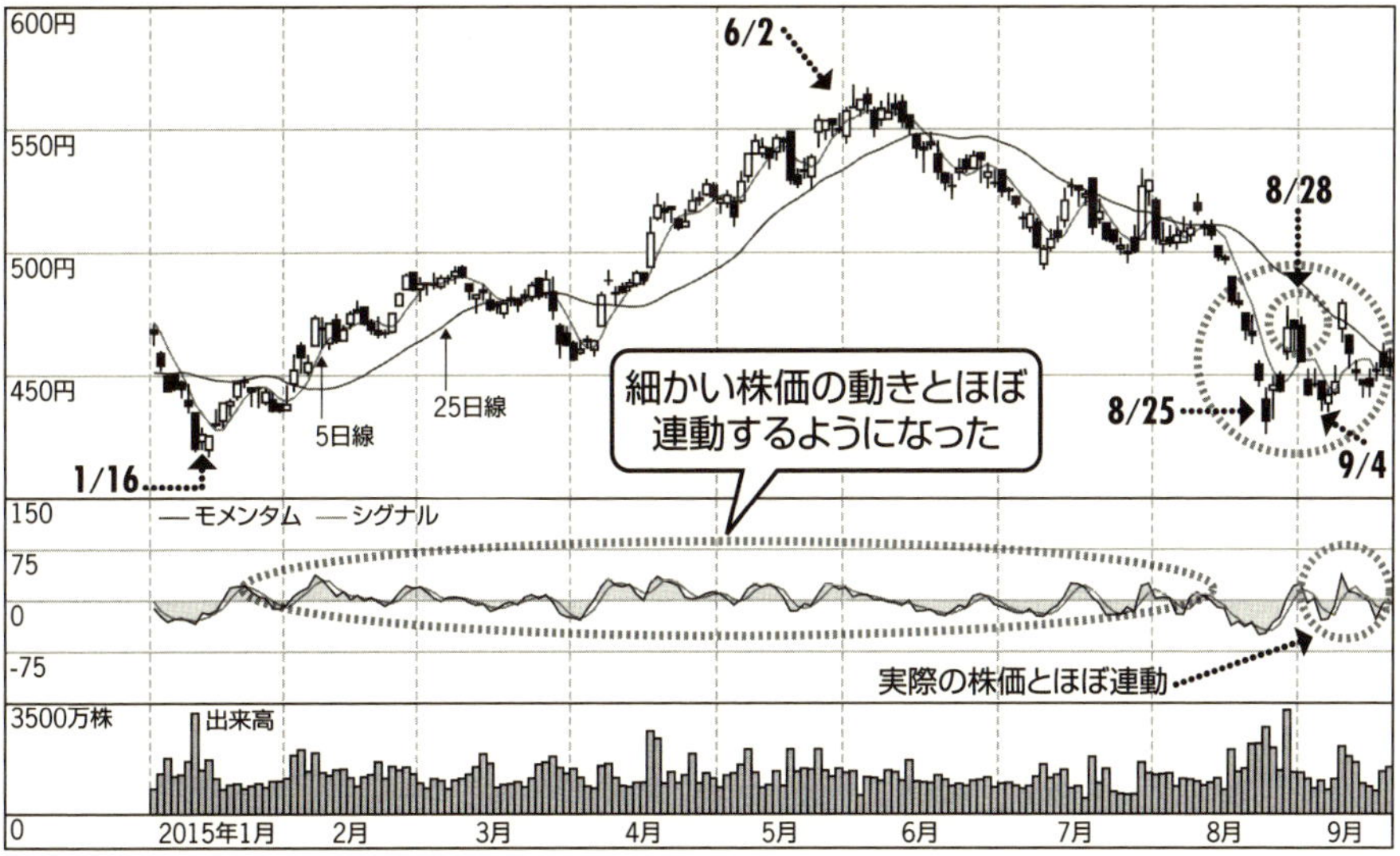

ろは、図表4‐12の右端にある大きな丸で囲まれたなかの小さい丸の部分でしょう。まず10日のモメンタムチャートをみてください。こちらの株価は8月25日に安値をつけたあと28日までほんの数日反発しましたが、再び反落しました。また、9月4日まで反落したあと再び反発するといった、狭いレンジのなかで上下動を繰り返す値動きとなっています。

そのなかで10日のモメンタムをみるとどうでしょう。8月25日に株価と同様にマイナスのピークをつけましたが、そのあとの8月28日の反落がモメンタムに反映されていないのがわかります。これでは、売り時を逃してしまうことになってしまい、実戦では損失につながってしまいます。

では、5日のモメンタムはどうでしょうか？　5日のモメンタムは、8月25日の安値から28日の戻り高値を付けたあとの反落と反発に至るまで、細かい株価の動きとほぼ連動しています。このように、最初はブカブカの服を着せられて動きが悪かったモメンタムも、シェイプされた服に着替えると、非常に良い反応をみせてくれることがわかりました。今回、このように期間を変えて表示されるチャートが変化することをお話ししたかったのは、ずれたままのテクニカル指標を使っていても、成果が上がらないばかりかミスリードになってしまい、損失を拡大させることにつながりかねないからです。

テクニカル指標がどのようにして作られていて、どういう特徴を持っているのか。さらに、どういうときにその力を発揮できて、どういうときに発揮できないのか、などを知ることで、自分で考え、自分で工夫し、自分に合った売買タイミングを見つけることができるようになるでしょう。どのテクニカル指標でも構いませんが、自分にあったテクニカル指標を発見すると同時に、その使い方を工夫することができれば、自分のテクニカル分析を確立したことになり、おそらく大きな失敗はしなくなることでしょう。また、知識の深まりや工夫の度合いが増すごとに投資成果がついてくるようになるものです。デフォルトの設定を鵜呑みにせず、是非自分なりの工夫や発見ができるようになってください。成果は後からついてくるはずです！

練習問題

問題 01 モメンタムの説明で間違っているものはどれですか？

1 上昇や下落の勢いがわかる
2 トレンドはわからない
3 0から100%の間で表示される

問題 02 ダイバージェンスとコンバージェンスが発生しているところに丸を付けてください。

東日本旅客鉄道（9020）の日足チャート

解答文

問題 01

答え 3 ｜ 0から100%の間で表示される

0から100%までの下限と上限があるのは、RSI

問題 02

答え 以下の図の通り

高値を更新しているものの、モメンタムは前の高い水準に届かず低下しています

東日本旅客鉄道（9020）の日足チャート

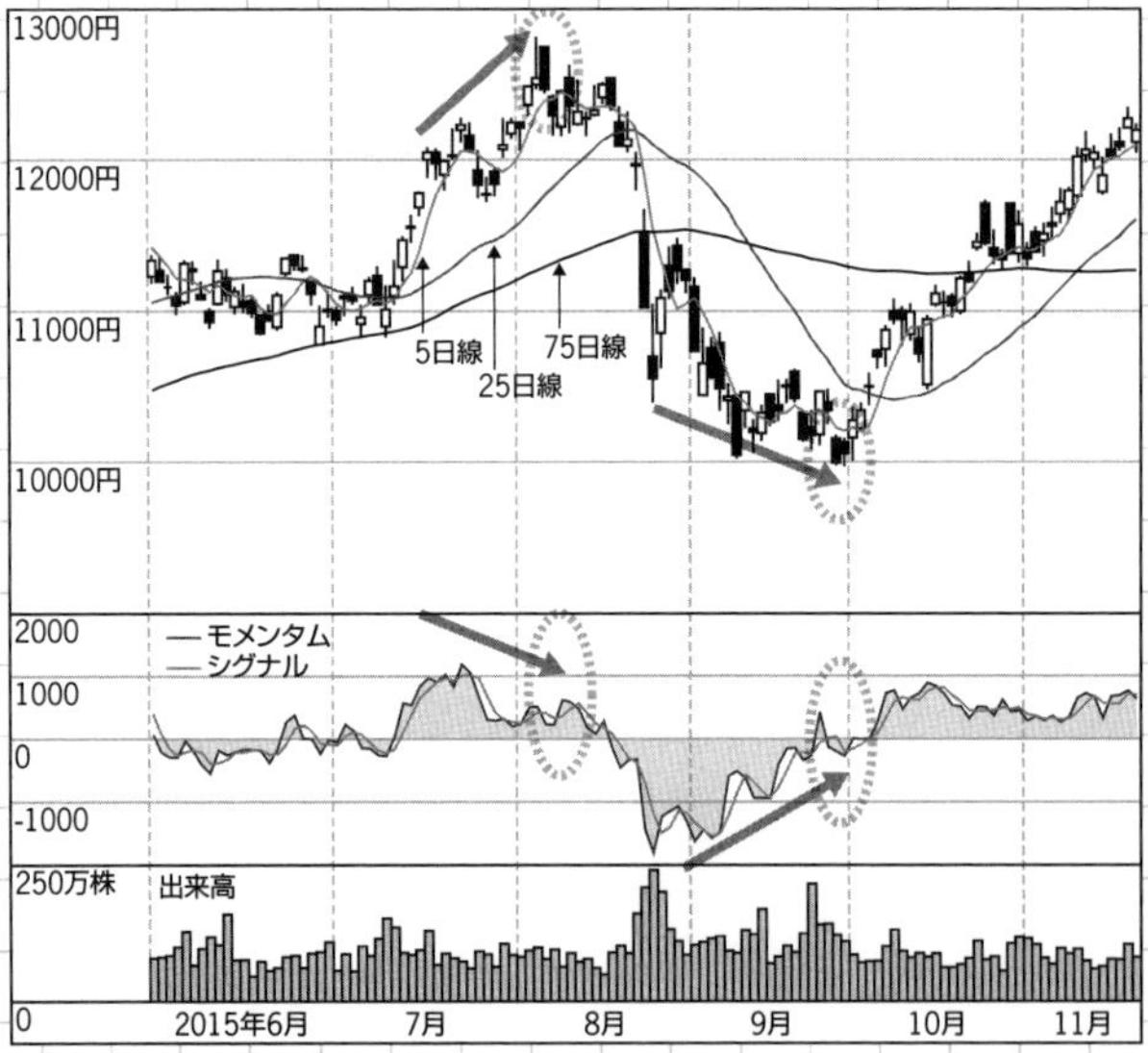

第5章

オシレーター分析をマスターしよう（RSI と MACD）

01

売買タイミングを教えてくれるオシレーター系チャート

一本調子で上昇し続けたり、下落し続けたりする株はありませんが、上昇や下落の大きなトレンドは変わらなくても、日々の値動きは変化しますし、上昇中でもどのタイミングで買えばよいのか、売ればよいのか迷うところです。なぜなら、業績が良いから上昇が続くであるとか、業績が悪いから下落が続くといった単純な値動きではないからです。

そうしたなかで、いかに売買タイミングを逃さないようにうまく売買ができるのかが、パフォーマンスを向上させるカギになるでしょう。では、どのように売買タイミングを計ればよいのでしょうか。そうした疑問を解決するべく作られたのがオシレーター分析なのです。具体的にオシレーター分析を学ぶ前に、代表的なオシレーターチャートを2つご紹介します。1つはＲＳＩ（Relative Strength Index）、もう1つはＭＡＣＤ(Moving Average Convergence Divergence）と呼ばれるテクニカル指標です。名前をみると、少し難しいように思われるかもしれませんが、考え方はいたってシンプルで売買タイミングを教えてくれる優れものです。

具体的な売買タイミングは？

それでは実際の売買タイミングの計り方を解説しますが、みなさんは、そもそも売買タイミングをどのように計れば良いと思いますか？　また、そもそも売買タイミングとは、どういうことをいうのでしょうか？

この疑問に答えたのが、ワイルダー（J.Welles Wilder Jr）が考案したＲＳＩです。ＲＳＩは、売買タイミ

5-01 RSIの計算式

（n日間の上昇した値幅の合計）÷（n日間の上昇した値幅合計＋n日間の下落した値幅合計）× 100 ＝ RSI

具体例①：14日間毎日買われ続けた（上昇した）場合
n＝14日、n日間で上昇した値幅＝100円、n日間で下落した値幅＝0円
100円÷（100円＋0円）× 100 ＝ 100%

具体例②：14日間毎日売られ続けた（下落した）場合
n＝14日、n日間で上昇した値幅＝0円、n日間で下落した値幅＝100円
0円÷（0円＋100円）× 100 ＝ 0%

具体例③：一定期間の上昇した値幅と下落した値幅が同じ場合
n＝14日、n日間で上昇した値幅＝50円、n日間で下落した値幅＝50円
50円÷（50円＋50円）× 100 ＝ 50%

ングを買われ過ぎや売られ過ぎといった考え方をもとに計ろうとしたのです。例えば、1週間のあいだ毎日上昇し続けたとしたら、みなさんはその銘柄をどのように思いますか？　あるいは1週間ではなく、2週間毎日買われ続けたとしたらどうでしょう？　このようなイメージを持つと少しずつみえてきます。

仮に1週間、あるいは2週間毎日買われ続けた場合、よくマーケットで使われる言葉が「過熱している」です。簡単な言葉に置き換えれば、「買われ過ぎ」と、されるでしょう。また、逆の場合はどうでしょうか。1週間や2週間売られ続けた場合、やはり「売られ過ぎ」と考えるのが普通です。ただ、このように2週間毎日買われ続けたり、売られ続けたりするようなことは稀で、日々のランダムにみえる値動きの積み重ねで、気付いたら高値をつけていたり、下落していたりしたといった感覚の方が多いのではないかと思います。

そこで、ワイルダーが買われ過ぎや売られ過ぎの概念を、計算式に置き換えると同時に数値化したのです。それがRSIなのです。

では、図版5-01にある実際の計算式をご覧ください。ここでは、実際の計算式に加えRSIをイメージしやすいように、3つの具体例を掲載しました。計算式をみるとわかりますが、毎日の

値動きに惑わされないように、一定期間内で上昇した値幅の合計を、値上がりした値幅と値下がりした値幅を合計し、上昇した値幅の合計をこの合計した値幅で割ってその割合を導き出し、買われ過ぎや売られ過ぎを判断するようにしています。

そこで、具体例①をみてください。具体例①は14日間毎日株価が買われて上昇したケースです。日々の上昇値幅に関係なく14日間で1日も値下がりすることなく上昇すると、ＲＳＩは１００％になります。具体例②は、14日間で1日も値上がりすることなく売られ続けたパターンです。この場合は上昇の時とは逆に14日間で１００円値下がりして値上がりが０円ですからＲＳＩは０％となります。

ＲＳＩは上限と下限が決まっている

ここでみなさんは、何かに気づきませんか？　ＲＳＩの特徴についてです。それはチャートにしてみると明らかなのですが…。ヒントは、モメンタムにはないものです。

答えは、モメンタムには上限や下限はありませんでしたが、このＲＳＩは、上限が１００％、下限が０％と決まっていることです。また上限と下限が決まっているために、上昇し続けたり、下落し続けたりといった状態が続いて判断を迷わすことがありませんから、初心者から中上級者まで誰でもすぐに売買判断に活用でき、売買タイミングを計ることができるのです。

では、残った３つ目のパターンを見てみましょう。３つ目のパターンは、上昇した値幅と下落した値幅が同じだった場合です。これも日々の上昇や下落の値幅は違っていても、一定期間内に値上がりした値幅と値下がりした値幅の合計が同じだったことからＲＳＩは50％となっており、上限である１００％と下限の０％のちょうど中間に位置していることを示しているのです。これは、普通に考えてみてもわかることですが、上昇した値幅と下落した値幅が同じであれば、買われ過ぎでも、売られ過ぎでもなく、その中間（ニュートラル）

5-02 RSIと株価の関係性のイメージ

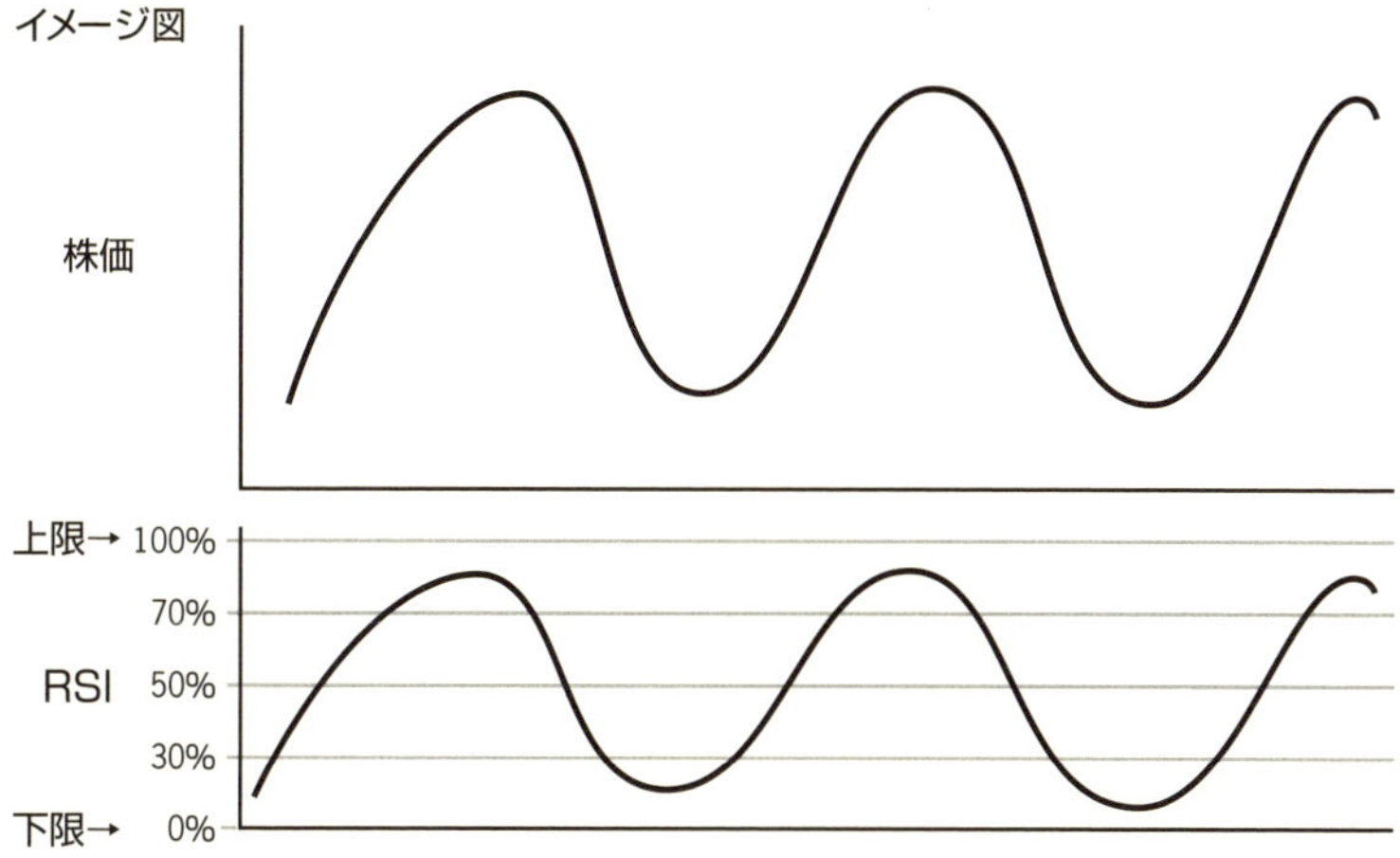

に位置していることがイメージできるはずです。

70%以上は「買われ過ぎ」で30%以下が「売られ過ぎ」

では、RSIをみたとき、どの水準が買われ過ぎと判断されるのでしょうか。またどの水準が売られ過ぎと判断されるのでしょうか。買われ過ぎや売られ過ぎと判断される水準についてですが、100%や0%に到達する必要はありません。**そこで、考案者であるワイルダーは、期間を14日間とし、買われ過ぎとされる水準を70%以上、また売られ過ぎとされる水準を30%以下としているのです。**ただ、70%に達したらすぐに売り、30%に達したらすぐに買いということではありません。後で有効な売買タイミングの計り方について具体的に説明しますが、**保有者にとっては70%を超えたら警戒ゾーンであり、これから買いたいと考えている人にとっては、30%以下になったらそろそろエントリーを考えることになりますので覚えておいてください。**コツを覚えれば、非常に判りやすいテクニカル指標ですので、使いこなすのは簡単と思われますが、慣れてくると特に注意しなければいけない点がでてきたり、売買判断のレベルを上げたりすることも必要になりますので、その点についても解説していきます。

02

ＲＳＩを使った売買タイミングの事例をみてみよう

実戦ではエントリーのタイミングに注意

　それでは、実際の売買判断について解説します。ＲＳＩの特徴として0～100％までの間で、買われ過ぎや売られ過ぎの水準に達したところで売買タイミングを計るとお話ししましたが、一般的なテクニカル分析の本には、買われ過ぎの水準に達したら売りであるとか、売られ過ぎの水準に達したら買いというように、ただ水準のことだけが書かれていると思います。しかし、実戦ではもう少しエントリーのタイミングについて工夫をした方が上手く売買できるようになるので、基礎的な見方から、そうした工夫まで一気に解説します。

反落と反転のポイントを見極めるのが重要

　ではチャートをご覧ください。銘柄は東証1部上場のダイコク電機です。上段がローソク足チャートで、下段がＲＳＩになります。繰り返しになりますが、ＲＳＩは0％から100％までの範囲のなかで買われ過ぎや売られ過ぎを見つけ、売買タイミングを計るものです。そこで、ダイコク電機のローソク足とＲＳＩを上下に見比べてみてください。株価が上下に変動するなかで、株価とほぼ連動して上昇したり、下落したりしているのがわかります。そのため、買われ過ぎと判断される70％または75％を越えたところで売ると高値近辺で売却することができると同時に、売られ過ぎとされる30％以下のところで買うと、ほぼ安値圏で買うことができ、

5-03 ダイコク電機（6430）の株価と RSI

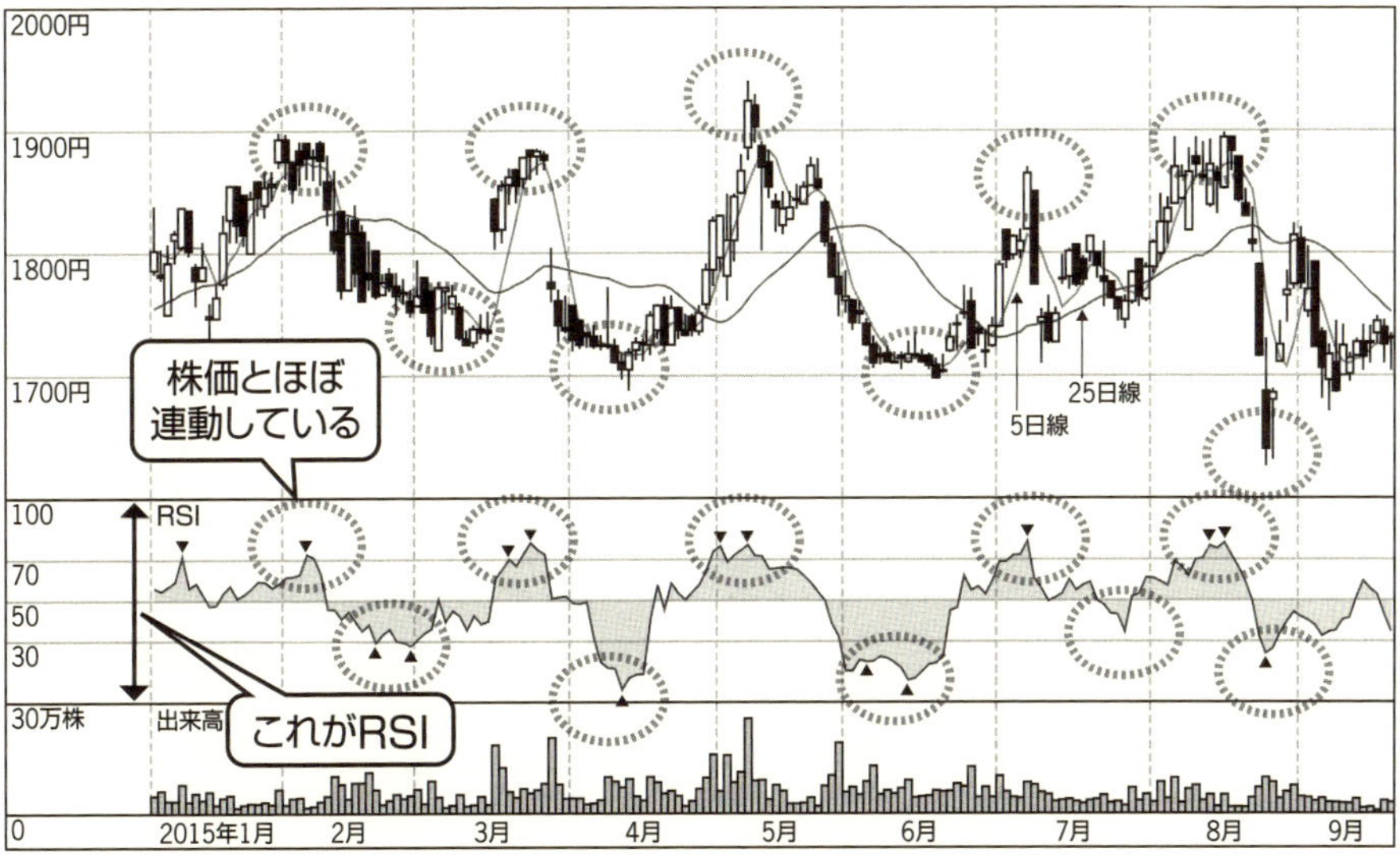

うまく売買タイミングを計るのに機能していることが確認できます。

ただ、70％を越えたらすぐに売るのではなく、70％ラインを越えて、反落するところを売るのが売買のタイミングとして最も適しているでしょう。また、売られ過ぎのところでの買いも、30％を割り込んだらすぐに買うのではなく、30％ラインを割り込んで、株価と同時に反転してきたら買うといった売買タイミングの計り方をするのが効果的です。さらに、株を複数保有している人は70％を越えたらその一部を売ることも有効です。

なぜなら、株価が上昇すると一度に全ての株を売ってしまおうと考える人がほとんどだと思いますが、仮に上昇が続いているようなケースでは、一旦止まっても再び反発してくることが多いため、保有している株の一部を売らずに持っておき、利益を伸ばすことにつなげることが考えられるからです。

一方で、下降トレンドのときは、保有株を全て売って損失の拡大を防ぐ必要があるので、分けて売らないようにしなければならないのです。

03 売買判断の重要な指標である50%ライン

買いと売りが強まっているかどうかの判断材料になる

続いて50%ラインの売買判断について解説します。なぜ、50%ラインについて話をするのかというと、50%ラインが非常に重要な判断ポイントとなっているからです。

今度は、しまむら（8227）をみながら解説します。

50%ラインは以前にも説明したように、買われ過ぎと売られ過ぎの中間になります。そのため、株価がどちらの方に傾くのかによって、買いが強まっているのか、あるいは売りが強まっているのかといった、ある意味、モメンタムに近い意味合いを持つことになります。また、ＲＳＩの50%ラインをモメンタムの０ラインと置き換えてみると、より判断しやすくなるでしょう。

50%を越えたら株価も上昇

たとえば、50%を上回って70%に近づくのか、あるいは50%を割り込んで30%に近づくのかが非常に重要な意味を持つことになり、売買判断に役立てられるのです。

では、実際の売買についてですが、売買判断がわかりやすいところをまず確認しましょう。

まず買いのタイミングです。２０１５年1月27日にＲＳＩが50%を上回ったところではローソク足も移動

5-04 RSIの50%ラインと株価の関連性

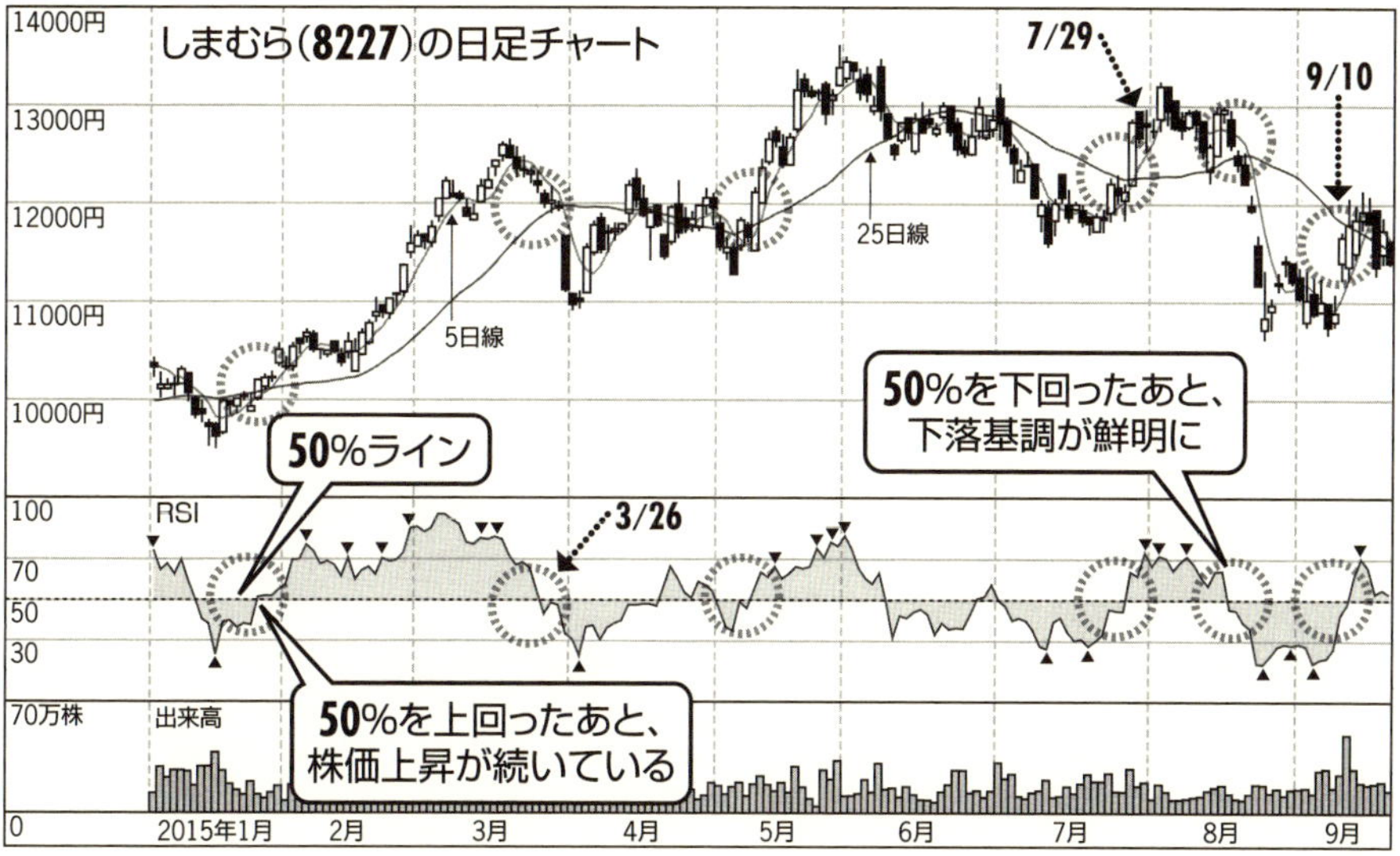

平均線を上回ったあと、株価の上昇が続く結果になっているのがわかります。また、7月29日に50％を上回った場面でも5日移動平均線上を維持して上昇しました。さらに9月10日の50％を上回った場面では短期的ではありましたが上昇しているほか、5月13日はいったん50％ラインを下回ったあとに50％ラインを上回って高値をつけるところまで上昇が続きました。

50％を下回ると株価は下落基調に

一方、3月26日は50％を下回ったとき、株価は25日移動平均線の上で推移していましたが、その後急落しています。

また、8月18日にRSIが50％を下回ったところでも、株価は25日移動平均線の上に位置していましたが、そのあと下落基調が鮮明になっており、売るかどうか迷ったときの最後の判断基準として機能しているのがわかります。

このように、50％ラインは重要な判断基準になっているのです。

04

株価の勢いを分析するのに役立つダイバージェンスとコンバージェンス

モメンタムと同じように「水準」に注目

これまで一緒にみてきたように、RSIは非常にシンプルで扱いやすいテクニカル指標だと理解できたと思いますが、30％や70％の「売られ過ぎ」や「買われ過ぎ」と、50％ラインの判断のほかにも売買判断の材料になる見方があります。それは、モメンタムでも解説した水準に関することです。モメンタムは、10日前の株価水準と比較して、上昇している値幅分を勢いと判断してきたのに対して、RSIは、実際に上昇した値幅分を動いた値幅の割合に直して、上げ幅の方が優位なのか、あるいは下げ幅の方が優位なのかを導き出したわけですが、RSIとモメンタムに共通するポイントがあります。それは、逆行現象が発生する点についてです。

株価が高値を更新しても、モメンタムが直前やその前の高い山の水準を越えられなかった場合、勢いが鈍っているため、株価との逆行現象が発生することになり、売りシグナルになると解説してきましたが、RSIでも同じ現象が起こります。これがダイバージェンスやコンバージェンスです。

上げ止まりと下げ止まりが判断できる

では実際の銘柄でみてみましょう。ダイヘン（6622）です。ここでは、ダイバージェンスとコンバージェンスを一緒に解説します。まずダイバージェンスからです。5月20日から6月9日にかけて株価がいったん伸

5-05 ＲＳＩのダイバージェンスとコンバージェンス

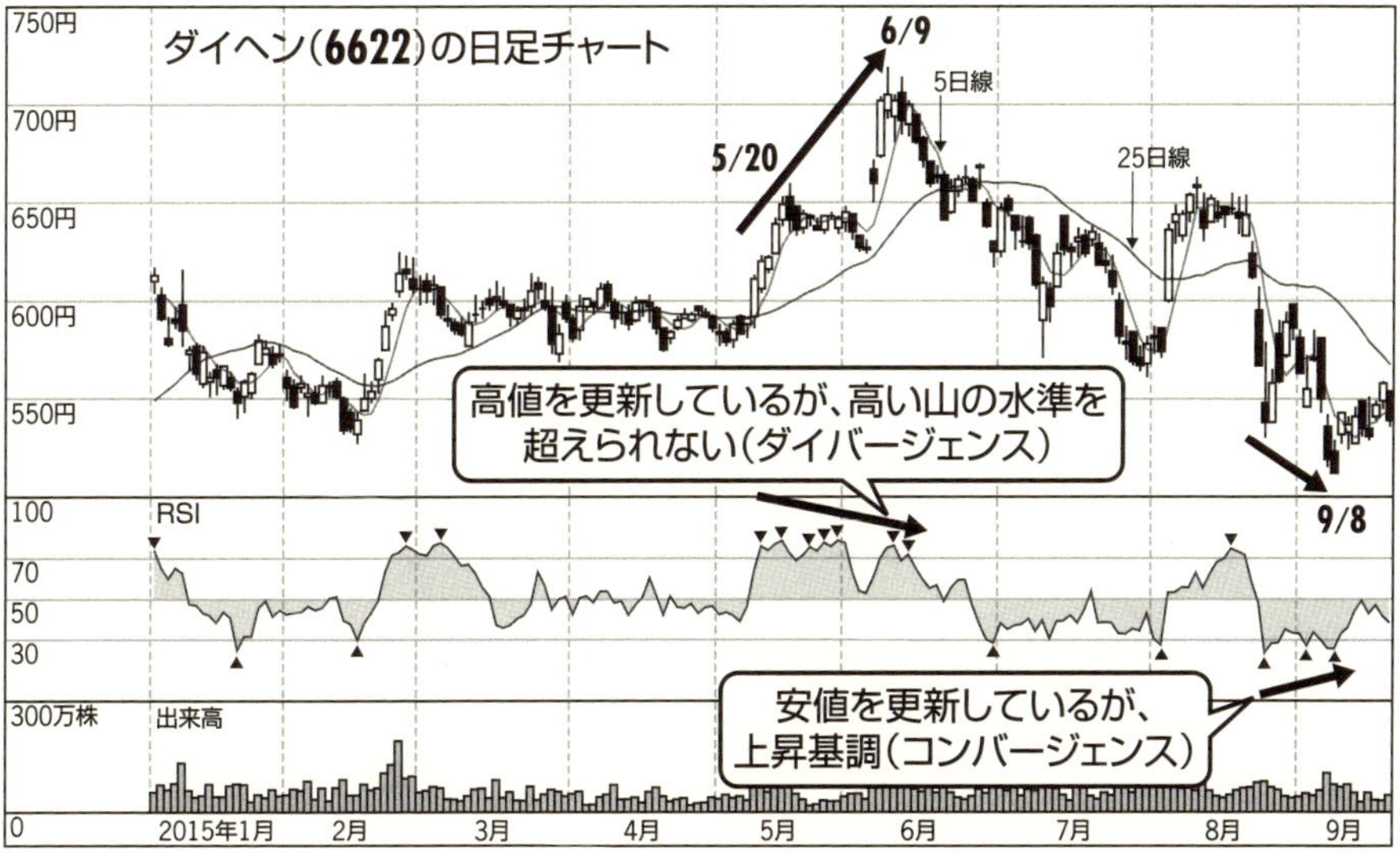

び悩んだあとに上昇して高値を付けますが、ＲＳＩは前の山のピークを越えられずに、徐々に反落する結果になっています。これは、5月20日に高値を付けるまでの14日間の上昇割合より、6月9日に高値を付ける14日間の上昇割合の方が小さいことを示しています。また、高値は更新しているものの、買いのエネルギーが弱っていることを指しており、売りシグナルとなるわけです。

一方、9月8日のコンバージェンスは逆に、株価は安値を更新しているものの、動いた値幅全体に占める下落の割合が小さくなっており、下げ止まりを示唆することから、買いシグナルになるのです。

特に、これまで何度か取り上げた信用取引で売っている場合は、利益を確保するために買い返済を行う必要があります。一方、新規で買う場合は、投資できる金額を全て使い切ってしまうのではなく、上昇トレンド入りが確認できるまでは最小限の投資額から始めるなど、いわゆる打診買い（お試し買い）をして、上昇に転じることができずに反落したときの損失を最小限に抑えるのがポイントです。

05

RSIを使う際の注意点

RSIを参考にする際はトレンド分析も一緒に行おう

このようにRSIは、売買タイミングを教えてくれるテクニカル指標であると同時に、モメンタムに近い買いや売りエネルギーの強さも教えてくれるのです。

株価が上昇を続けているのに売りシグナルが発生する

RSIを使う注意点について解説します。山洋電気（6516）のチャートをみると、左半分が上昇、右半分が下落していますが、実は、このように上昇や下落が続いた状態のときに、RSIの誤ったシグナルが発生しやすくなるので注意が必要です。まずチャートの5月以前をみてください。2015年2月27日に25日移動平均線を上回ったあと上昇が続いていますが、RSIをみると、70%を越えて反落して売りシグナル（アイチャートの三角印）が7回発生しています。「アイチャート」とは、私が開発したテクニカルチャートの名称です。三角印は注意喚起シグナルといって、こちらも私が開発したオリジナルです（特許取得済み）。株価が上昇を続けるなかで、売りシグナルが頻繁に発生しているため、このシグナル通りに売ってしまいたくなりますが、売りシグナルが発生したあとの買いシグナルが出ないまま上昇が続くことがあり、せっかくの上昇トレンドの値上がり益を逃してしまうことがあるのです。

5-06 間違った売りシグナルと買いシグナルが発生する例

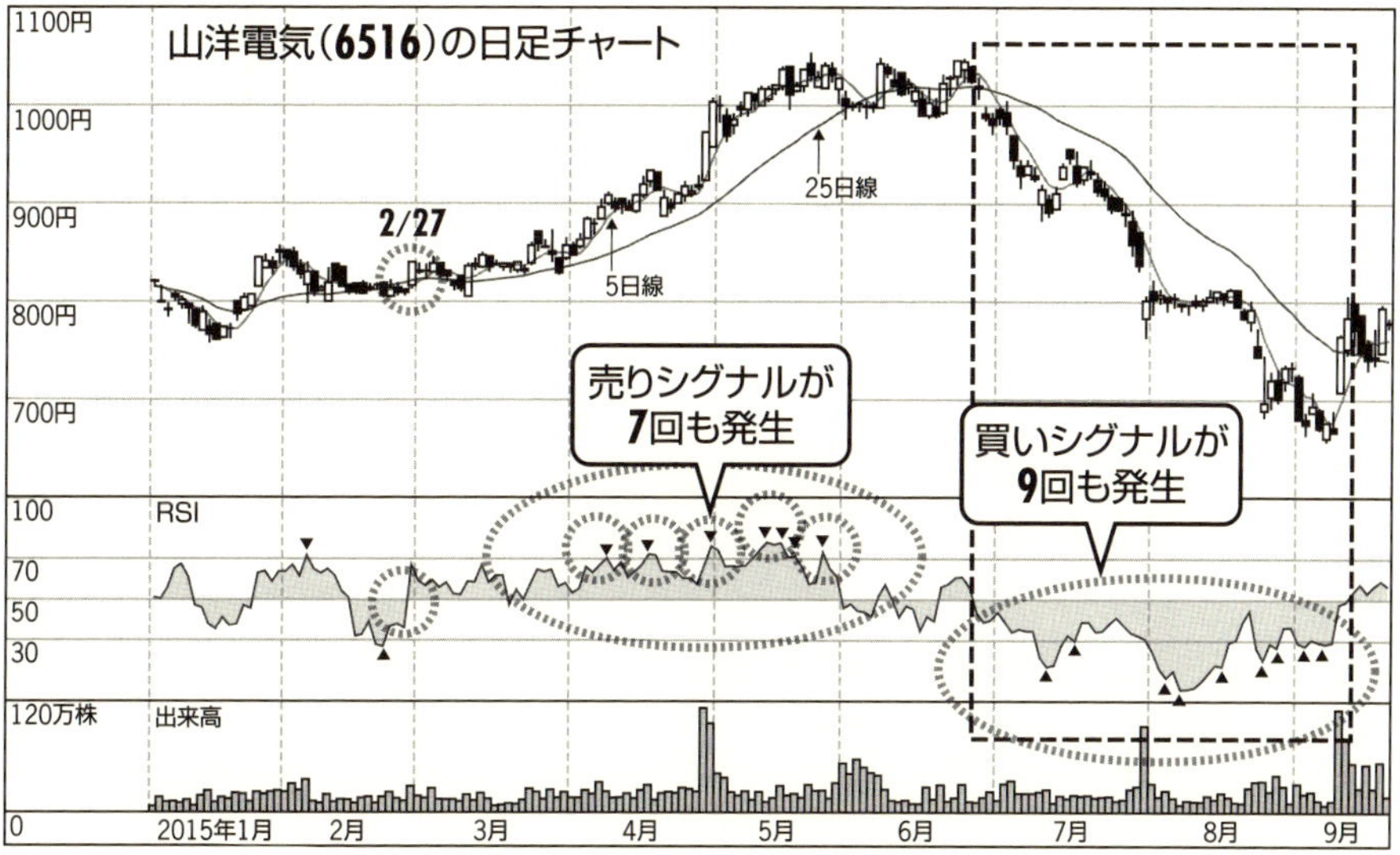

売りシグナルが発生して利益確定ができるのはよいのですが、一方で買いシグナルが発生しないばかりか、50%ラインにも届かず、売ったあと買いタイミングが全く訪れなくなってしまい、機能していないことがわかります。**こうした買いシグナルが頻繁に発生する原因は、上昇トレンドの強さにあります。**RSIは14日間のなかで上昇した値幅の割合を示すものでしたが、この割合が高水準のまま続くことにより、RSIが50%を下回らなかったり、70%前後で張り付いたりするのです。このように、**上昇値幅が高水準の割合のまま推移するような買いエネルギーが強いときは、売りシグナルが頻繁に発生すると同時に、売ってしまったあとに買い戻すことができずに、残念な思いをする可能性があるので注意が必要です。**

株価が下落を続けてるのに買いシグナルが発生

続いてはチャートの6月以降をご覧ください。四角い枠で囲んだRSIの部分をみると、RSIが30%を割り込んで反転しているところが9カ所あります。この9カ所は、売られ過ぎとされる30%ラインを下

5-07 間違った買いシグナルが発生する例

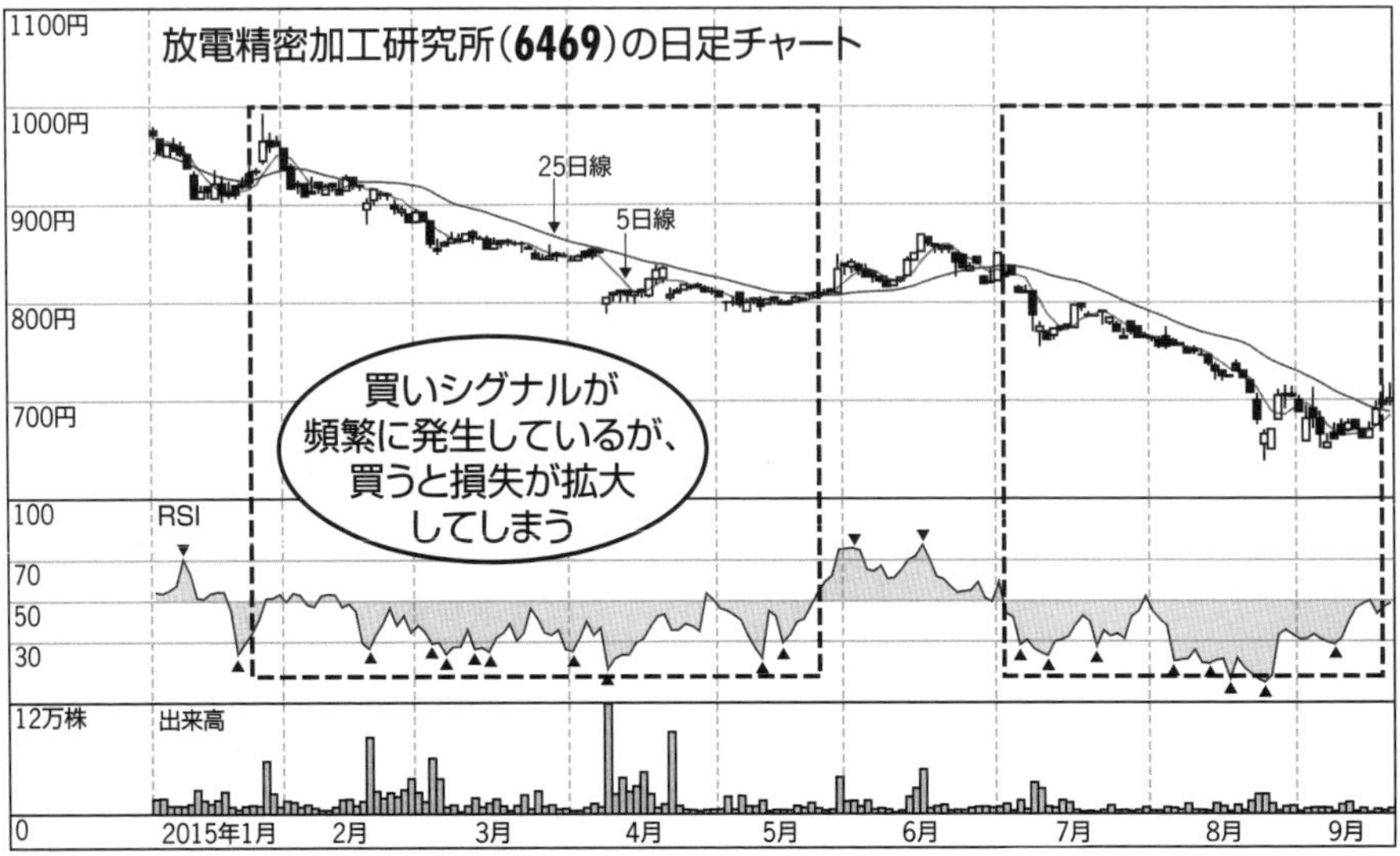

回ったあといったん反発に転じているところですが、その後のRSIの水準をみると、反発しても買われ過ぎとなる70%に届かないばかりか、売られ過ぎと買われ過ぎの中間である50%にも届いていません。こうなると、買いシグナルは出るものの、買ったあとに下落が続き、チャンスを逃すと、利益確定ができないどころか、損失が拡大する要因になりかねません。

また、**このように買いシグナルが頻繁に発生する原因は、売りシグナルが頻繁に発生するのと逆で、14日間のなかで上昇した値幅の割合が低下したままの状態が続いていることを指していることにあります。**上昇した値幅の割合が小さいままで推移し、どう考えても株価が上昇基調に戻ることは難しいので、仮に買っても、その後のチャンスで売りそびれてしまうでしょう。

間違った買いシグナルが発生するこんなケースも

もう一つ買いシグナルが頻繁に発生する例をご覧ください。銘柄は放電精密加工研究所（6469）です。ほぼ9カ月ずっと下落が続いています。続いてR

5-08 ＲＳＩの期間を短くすることで株価の値動きに対応できるケース

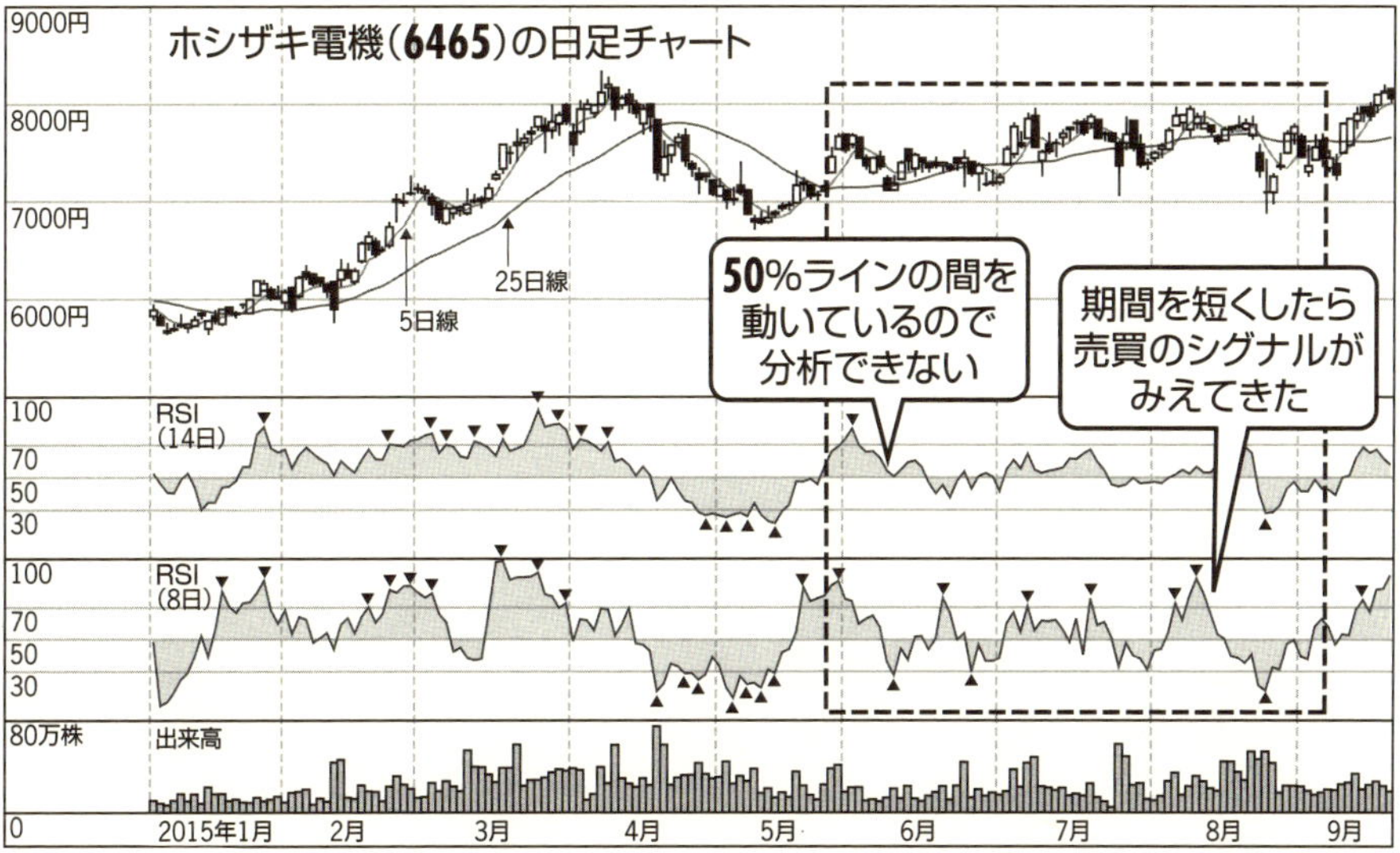

ＳＩをみてください。2月に入って少し株価が横ばいになったあと下落基調に転じ、5月下旬に25日移動平均線を上回るまでほとんどの期間、50％を下回ったままの状態が続くと同時に、30％を下回っては反転するといった買いシグナルが頻繁に発生する状態になっています。

　また、6月にいったん25日移動平均線を上回った状態が続いたあと再び下落基調になりましたが、25日移動平均線を下回ったあと、ＲＳＩはほとんどの期間50％を下回る状態が続いたうえ、30％を割り込んだあとに反発するといった買いシグナルが頻繁に発生しており、買っていたら損失が拡大します。**ＲＳＩを使うときは、必ずトレンド分析を行い、その分析とあわせて判断してください。**

フィッティングでシグナルをみつけよう

　最後に、ＲＳＩの50％ラインを使う際の注意点とフィッティングについて解説します。

　50％ラインは、ＲＳＩの買われ過ぎや売られ過ぎの判断のちょうど中間に位置していることから、売買判断の最後のポイントになります。そのため、50%を上回ったら買い、下回ったら売りといった判断につなげるられますし、エントリーやロスカットのタイミングを計るためには欠かせないポイントといえます。

一方で、RSIそのものがトレンドの発生に弱く、上昇トレンドが続いたときや、下降トレンドが続いたときには、それぞれ売りシグナルや買いシグナルが頻繁に発生し、機能しなくなることがありました。

実は50%ラインも同様に機能しなくなることがあります。これはRSIの計算式や成り立ちを思い浮かべればすぐにわかりますが、株価が狭いレンジのなかで横ばいになり、値動きが乏しいとき、50%ラインを上下に行ったり来たりして、エントリーのタイミングが計れないことがあるのです。

期間を短くするのがポイント

では、163ページのチャートをご覧ください。RSIが2つありますが、上段のRSIからみていきます。四角い枠で囲った部分が50%ラインを行ったり来たりしているところです。また、方向が定まっておらず、50%ラインを売買判断に使うと、売買回数が増加して、利益が出ないかマイナスになってしまいそうです。一方、下段のRSIはフィッティングを行ったものです。ここでは期間を短めの8日に設定しました。フィッティングを行った下段のRSIは50%ラインを上回ったり下回ったりのメリハリが効いていることに加え、買われ過ぎや売られ過ぎの水準での売買シグナルが発生しており、狭いレンジ内での値動きのなかで売買を繰り返すのは適したシグナルになっています。

このように株価の動きにRSIがついていけないようなときは、期間を短くすることで対応できることもありますので、覚えておいてください。

06 トレンドと売買タイミングを両方分析できるMACDとは？

MACDはMoving Average Convergence-Divergenceの略で、頭文字をとったものです。このチャートは日本語では、移動平均収束発散法と呼ばれていますが、MACD（マックディー）と呼んだ方がピッタリかもしれません。MACDは、ジェラルド・アペルによって考案されたテクニカル指標で、テクニカル分析を行ううえで、非常に感心させられる要素をいくつか含んでいます。

MACDはMACDとその移動平均線であるシグナルの2本線から作られており、日本語名からも推測できるように、これまで解説してきたトレンド分析と売買タイミング分析の両方を兼ね備えたテクニカル分析チャートです。日本語名にある移動平均は、トレンド分析で解説した移動平均線の仲間ですが、さらに改良を加えた平滑移動平均線を使っています。そのため、売買タイミングが移動平均線のゴールデンクロスやデッドクロスよりも早くわかるといった特徴があります。

また収束発散法とありますが、この元の英語はConvergence-Divergenceでした。そうです。このコンバージェンス、ダイバージェンスについても、これまですでに説明していました。こうした特徴を持ちつつ、さらにRSIのように売買タイミングも教えてくれるという、万能とも思われるテクニカルチャートです。

典型的なチャート図にみるMACDの特徴

では、そのMACDですが、どのようなチャートか確認していきましょう。下段のMACDは縦軸が水準

5-09 楽天（4755）の日足チャートにみるMACD

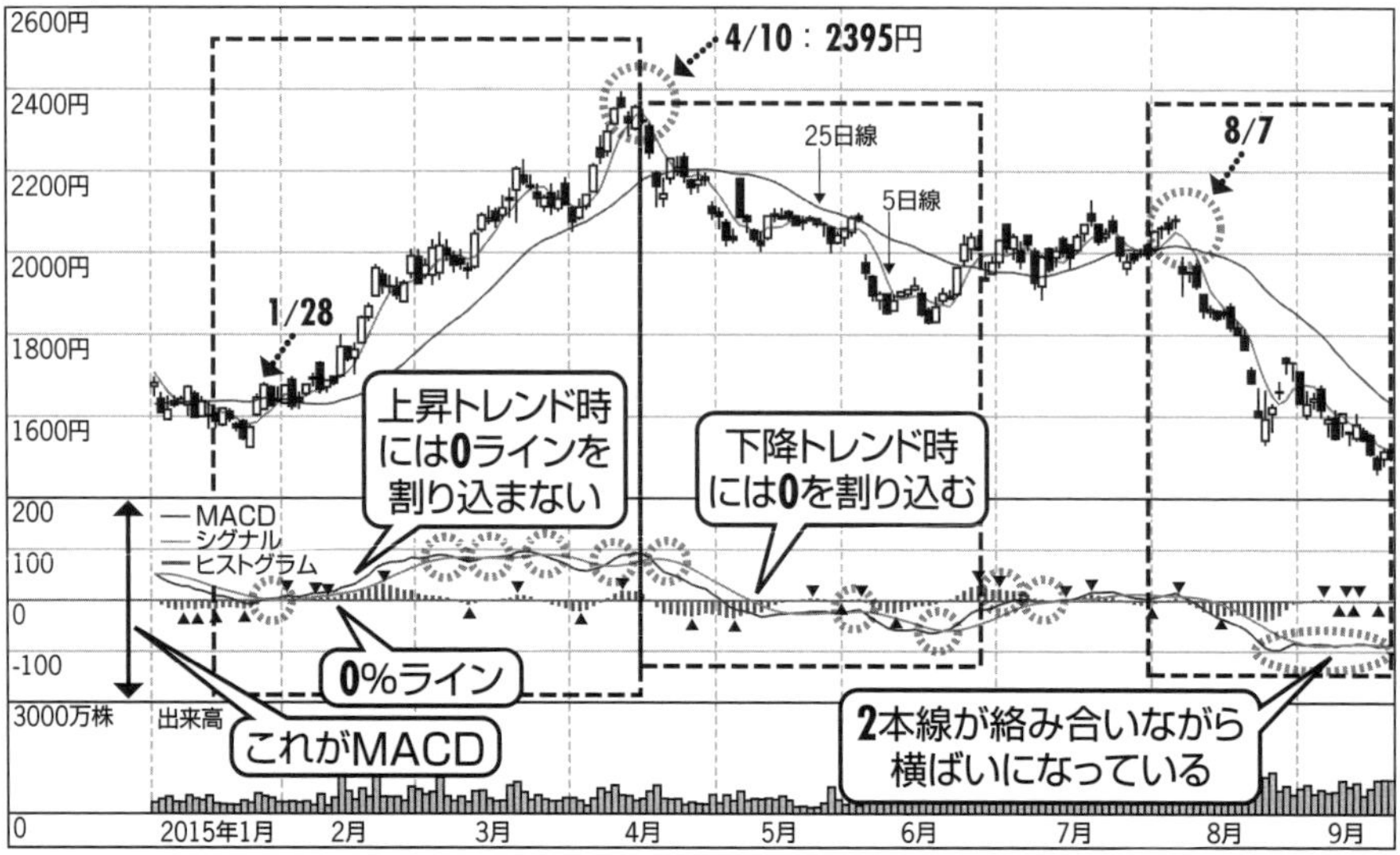

※ヒストグラムはMACDとシグナルのかい離を示したもの。ヒストグラムの三角印はアイチャートの注意喚起シグナル（特許取得済み）

で横軸が時間ですが、中央にモメンタムのように0（ゼロ）ラインがあるのがわかります。このの0ラインがトレンド判断のポイントなので、よく覚えておいてください。チャートは楽天（4755）です。

上段のローソク足と移動平均線が表示されたチャートとMACDとを比較してみると面白いことがわかります。もっともわかりやすいところから解説すると、株価が上昇トレンドを維持しているとき、MACDは中央の0ラインを割り込まずに推移していますが、株価が下降トレンド入りしてから0ラインを割り込んでしまっているのです。

たとえば、上段のローソク足チャートで、1月28日に25日移動平均線を上回ったあと、5日や25日移動平均線をサポートに4月10日の2395円まで株価は順調に上昇が続きましたが、この間のMACDは0ラインぎりぎりのところでMACDとシグナルがクロスしたあと、4月10日までの間、4回MACDとシグナルが

5-10 MACDの主な特徴と味方

【構成】

MACDとシグナルの２本線

【特徴】
・トレンドと売買タイミングの両方を教えてくれる優れもの
・平滑移動平均線を使っており、単純移動平均線より売買タイミングの発生が少し早い

【見方】
・MACDとシグナルのクロスで売買を判断
・０ラインを上回っているか、下回っているかでトレンドを判断

【他のテクニカルチャートとの比較】

	トレンド	勢い	売買タイミング	特徴
モメンタム	×	○	○	勢いが続いているときに確認できる
RSI	×	○	○	売買タイミングがわかる
MACD	○	○	○	トレンドと売買タイミングがわかる

クロスしながら上昇する結果になっています。

また、４月10日にローソク足が高値をつけて反落に転じるなか、ＭＡＣＤもクロスして２本線が下降に転じ、株価が25日移動平均線を割り込むと、１月28日には割り込んでいなかった０ラインを５月13日に２本線とも割り込む結果になっています。さらに、８月７日に価格が飛んで株価が下落し、25日移動平均線を割り込んでから下落基調が続きましたが、ＭＡＣＤも０ラインを割り込んだまま下降が続いて２本線が絡み合うように横ばいになっています。

このようにＭＡＣＤは、ＭＡＣＤがシグナルを上から下にクロスすると売りシグナル、逆にＭＡＣＤがシグナルを下から上にクロスすると買いシグナルというように２本線のクロスで売買タイミングを計ることに加え、０ラインを上回るか下回るかでトレンドの判断もできるようになっているのです。また、５日や25日移動平均線がデッドクロスして売りシグナルが発生したり、ゴールデンクロスして買いシグナルが発生したりするより早くＭＡＣＤの売買シグナルが発生しており、売買タイミングも移動平均線のクロスよりも早くわかることが理解できるでしょう。

07

MACDの基本と成り立ちを理解しよう

当日の株価の比重を2倍にしているので反応が早くなる

ＭＡＣＤの特徴として、同じ移動平均線の仲間が使われているにもかかわらず、単純移動平均線よりもシグナルが早く出るのには理由があります。それは前にも説明しましたが、平滑移動平均線（ＥＭＡ）が使われているからなのです。

平滑移動平均線と、通常の移動平均線と考え方は同じです。５日平滑移動平均線の場合、５日間の平滑移動平均線を合計して5日で割って算出し、毎日移動するわけですが、そもそもこの平滑移動平均線は、単純移動平均線と考え方は同じでも、１つだけ異なるところがあります。それは、当日の値動きに比重を置いていることです。通常、移動平均線は期間が長くなれば長くなるほど、１日の株価変動が移動平均線に与えるインパクトが小さくなり、急激な変動についていけない場合があります。そうした面が相場の変動に弱いため、急落した場合のデッドクロスの発生や、急騰した場合のゴールデンクロスの発生が遅れがちにみえるのですが、この平滑移動平均線は、当日の株価の比重を2倍にして計算しているため、その分反応が早くなるのです。

ＭＡＣＤを自分で計算してみよう

計算はこうです。１日目：１００円、２日目：１０５円、３日目：１１０円、４日目：１１５円、５日目：

5-11 単純移動平均線とMACDで使われる平滑移動平均線の比較

	単純移動平均線	平滑移動平均線
つくり方	終値を均等にした平均値	直近の値の比重を大きくしている
特徴	トレンドは判断できるが売買タイミングが遅くなりがち	シグナルもMACDがもとに作られているため反応が早く、売買シグナルも早く発生する

120円、6日目：125円というように5円ずつ値上がりしていると仮定します。そうしたなかで、単純移動平均線は、（100＋105＋110＋115＋120）÷5＝110円となります。一方、平滑移動平均線は、（100＋105＋110＋115＋120×2）÷6＝111．66円となり、単純移動平均線よりも少し移動平均線が上向きになっているのがわかります。このように、平滑移動平均線の方が、単純移動平均線よりも反応が早くなるのです。また、シグナルもMACDをもとに作られていますから、単純移動平均線を移動平均化したものよりも動きが早く、売買シグナルの発生も早いといえるのです。

ローソク足と平滑移動平均線を一緒に表示しない理由

ここまで解説すると、なぜローソク足と平滑移動平均線を一緒に表示しないのかといった疑問が湧いてくることでしょう。確かにその通りです。平滑移動平均線の動きが速いのなら、ローソク足と一緒に表示すれば、それでよいのではないかと思われるでしょう。もちろん、単純移動平均線ではなく平滑移動平均線を表示しているチャートもあります。ただ、それでは、移動平均線とほぼ同じ見方になってしまい、0ラインを基準としたMACDのシンプルなトレンドの判断や、あとで解説するポジション作りの判断にまで結びつけることができないのです。

MACDの2本線は3本の線からつくられている

では、その疑問を解消すべく、どのようにMACDが作られているかを詳しくみま

5-12 平滑移動平均線（EMA）をつかったMACDの計算方法

実際の計算式
MACD ＝ 12 日 EMA － 26 日 EMA
シグナル ＝ MACD の 9 日 MA（シグナルは 9 日を使う）

株価が上向き（上昇トレンド）の時の 12 日 EMA と 26 日 EMA との位置関係は？
12 日 EMA ＞ 26 日 EMA

株価が下向き（下降トレンド）の時の 12 日 EMA と 26 日 EMA との位置関係は？
12 日 EMA ＜ 26 日 EMA

→ 12 日 EMA － 26 日 EMA がプラスのときは上昇トレンド
→ 12 日 EMA － 26 日 EMA がマイナスのときは下降トレンド

しょう。ここで皆さんに質問です。これまでMACDはMACDとシグナルの2本線から作られていると解説しましたが、そうだとすると、チャートで見たMACDのような表示にはならず、移動平均線の動きに近くなるはずではないでしょうか。賢明な読者の皆さんはもうすでに気づかれているかもしれませんが、実は、この2本線は2本ではなく、3本の線からつくられていたのです！「えっ。どういうこと?」と思った人は、ここからの説明をよく読んでください。

3本線のうち、1本はMACDの移動平均線ですが、このMACDは、12日間の平滑移動平均線と26日の平滑移動平均線の2本線の差分からつくられていたのです。実は、これが0ラインのポイントです。

2本の平滑移動平均線の差分からつくられる

これがジェラルド・アペルの優れた発想といえるところです。たとえば、単純移動平均線でもそうですが、上昇トレンドの定義を思い出してください。上昇トレンドの時、株価が一番上で、その下に短期線、中期線、長期線という順番に並んでいるとしました。また、この順番が上昇トレンドを表すものだとすると、この状態を数値に表すとしたらどのような計算式や値が考えられるでしょうか? そうです。値の大きさを考えると株価 ＞短期線 ＞ 中期線 ＞長期線という順番が上昇トレンドになります。

ただ、この順番をいちいち確認するのは大変ですから、一目でわかるようにこのような結果を導き出すための計算式にして、チャートのように表示したらどうでしょうか。

そこで、上昇トレンドのとき常に短い期間の株価が上にあることから、短期線EMA－中期線EMAという計算式を作り、結果がプラスのときは上昇トレンドを維持していると考え、結果がマイナスのときは下降トレンドになっていると判断できるようにし、それをグラフ化したのがMACDになるのです。このようにして作られたMACDですから、トレンドの判断と売買タイミングの両方を知ることができる優れたチャートといえるのです。

0ラインの上か下でポジションを決めよう

続いて、この0ラインをもとにした売買の判断やポジションの作り方について解説しましょう。MACDとシグナルの2本線が0ラインよりも上にあるときは、上昇トレンドを示唆しているわけですから、そのトレンドに乗ることができるように買いが主体のポジション作りを心掛けます。

したがって、初心者は新規買いのタイミングと考え、中上級者は、新規買いに加え、しっかり利益を確保して資金に余裕があるようであれば、買い株数を増やしたり、買い増したりすることなどがポジション作りの戦略として考えられます。

一方、0ラインよりも上で売りシグナルが発生した場合は、株を保有している場合は欲張らずに利益確定を考えます。また、中上級者は間違っても信用売りはしないように心掛ける必要があります。さらに、0ラインよりも下で買いシグナルが発生した場合ですが、この場合、下降トレンドであることを考えると、様子をみるか、または少額の資金で少し買う（＝打診買い）ことが考えられます。

そのあと、MACDとシグナルが0ラインを越えるようですと、本格的に買ってもいいかもしれませんが、ポ

5-13 MACDを使ったポジションのつくり方

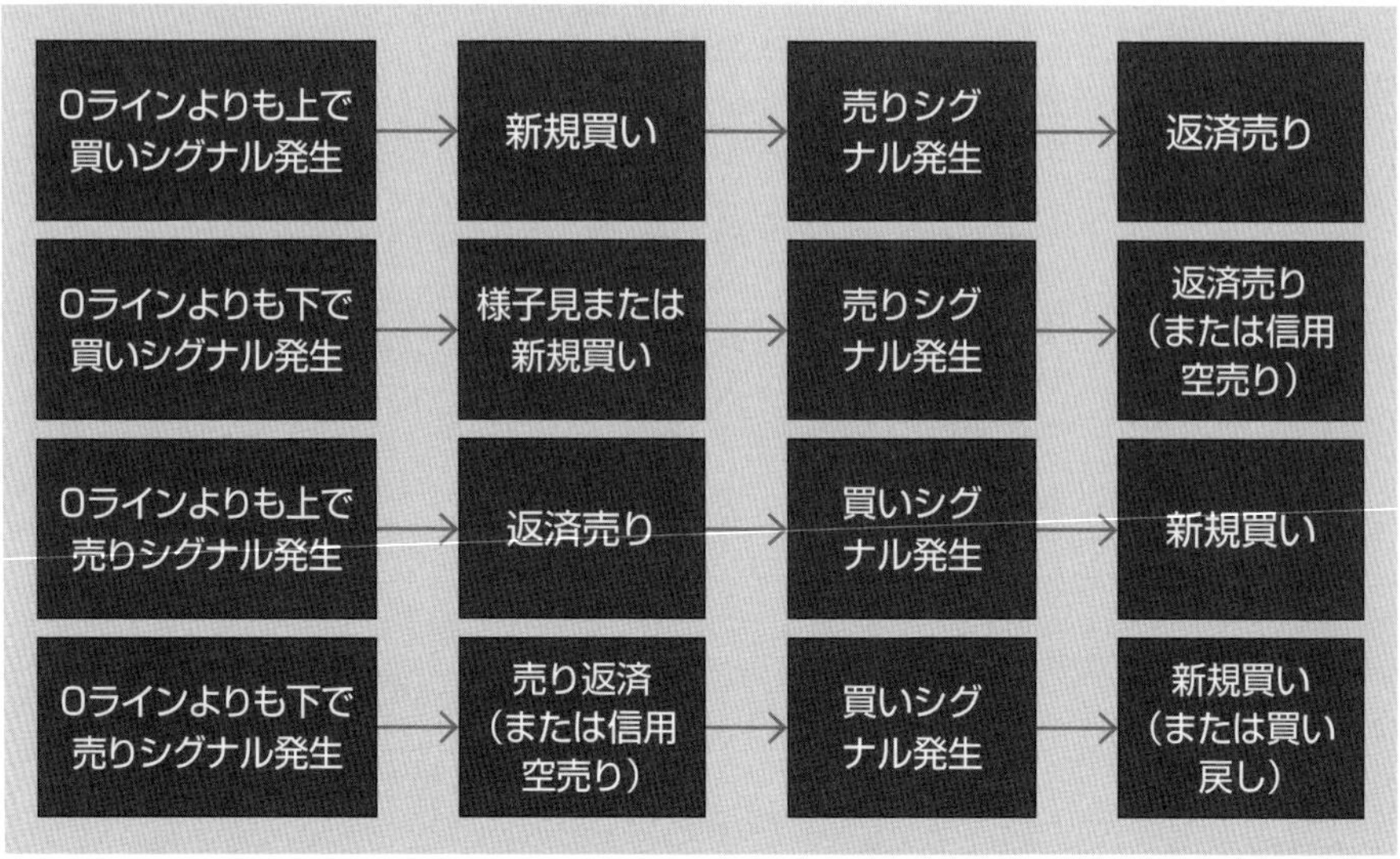

ジションを大きくし過ぎないようにする必要があると同時に、0ラインを越えられなかった場合は、一気に保有株すべてを売る必要がありますので忘れないようにしましょう。

最後に、0ラインよりも下で売りシグナルが発生した場合ですが、株を保有している人は、さらなる下落を回避するために、初心者は返済売り（ロスカット）を行う必要があるでしょう。仮にそのあとすぐに買いシグナルが発生したとしても、0ラインよりも下で発生した買いシグナルはリバウンドで終わるケースもあり、MACDとシグナルが0ラインを越えられなかった場合は、再び下降トレンド入りして損失が拡大することも考えられるので要注意です。一方、中上級者は下降トレンドの売りシグナル発生で、信用売りを行い、下落局面で積極的に売買することなどが考えられます。このようにMACDとシグナルが0ラインよりも上にあるか下にあるかで、取るべき売買戦略も変わってきますので、ぜひ覚えておくようにしてください。

8 MACDの水準に注目しパフォーマンスを向上させよう

コンバージェンスとダイバージェンスの見方は難しくない

最後に、MACDの水準に注目し、MACDの名前にも使われているコンバージェンスやダイバージェンスについて確認しておきましょう。

MACDのクロスにも注意しよう

銘柄はJFEHD（5411）です。

JFEHDは1月16日に75日移動平均線をサポートに反発に転じました。またMACDもクロスして0ラインを上回って上昇トレンド入りしているのがわかります。その後、株価はいったん25日移動平均線を割り込む場面がありましたが、上昇を続け2月26日に高値をつけるまで上昇を続ける結果となりました。

一方、高値をつけたあとは反落となり、緩やかな上昇トレンドを続ける75日移動平均線を下回る場面がありましたが、割り込んだところではMACDがクロスして買いシグナルが発生したあと、再び上昇に転じ、6月4日には3081円の高値をつけています。

この時の高値は2月26日の高値を抜いており、いわゆる新高値となっていますが、MACDを見ますと右肩下がりとなっており、株価とMACDの逆行現象が発生していることから、ダイバージェンスと考えられ、

5-14 ＭＡＣＤのダイバージェンスとコンバージェンス

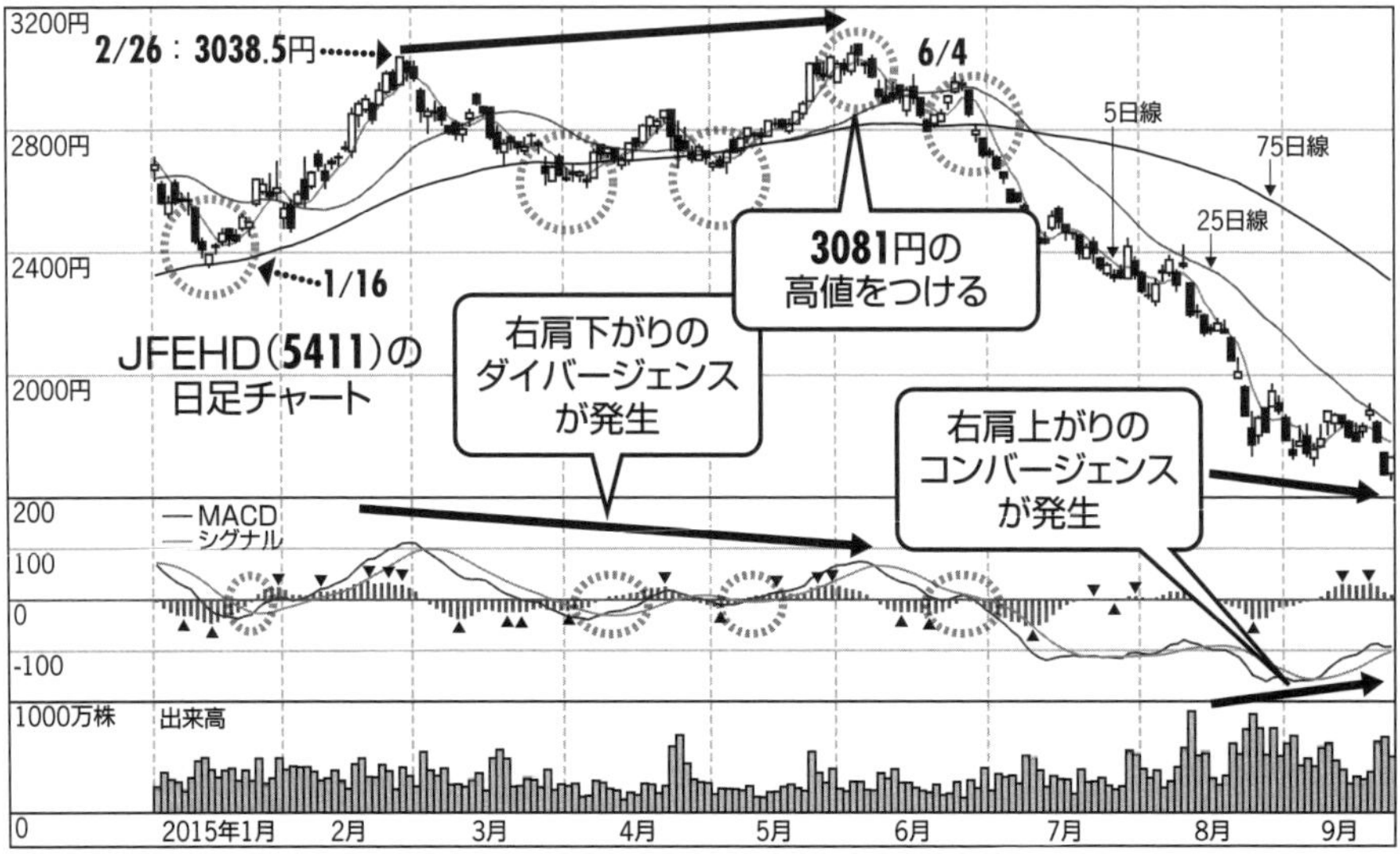

売りのタイミングと判断されます。

ＭＡＣＤをみれば極端な方向に判断しなくて済むようになる

また、ダイバージェンスが発生したあとの株価動向をみてみましょう。

５日移動平均線や25日移動平均線に押し返されて下落基調が続いています。

そんななか、９月７日の安値を更新して９月25日に安値をつけていますが、一方でＭＡＣＤは右肩上がりの逆行現象（コンバージェンス）が発生していったん底入れになるのかが注目されるところです。

このようにＭＡＣＤの水準を確認することで、株価の高値更新や安値更新といった、誰もが強気か弱気かの極端な方向に走りそうなところで、冷静に売買判断を行うことができ、パフォーマンスの向上にも役立つので要注目です。

9

RSIとMACDに共通するポイント

適切なフィッティングをすれば感度がよくなる

さて、RSIやMACDについて詳しく解説したところで、この2つのテクニカル分析チャートに共通するポイントについてまとめます。

176ページのチャートをご覧ください。この2つのテクニカル分析を並べて比較するとわかりますが、MACDはトレンドと売買タイミングの両方を知ることができます。一方で、MACDとシグナルがクロスした売買タイミングをみると、RSIより少し遅れています。実はこのRSIは、フィッティングしてあり、通常の14日を8日に変更したものになります。そのフィッティングの影響もあって、MACDがクロスして売りや買いのタイミングが発生するよりも1日か2日早く売買シグナルの発生が確認できることがわかります。また、同時に株価の動きが鈍く、ほぼ横ばいとなっているところ（四角い枠で囲まれた部分）でも、RSIの期間を調整すると、チャートに示されているように感度のよいRSIを作ることができるというわけです。

誤ったシグナルが発生するケースに要注意

一方でMACDはというと、フィッティングして微調整する余地はあると考えられるものの、トレンドに加え的確に売買シグナルを発生しているのがわかります。ただ、右端の枠で囲まれたところのように、下降ト

5-15 ＲＳＩとＭＡＣＤを並べたチャート図

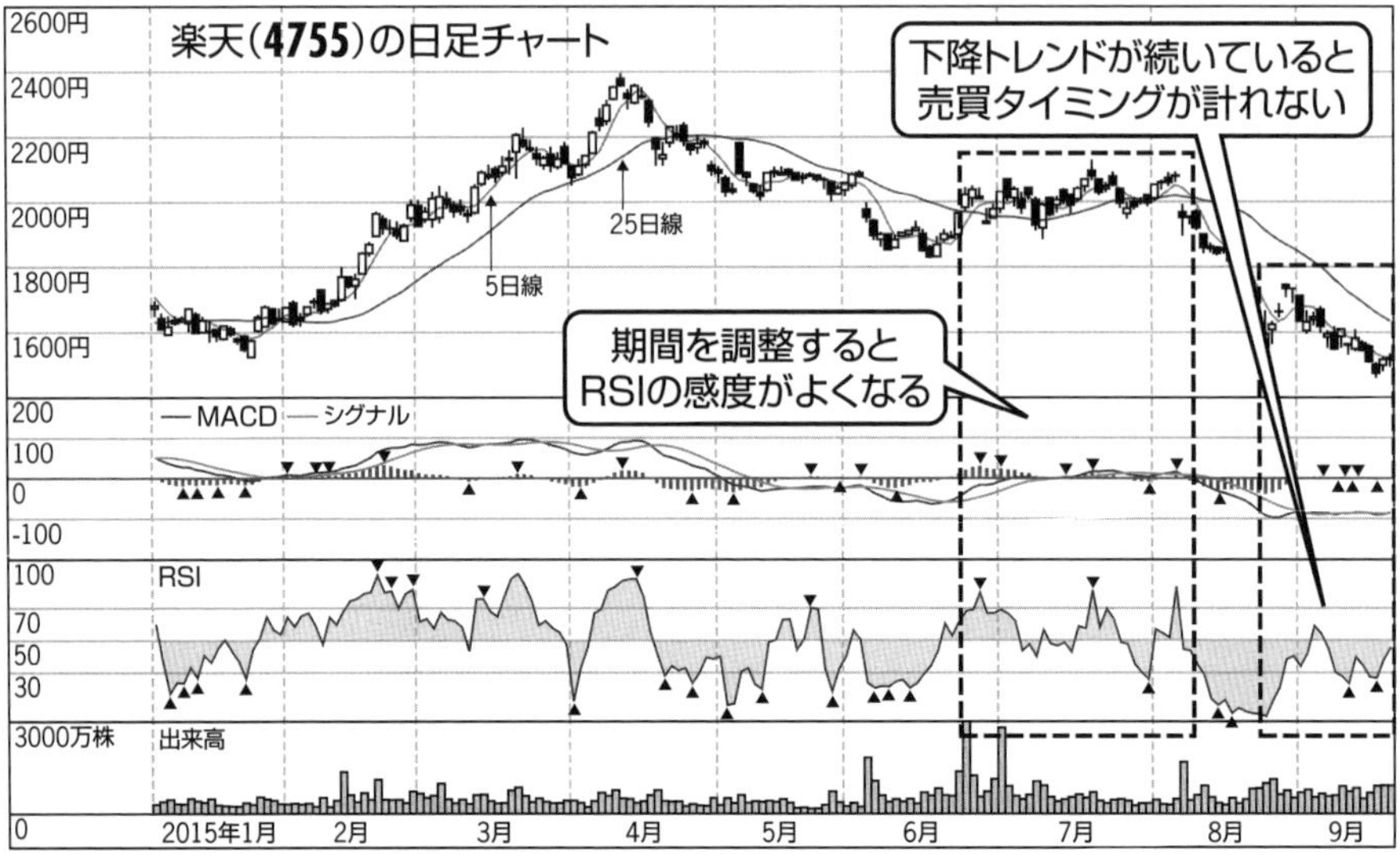

レンドが続いているところでは、０ラインよりも下でＭＡＣＤとシグナルが横ばいで推移しており、売買タイミングを計ることができません。また、フィッティングしたＲＳＩも、このときは30％以下で買いシグナルが頻繁に発生しているものの、誤ったシグナルになっており、買うと失敗してしまうところになっています。このように、ＭＡＣＤと反応が早くなるようフィッティングしたＲＳＩでも、下降トレンドのときには誤ったシグナルを発することがあるので注意してください。

　ちなみに、ＭＡＣＤのフィッティングについてですが、いろいろなことが考えられます。１つは期間を短くすることです。他のテクニカル指標と同様に平滑移動平均線の期間を12日から10日にしたり、26日を20日にしたりなどが考えられます。一方で、ＭＡＣＤとシグナルの差分であるヒストグラムを活用すると、ＭＡＣＤの通常のシグナルより早く売買タイミングを知ることができます。私が考案したアイチャートでは、ヒストグラムに三角印を表示していますが、フィッティングしたＲＳＩとズレがあまりないのがわかります。

10 RSIとMACDを使い分けるポイント

自分の好みや投資スタイルを踏まえて使い分けよう

RSIとMACDはどちらにも利点があるため、どちらを選んで利用するか悩むところですね。

1本線のRSIは銘柄や個別株の値動きによって調整が簡単そうですし、一定のレンジで動くような値動きのときは、デフォルトの14日でも十分機能しそうです。また、値動きが早い銘柄のときや、値動きの幅が比較的小さくトレンドがはっきりしないようなときは、フィッティングで期間を短くするとうまく機能することがわかりました。

一方、MACDは売買タイミングとトレンドの判断が同時に可能なことがほかのテクニカル指標にない利点で、この利点をもとにポジションの作り方や売買戦略を組み立てるのに活用することができました。こうしたことを考えますと、単純に売り買いを楽しみながら行いたい人はRSIを利用する方が向いているといえるかもしれません。

また、楽しみながら売買することに加え、株の売買に慣れてきたところで、信用取引などを活用して中上級者を目指したり、下落相場でも利益を上げたりするなどのポジション管理までを目指したい人は、RSIだけでなく、MACDの見方や使い方をしっかり理解し、実戦で活用できるようにしたいところです。

5-16 RSIとMACDのポイント比較

	RSI	MACD
メリット	単純な売買に向いているフィッティングで調整可	単純な売買に加え、信用取引の活用など戦略的なポジション管理も可能
デメリット	強いトレンドが発生しているとき誤ったシグナルが出る	強いトレンドが発生しているとき誤ったシグナルが出る

トレンド分析から始めて徐々にスキルアップ

もちろん、自分の好みや投資スタイルでどちらのテクニカル指標を選んでもよいと思いますが、誤ったシグナルによる損失の発生を避けるため、トレンド分析やモメンタム分析と一緒に判断する必要があることはいうまでもありませんので、初心者は特にトレンド分析から始めて徐々にスキルアップしていくようにしてください。

MACDの売買タイミングがもっと早くわかる

最後に、私が考案した注意喚起シグナル（特許取得済み）について解説したいと思います。注意喚起シグナルは、MACDの売買シグナルより早く注意を促してくれるものです。

また、下向きの▼が売りのタイミングで、上向きの▲が買いのタイミングになります。さらに、各シグナルが出てから、翌営業日以降を売買タイミングとしているので、初心者でも確認しながらタイミングが計ることができます。161ページなどで紹介しているので、参照してみてください。

練 習 問 題

問題 01 RSI の説明で間違っているのはどれですか？

1 買われ過ぎや売られ過ぎがわかる
2 買われ過ぎの水準は 70%以上である
3 RSI の中間水準は 0（ゼロ）ライン

問題 02 MACD の説明で間違っているのはどれですか？

1 トレンドはわからない
2 売買タイミングがわかる
3 2 本線がクロスしたところが売買シグナルである

問題 03 RSI で一般的に使われている期間はどれですか？

1 8 日
2 14 日
3 25 日

問題 04 MACD で売買シグナルがはっきり表れない局面はどのようなときですか？

1 大きなトレンドが発生しているとき
2 小さなトレンドが発生しているとき
3 もみ合いで方向感がないとき

解答文

問題 01

答え 3 | RSIの中間水準は0（ゼロ）ライン

RSIの中間水準は50%ラインです。50%ラインを売買判断に活用することができます。詳細は150ページを参照してください。

問題 02

答え 1 | トレンドはわからない

0ラインを基準に0よりも上に位置しているときは上昇トレンド、下に位置しているときは下降トレンドを示しています。詳細は165ページを参照してください。

問題 03

答え 2 | 14日

14日を使うのが一般的。期間を変更してフィッティングすることが可能。短くすると反応が早くなるが、長くすると遅くなるため調整が必要です。

問題 04

答え 3 | もみ合いで方向感がないとき

もみ合いで方向感がないとき、MACDとシグナルが横ばいになったり、売買シグナルが頻繁に出たりして機能しなくなることがあります。

第6章

フォーメーション分析をマスターしよう（株価の天井や底）

01

株価の天井や安値で現れる特徴的な形を覚えよう！

フォーメーション分析は初級者から中・上級者まで使える

ここからは株価特有の形から、天井（＝高値）や底（＝安値）をみつける分析方法について解説したいと思います。

株価は天井や底をつけるとき、独特の形を作ることがよくあります。また、その形には一定のパターンがあることも知られており、そのパターンを体系化してまとめたものがフォーメーション分析と呼ばれるものです。フォーメーション分析はいたって簡単です。初心者から中・上級者まで誰でもチャートの形から分析できる手法ですが、まずはその形を覚えることが重要になります。またその形とは、大きく分けると3つに分類できます。1つは、「天井圏で発生する形」、2つ目は「安値圏で発生する形」、3つ目は「株価の方向がはっきりしないときにできる形」です。

底の形は天井の形を上下逆さまにしたものが多い

では簡単にそれぞれの特徴を説明します。天井をつける際の形ですが、最もわかりやすいのは上向きに尖った形のものになります。それが、1つだったり、2つだったり、3つだったりします。また尖った形とは逆に、ひっくり返したお皿の断面図のようになだらかな形をしたものがあります。さらには台形型をひっくり返した形なども天井を形成するときに現れやすい形になります。

一方、底をつけるときの形は、天井をつけるときの形を上下逆さまにしたものをイメージしてください。

3つ目の方向が定まらないときの形ですが、株価が一定の範囲内で行ったり来たりを繰り返すイメージのものになりますが、それが、三角形型だったり、四角い形だったり、といったものになります。

そもそも、これらの形は投資家の心理状態を表しています。V字型のものは一気に強気に傾いたあと、弱気に傾くといった、熱しやすくて冷めやすい投資家心理を示しています。また、山が2つや3つのものは、投資家の強気、弱気の心の揺れを表しています。さらに保ち合いのフォーメーションは、投資家が迷った結果、強気と弱気の対立が起きていると考えられます。保ち合いを脱したときは、ほとんどの投資家が同じ方向に向かう、いわゆる群集心理が働いている状態になっていると言い換えられるでしょう。

6-01 フォーメーションの主な形のイメージ図

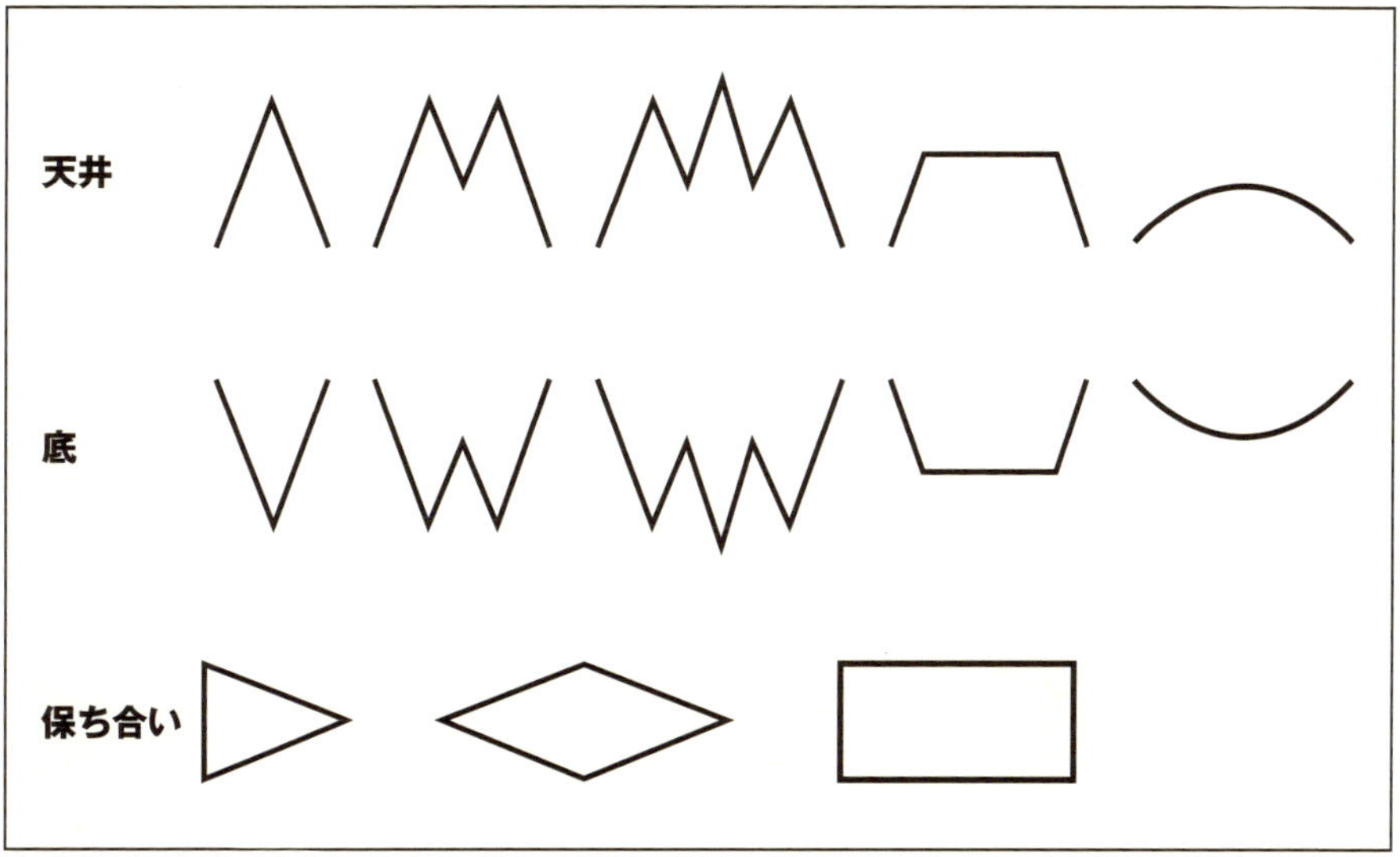

02 フォーメーション分析に欠かせない2つのポイント

前提になるのはトレンドラインがしっかり引けること

それでは株価の天井を表す形をみていきますが、186ページ以降で解説する、天井圏を形成するときに現れる形は、ローソク足の組み合わせで解説したように、1日や数日で完成するものではありません。長いものでは完成するのに1カ月以上かかるものもあります。そのため、形そのものを覚えることも重要ですが、形が作られる過程を頭に入れておくことがもっと重要になります。なぜなら、天井が形成される過程をわかっていれば、その途中でポジションを減らしたり、増やしたりといった対応策を考えることができるからです。

フォーメーション分析は結果論で片付けられない

一般的に株価が天井をつけて下降トレンドが始まってから、フォーメーションが完成したことに気がつく人がほとんどで、フォーメーションが形成されている途中に気づく人はほとんどいません。そのため、結果論と片づけられることが多いのですが、プロのテクニカルアナリストやテクニカル分析を活用し売買判断を行っている人は、「事前にこの高値（または安値）を抜いたら、この形になるため、こう売買する」と、決めています。

フォーメーションを判断するためのポイント
①ローソク足の高値と安値に注目する ②売買高の極端な増減に注目する

トレンドラインの引き方
①高値と高値を結ぶ ②安値と安値を結ぶ

その他の線の引き方
ローソク足に沿って線を引く

また、フォーメーション分析を間違いなく行うためには、トレンドラインの引き方が重要になります。そのため、トレンドラインの引き方に自信のない人は、第3章に戻ってトレンドラインの引き方をしっかりマスターしてからフォーメーション分析に戻ってきてください。

株価の高値・安値と売買高に注目しよう

話はフォーメーション分析に戻りますが、分析を行うときに必ずみてほしいポイントが2つあります。

1つは株価の高値と安値です。株価の高値と安値には意味があると考えられます。なぜなら、高値はそれ以上高くなると誰も買わない水準であり、逆に安値は、それ以上安くなると誰も売らない水準だからです。誰も買わない、売らない水準である、高値と安値がどのように形作られているかが、フォーメーションを決定する重要なポイントになりますので、ぜひ注目するようにしてください。

2つ目は売買高です。売買高は、多いか少ないかを判断します。毎日同じ売買高ということはほとんどありませんが、「突出して多い」とか「突出して少ない」といった現象に注目します。

03

V字トップ 日足チャートでは急上昇の後の急落に注意

焦って買うと高値づかみをしてしまうケースも

天井をつける形のなかで、最も注意が必要なV字トップから解説します。

V字トップはその名の通り、アルファベットのV字を逆にした形で株価の天井を形成するフォーメーションです。

V字トップの兆しを見つけたら特に注意が必要です。なぜなら、このV字トップは、天井を形成する時間が一瞬だからです。また、天井をつけるときに急上昇すると、その翌営業日や、当日に上昇して始まったところから急落して値を消したりして、急反転するため逃げ遅れてしまうことになるパターンになります。

V字トップに巻き込まれないポイント

上昇するときも急上昇しますが、売買高を伴って上昇することが多いため、このまま上昇がまだまだ続くのではないかと考えてしまいがちになります。

また、上昇のスピードが速いことも特徴で、このスピードの速さが、早く飛び乗らなければといった心理に働き、高値をつかんでしまうことになります。その後、上昇の勢いが弱まると、買いが多かった分、一気に買いの逆である売りの動きが加速します。また、同時に買い注文が減少し、急落へとつながっていくことにな

6-03 V字トップが4カ所ある三菱自動車（7211）の日足チャート

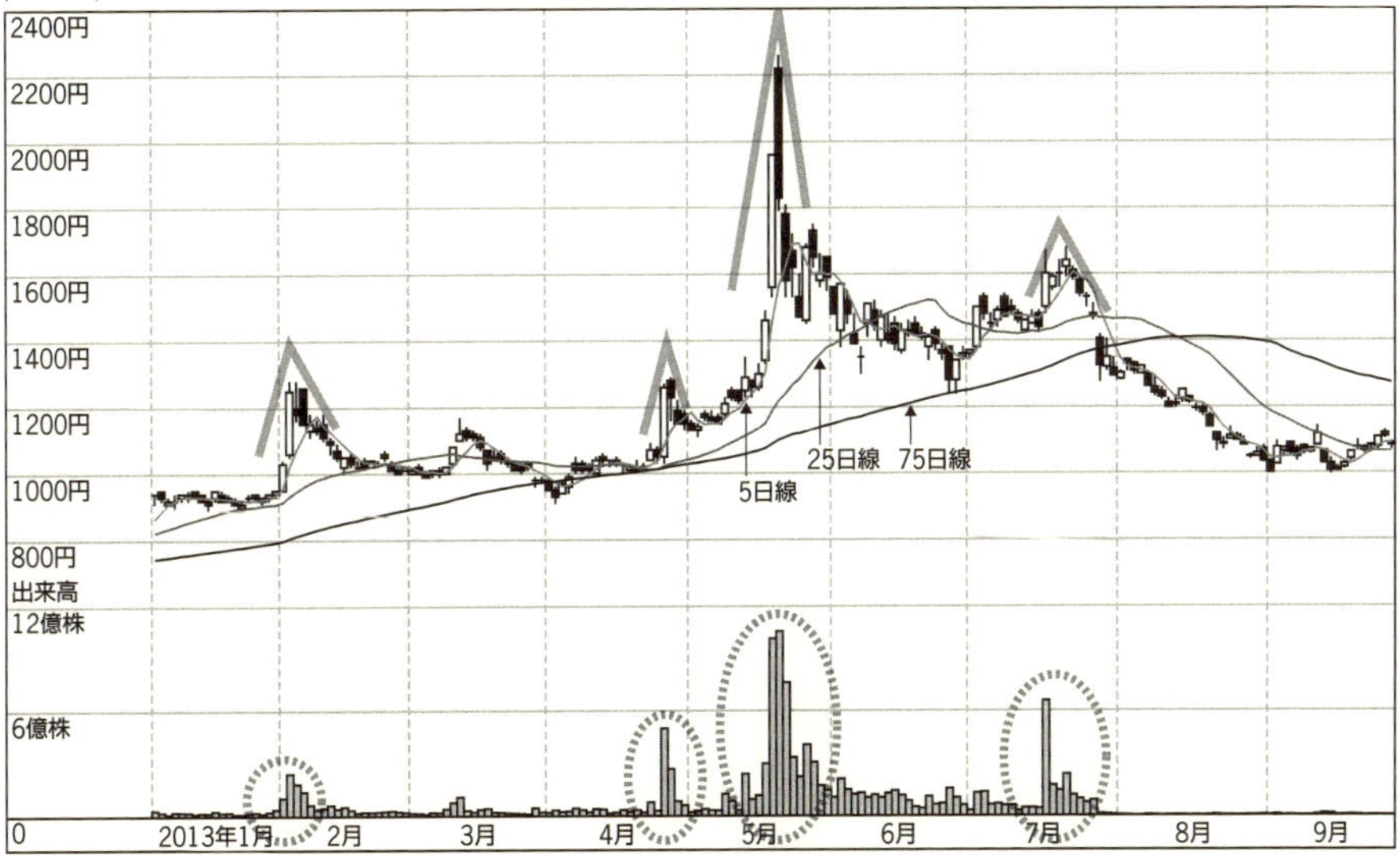

るのです。

実際のチャートをみてください。これは三菱自動車（7211）ですが、極端に尖った形をしているところが4カ所あります。通常株価は上下に動きますが、このように極端に尖ったようになることはほとんどありません。これは急上昇、急落の典型的なパターンです。

そこで、このV時トップに巻き込まれないようにするためのポイントを説明します。

チャートで示した4つのパターンはすべてそうですが、前営業日の終値を割り込むと、伸び悩んで急落しているのがわかります。上昇した当日にその日の高値で終えても、翌日以降に一度でもマイナスになるようなケースでは、含み損があっても売って損失を確定させる必要がありますので注意するようにしましょう。

また売買高では、高値をつけた日がピークになる場合もあるので警戒が必要です。

04

ダブルトップ日足チャートに現れる3つの特徴

ネックラインとリターンムーブの形を覚えよう

尖った部分が2カ所になる、ダブルトップのフォーメーションについて解説します。こちらも日足で解説します。先ほどのV字トップは高値が1つでしたが、ダブルトップは高値が2つあるフォーメーションになります。このダブルトップフォーメーションは、株価の高値と高値の位置に加え、売買高でもいくつかの特徴があります。

まず、高値の特徴についてです。2つ高値がありますが、ダブルトップと呼ぶ場合、1つ目の高値ができたあと、2つ目の高値が1つ目の高値を越えられずに反落するケースをいいます。

売買高が最も多くなるのは…

売買高にも注目が必要です。1つ目の高値をつけたときに、売買高が最も多くなるとされるのがその特徴です。ミクシィ（2121）のチャートでは、1つ目の高値をつけるときに売買高が増加し、2つ目の高値をつけるとき、1つ目の高値を越えられないばかりか、売買高も減少しているのがわかります。これは、買い上がるエネルギーが減少していることを示していることになります。

3つ目の特徴ですが、1つ目の高値と2つ目の高値の間にある谷の部分（ネックラインと呼びます）を割

6-04 リターンムーブとネックラインの形

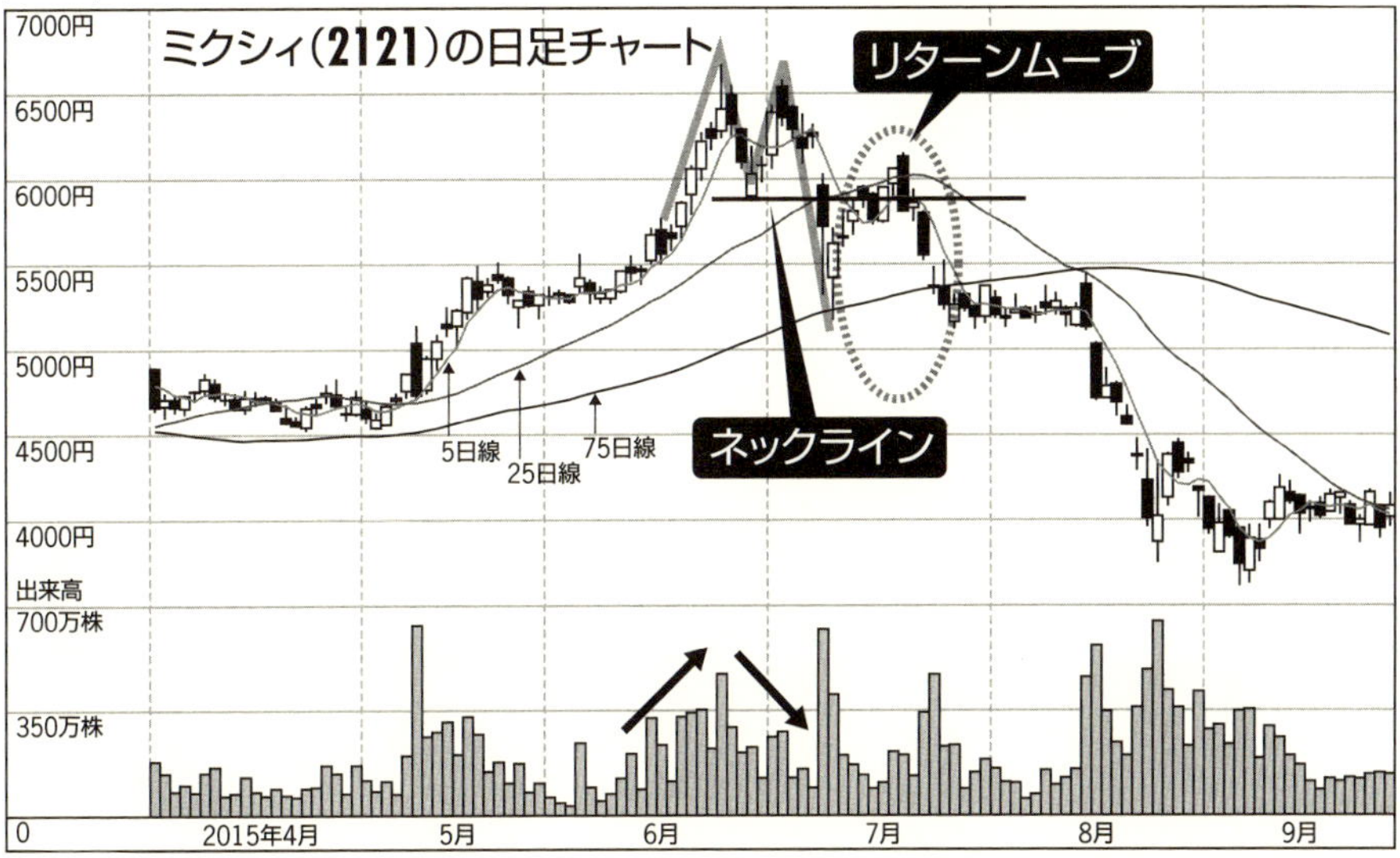

り込んだらダブルトップの完成になります。ミクシィは、ネックラインを割り込んで75日移動平均線まで下落しているのがわかりますね。ただ、その後いったん反発してネックラインを上回ったあと再び反落に向かい、その後、株価は下落基調となりました。

リターンムーブでは買ってはいけない

このようにネックラインを割り込んだあとに株価が戻すことをリターンムーブ（＝揺り戻し）と呼び、戻しきれなかったところが売りのポイントになりますので、ここでは決して買ってはいけないポイントになります。

また、実践的な売買タイミングを考えた場合、2つ目の高値をつけたあとに保有株を減らすことがまず重要で、ネックラインを割り込んだらすべて売る必要があるといえます。また、売りそびれた場合でも、リターンムーブが起こったあと、再びネックラインを割り込んだところでは売り切るのがセオリーと考えておく必要があります。

05

トリプルトップ①日足チャートで見分ける方法

ネックラインの引き方に注意しよう

続いては、トリプルトップについて解説します。

トリプルトップとは、ダブルトップにもう1つ高値が加わったものになりますが、特徴的な点は、真ん中の高値が最も高いことです。

ダブルトップと違い、真ん中の高値がほかの高値よりも低い場合、厳密にはトリプルトップとはいいません。株価の高値圏で発生した場合、その後の下落基調が鮮明になることが経験則で知られています。また、売買高についても、1つ目の高値か2つ目の高値を形成するところで最も増加し、3つ目の高値を形成するときには減少するといった、ダブルトップと同様の特徴があります。さらに、トリプルトップが完成するためには、ダブルトップ同様にネックラインを下回る必要があります。

売りそびれた場合はこう対処する

ダブルトップのネックラインは高値と高値の間の安値の水平線でしたが、トリプルトップは3つの高値と高値の間の安値と安値を結んだ線になります。

そのため、きれいな水平線にならないことがしばしばあるほか、長い下ヒゲが出てしまったときなどのネッ

6-05 住友金属鉱山（５７１３）の日足チャートとトリプルトップ

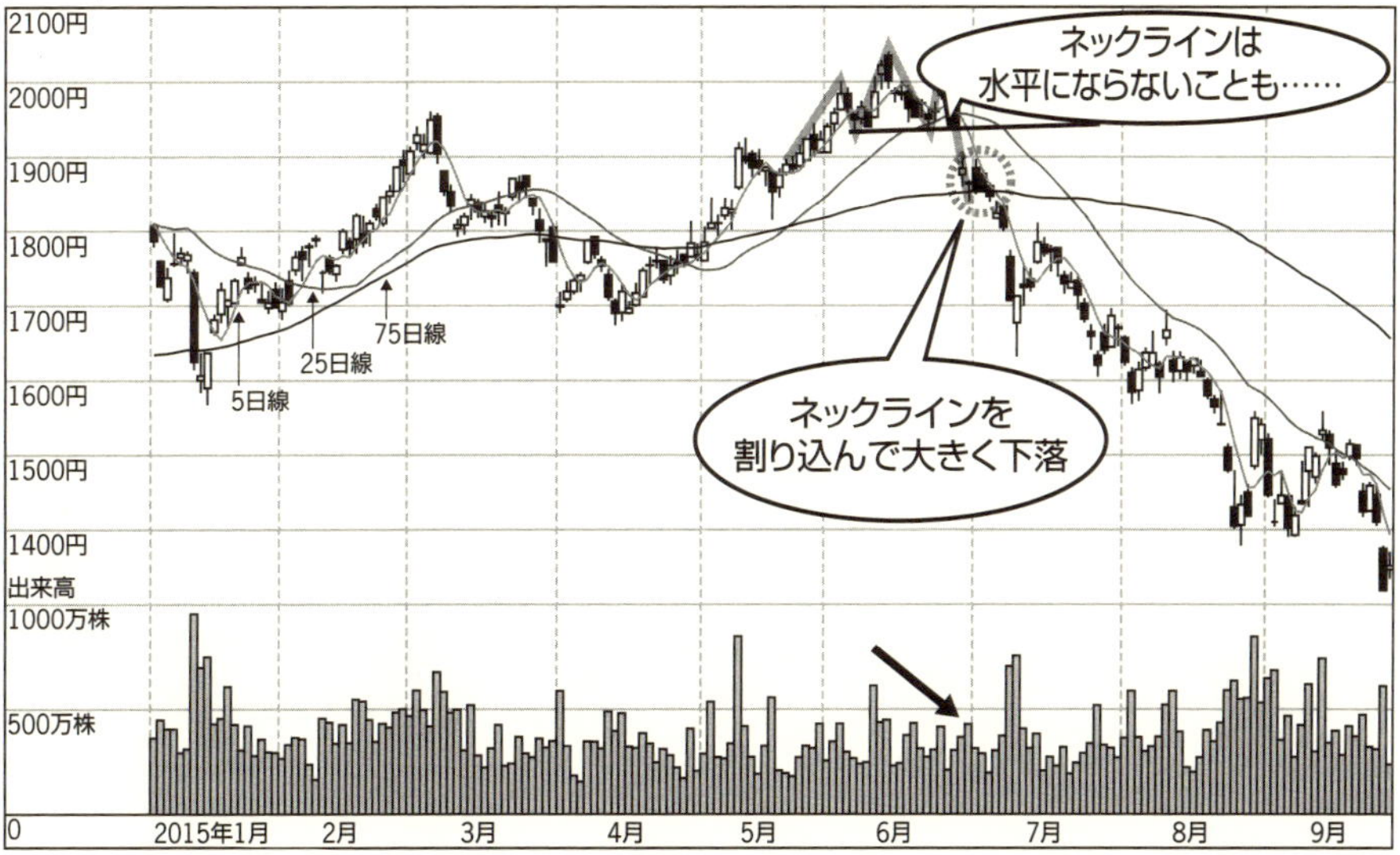

クラインの引き方に苦労することがあります。住友金属鉱山（５７１３）は、６月12日につけた２０４０円が最も価格が高いことに加え、左右に高値があり、トリプルトップの条件を満たしているのがわかります。また、ネックラインもほぼ水平線でわかりやすく、このネックラインを下回ったところから、株価は大きく下落しており、高値圏で発生したトリプルトップで売りそびれてしまうと、損失が拡大してしまうことが一目瞭然です。

海外と日本で呼び名が違う

ただこの銘柄の場合、リターンムーブが小さく、売りそびれたあとの逃げ場がないため、いったん下げ止まったところを再び割り込んだ時には損失確定の売りを出す必要があるといえそうです。

またトリプルトップを海外では別名、ヘッドアンドショルダーズトップと呼んだり、日本では、三尊天井などと呼んだりします。三尊とは、阿弥陀三尊の配置に似ていることからこう呼ばれるようになったとされています。

06

トリプルトップ②
RIETで活用してキャピタルゲインを狙おう

RIETは大丈夫…という油断が損失拡大を招く

リート（RIET）は高配当利回りがあるから、価格変動リスクについてはあまり考える必要がないとか、大丈夫だと考えている人がいたら、買った価格にもよりますが、注意が必要かもしれません。実はリートにもトリプルトップが発生して下落している銘柄があるのです。

ネックラインを下回って下落が加速

銘柄はケネディクス商業リート投資法人（3453）です。この銘柄は日頃の取引量が少ないため、売買高の特徴は現れていませんが、価格の動きからみたトリプルトップの条件を満たして、30％近く下落しているのがわかります。

実際に確認してみましょう。ケネディクス商業リート投資法人は、4月13日に1つ目の高値をつけたあと、例によって反落しますが、25日移動平均線がサポートになって反騰に転じ、2つ目の高値を形成します。続いて反落したところで、4月28日の25日移動平均線がサポートになった水準で下げ止まり、3つ目の高値をつけに行きました。

ただその3つの高値をつけるとき、2つ目の高値には近づくことができずに力なく反落に転じると、ネッ

6-06 ケネディクス商業リート投資法人（３４５３）の日足チャートとトリプルトップ

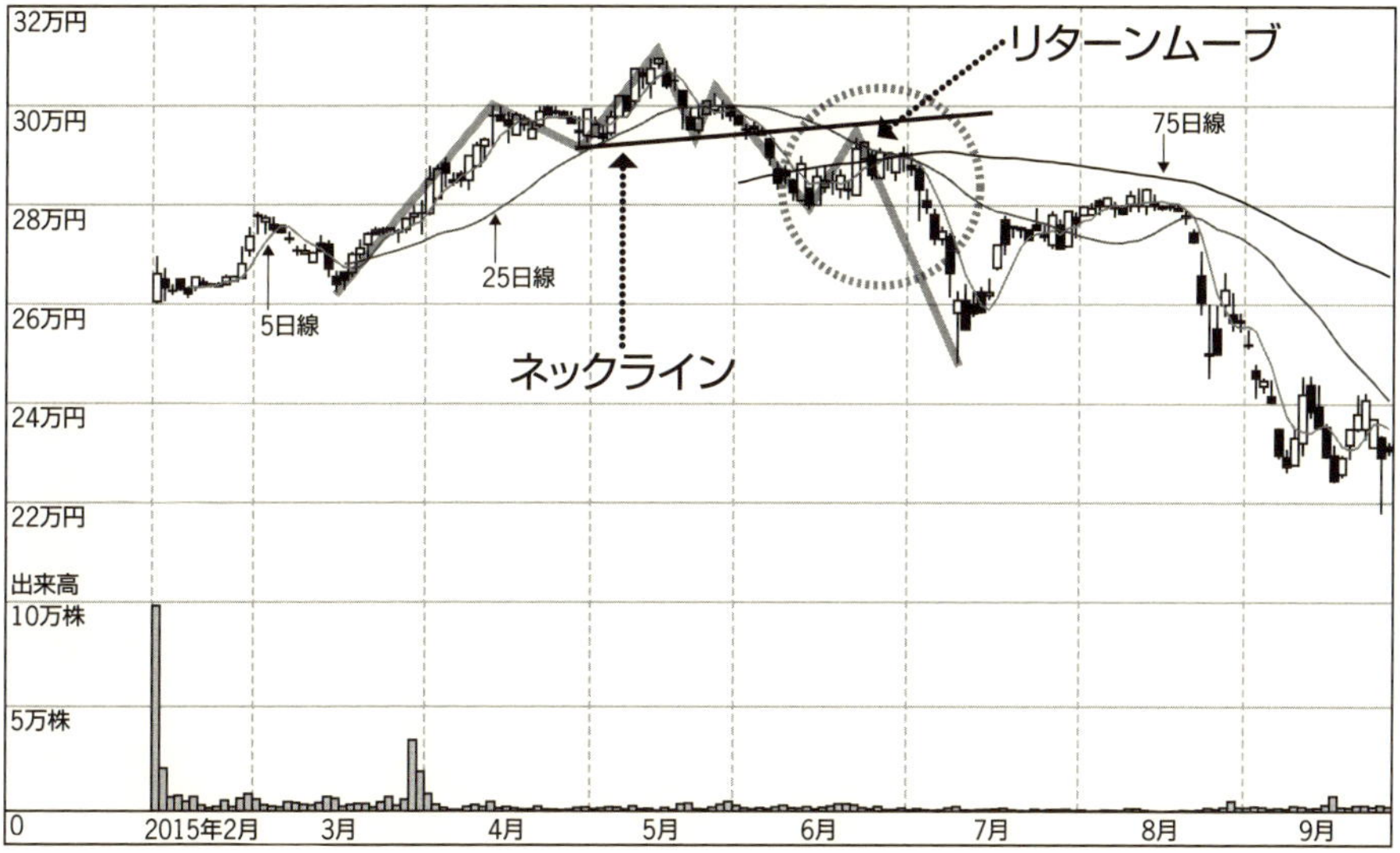

クラインを下回って下落が加速する結果となっているのがわかります。

ほったらかしは最も危険！

一般的にリートは利回りで買われるものとされていて、価格は安定的だと考えている人が多いかもしれません。

しかし、こうした銘柄でもトリプルトップを形成したあと値下がりしていることがここに証明されたことになり、保有している人はほったらかしにせず、価格の推移をチェックする必要があるかもしれません。

リートでも、高いところで売って、安いところで再び買えれば、キャピタルゲインが増えることに加え、利回りもアップし、一石二鳥になります。中長期投資という名のほったらかし投資が最も危険、最も損失が拡大しやすい投資になりますので、注意するようにしてください。

07

もみ合いに気づくのがキモのソーサートップ

「気がついたらプラットホームを割り込んでいた…」は避けよう

次に解説するのはソーサートップです。ソーサーとは、コーヒーカップなどの受け皿のことをいいますが、その受け皿をひっくり返した断面図に似た形をしていることから、ソーサートップと呼ばれます。天井を形成するときに現れるフォーメーションです。

プラットホームをみつけよう

それではチャートをみてみましょう。銘柄は久光製薬（4530）です。このソーサートップの特徴は、株価がなだらかな山を作るところにあります。また、そのなだらかな山を作ったあと、株価がもみ合うところをプラットホームと呼び、株価がそのプラットホームの下限を下回ったところで、ソーサートップが完成することになります。

この久光製薬を見ると、1月末から2月末にかけては5日移動平均線に沿った上昇を続けていましたが、3月5日と6日に長い陽線が2本できたところからジグザグを繰り返し、5月末あたりから緩やかな下降トレンドに転じており、教科書通りのなだらかな山を形成しているのがわかります。そのあと、7月中旬ごろには4400円前半から4600円前後までの値動きで上下に変動したあと、4400円を割り込みソーサートッ

6-07 久光製薬（4530）の日足チャートとソーサートップ

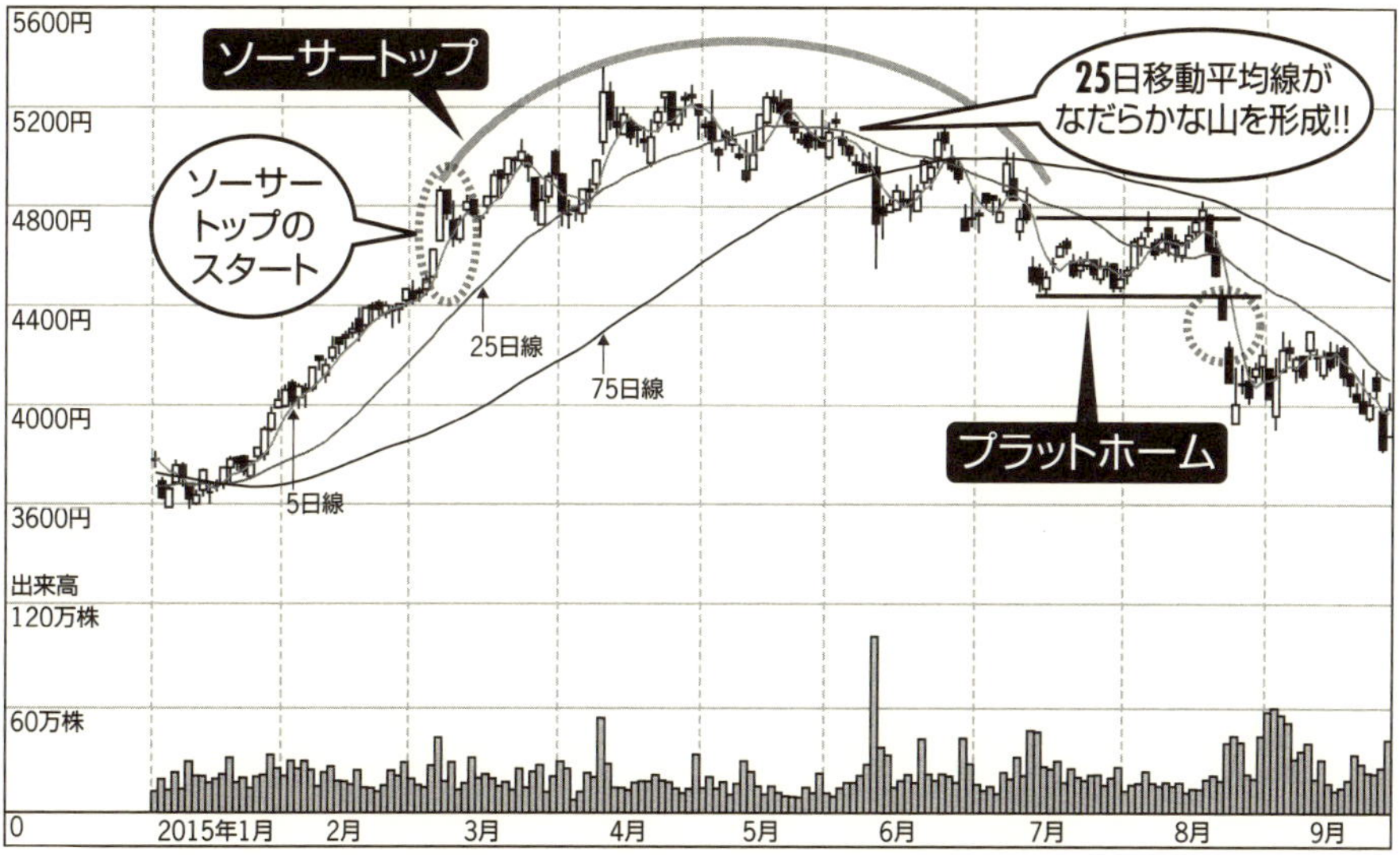

プが完成する結果になりました。

ただ、このようにジグザグしながら高値を形成するところや、プラットホームと呼ばれるもみ合いに気づくのには慣れが必要になるかもしれません。

初心者は25日移動平均線に着目しよう

そこで初心者でも見つけられるようになる簡単なポイントについて解説します。それは25日移動平均線の形です。株価はジグザグしていますが、久光製薬の25日移動平均線をみると、なだらかな山を作っているのがわかると思います。特に初心者に注目してほしいのは、ジグザグを繰り返すなかでなだらかに上昇していた25日移動平均線が下向きに変わると同時に、株価が25日移動平均線を下回るところです。このあたりから下降トレンドへの転換が始まりますが、緩やかな下落のため下げに気づかず、気づいたときにはプラットホームを割り込んだあと、と言うことになりかねませんので注意してください。

08
ラインントップ見分けるポイントは移動平均線

何らかの理由で株価が動かないときに現れる

いよいよ天井をつけるときに現れるフォーメーションも最後になります。これはライントップと呼ばれるものです。ライントップとは、その名の通り、ライン（＝線）のかたちをした天井を形成するパターンです。厳密には、株価が1円も変わらず横ばいで推移することは、企業買収などのM&Aなどの買い取り価格に張り付いたときを除いてほとんどありません。ただ、株価が何かの理由で、動かずにいることはしばしばみられます。

たとえば、一度大きく売買高が膨らんだあとに、様子見ムードが広がり、薄商いになってしまって横ばいで推移するケースなどです。

そこでライントップのイメージに近い形をしたのが、東京ラヂエーター（7235）です。東京ラヂエーターは東証2部の銘柄で、日頃の売買はあまり多くありません。ただ、日頃静かな値動きをする銘柄は一旦取引量が増加すると、その動きに乗じて売買しようとする投資家があらわれ、売買高が膨らむことになります。また、売買高が膨らんだあと値動きが落ち着くと、それまでの値動きが嘘のように静かになるのですが、上昇が見込めないとなって一定の水準を下回ると、一気に売りが出るといった形になります。そのため、台形に近い形のイメージになるのではないかと思います。

6-08 東京ラヂエーター（7235）の日足チャートとライントップ

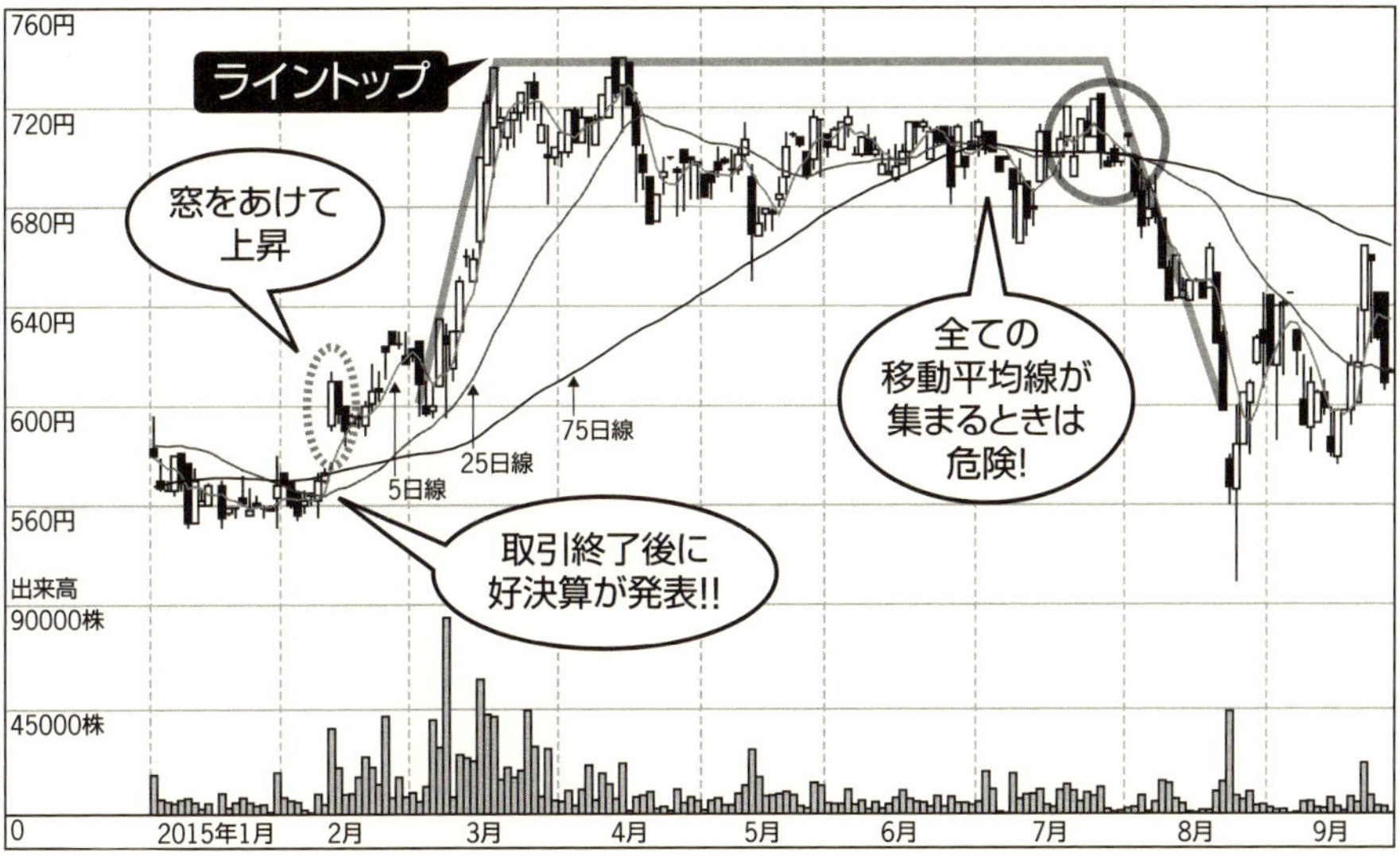

決算を受けて売買高が膨らんだのがきっかけ

この東京ラヂエーターも、1月の初めは取引量が少ないため、株価もあまり動きが見られませんでしたが、2月10日の取引終了後に発表された決算が好感され、翌営業日は窓をあけて上昇すると、その後は売買高も膨らみ人気化することになりました。また、3月18日まで長い陽線が並んでいるのがわかります。その後は、高値圏を横ばいで推移したあと、8月4日から右肩下がりで下落しています。

これでライントップが完成ですが、下落を見分けるポイントがあります。

それは、丸で囲まれたところの移動平均線です。ここでは5日から75日までの移動平均線が全て並んでいるのがわかります。これがライントップの特徴です。このような形になって、株価が下げ始めた時には全ての移動平均線が下向きに変化することになるため注意が必要なのです。

09

底値を形成するときにできるV字ボトム

安値をつけるのは一瞬でしかないので要注意

続いては底値をつけるときに現れる形について解説します。底をつけるときの形は、これまで解説した高値をつけるときの形を上下逆さまにしたものと考えてもらえれば大丈夫です。ただ、売買高の増減などのポイントは、少し異なりますので注意してください。

日頃売買高が少ない銘柄はローソク足のヒゲが長くなりやすい

それでは実際にみてみましょう。銘柄はSOLHD（6636）です。この銘柄はジャスダック市場に上場しており、日頃はそれほど売買高が多い銘柄ではありません。また、この銘柄の特徴として、上ヒゲや下ヒゲの長いローソク足が多くみられます。なぜこうした上ヒゲや下ヒゲが発生しやすいのかというと、投資家からの指値注文の数量が少ないため、まとまった買い注文や売り注文が流れてくると、その分すぐに価格が動いてしまうことになるからです。

次に上ヒゲや下ヒゲを形成しているときの売買高をみてください。上ヒゲが極端に長いときや下ヒゲが極端に長いときほど、売買高が膨らんでいるのがわかります。このようにヒゲが上や下に伸びるときは、それだけまとまった買い注文や売り注文が流れていることになるわけですが、こうした動きは一過性であることが多

6-09 SOLHD（6636）の日足チャートとV字ボトム

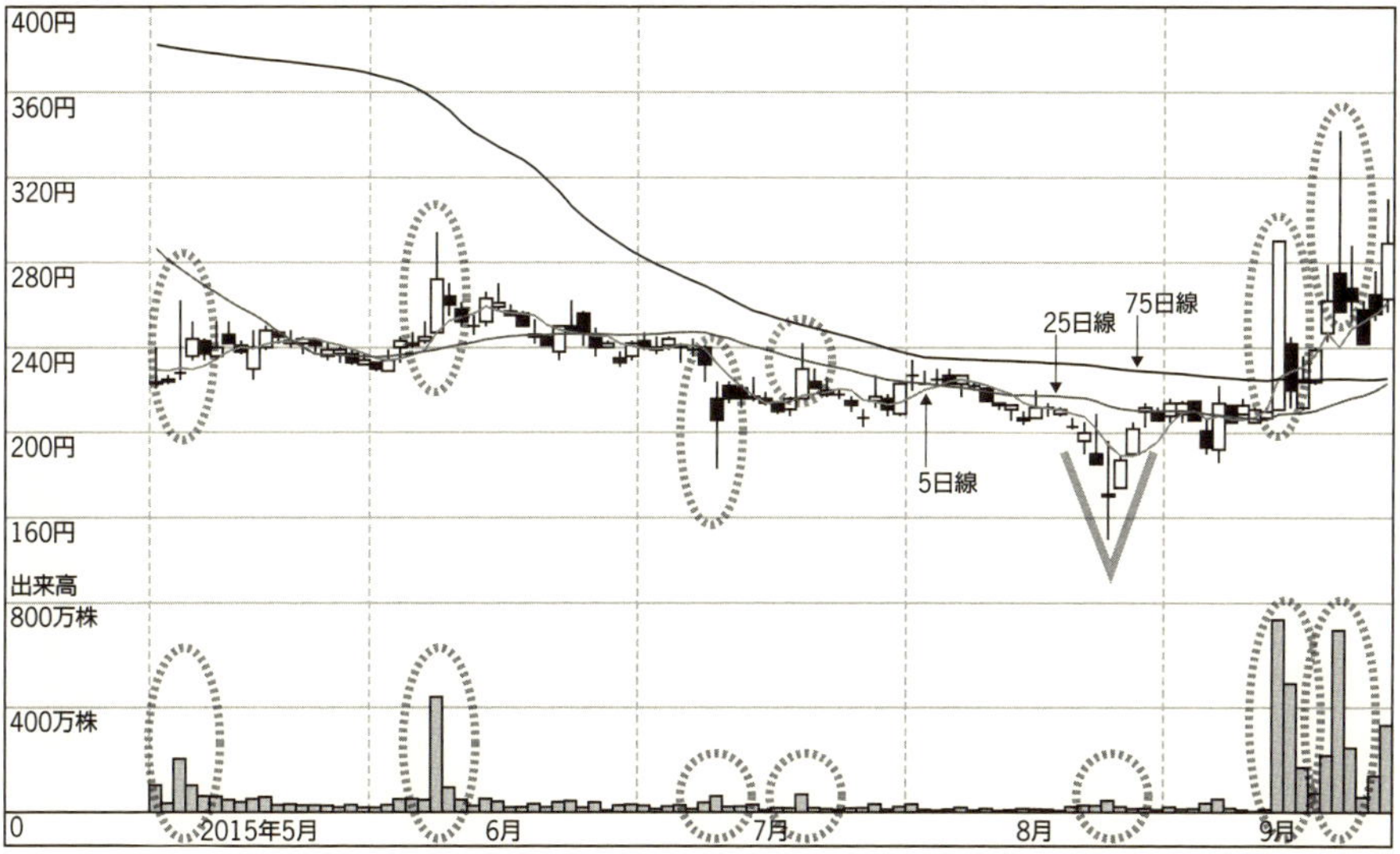

いため、いったん買い注文がなくなるとV字トップを形成して下落したり、今回のテーマであるV字ボトムを形成したりすることがあるのです。

底値で買えたと思ったら実はV字ボトムではない？

そこで底入れのパターンとなる、V字ボトムをつけた8月25日をみてみましょう。この日は十字足を形成していますが、その数日前から徐々に値下がりして8月25日に上ヒゲと下ヒゲの長い十字足が出来上がったあと、翌営業日から反発に転じてその後は上昇トレンドを回復する結果になっているのがわかります。このようにV字ボトムが完成するためのポイントは、安値をつけた翌日以降株価が上昇基調を続けることになります。また、V字トップでも解説しましたが、高値が一瞬だったように、安値も短い時間しかありません。

そのため、V字ボトムの底値で買うことは難しく、逆に買えた場合はV字ボトムではない可能性がありますので注意してください。

10 底入れの時期に注意したいダブルボトム

底割れに巻き込まれるのを回避しよう

代表的なフォーメーション分析の事例をたくさんみてきましたので、みなさんもいろいろイメージが湧いてきているのではないかと思いますが、今度はダブルボトムについてです。ダブルボトムはダブルトップを上下逆さまにした形ですが、ダブルトップのときとは異なる特徴があります。

まずは株価の水準です。底入れの形を形成するときは、週足などの長い期間を表示して、安値圏で形成されることが重要です。また、売買高の増減にも特徴があるのです。ダブルボトムを形成するときは、ダブルトップとは逆に1つ目の安値をつけたときよりも、2つ目の安値をつけたときの方が、売買高が徐々に膨らみ、安値と安値の間の山に当たるネックラインを上回るときに特に増加するのが一般的です。

また、その他の価格の特徴としては、2つ目の安値が1つ目の安値を割り込まないことも考慮する必要があります。なぜなら、そのままさらに下落する可能性を含んでいるからです。2つ目の安値が1つ目の安値を下回っても、底入れするパターンはもちろんありますが、初心者は厳密に、2つ目の安値が1つ目の安値を割り込まないことを守っていれば、少なくとも底割れすることに巻き込まれることが回避されます。

6-10 エムケイシステム（３９１０）の日足チャートとダブルボトム

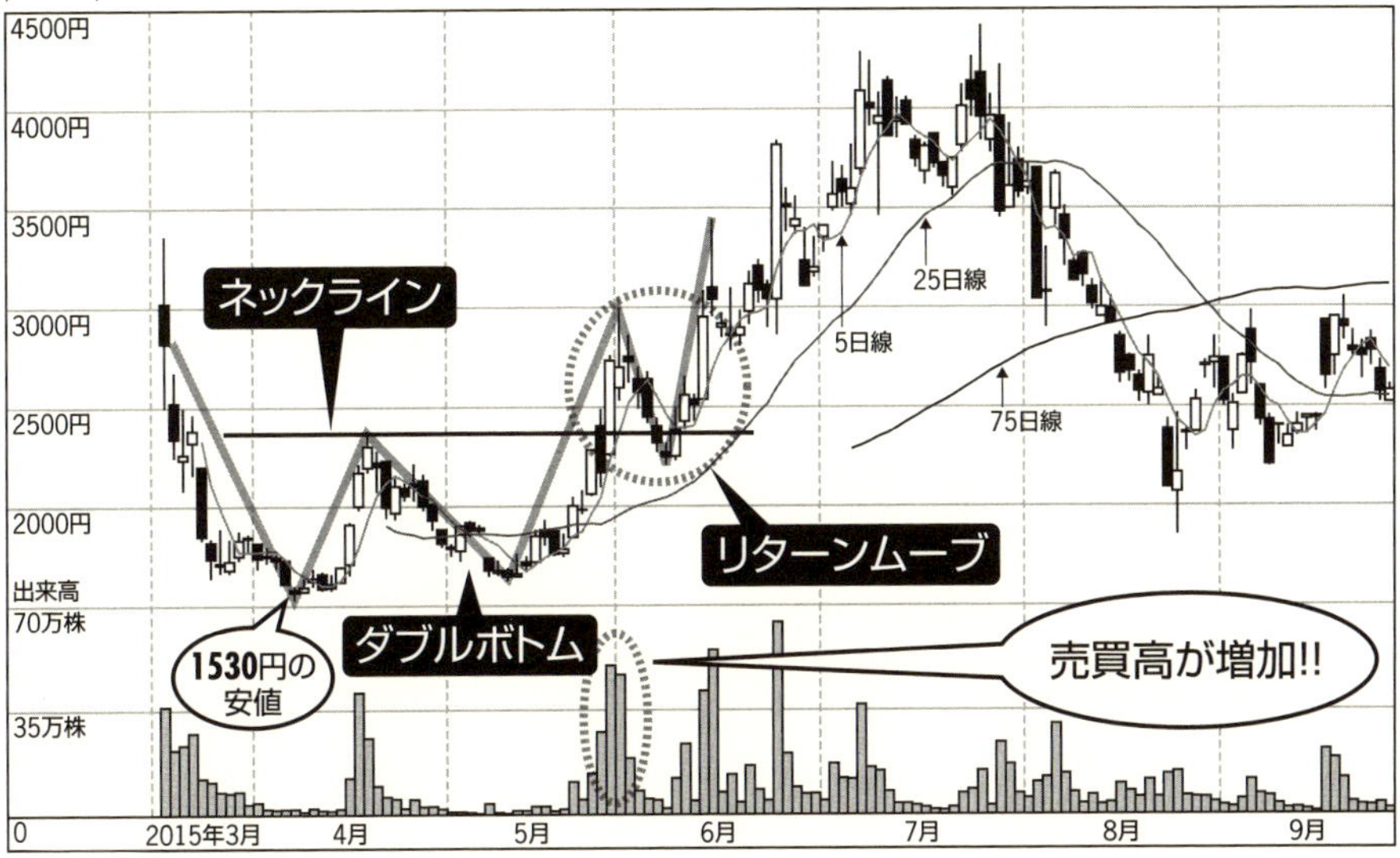

初心者はこの戦略で利益を確保しよう

エムケイシステム（３９１０）の日足を例として見てみましょう。

この銘柄は、４月７日に安値１５３０円をつけたあと、いったん反発し、４月17日に２３７６円をつけました。その後は反落しますが、ダブルボトムのセオリー通り、１つ目の安値を割り込まずに反発し、４月17日のネックラインを上回っているのがわかります。さらにポイントは、ネックラインを上回るときに売買高が膨らんでいることと、いったんネックラインを上回ったあと、揺り戻しとなる、リターンムーブが起こっている点です。

このようにダブルボトムを形成するパターンでは、ネックラインを上回ったところを買うか、リターンムーブで買うか、判断が分かれます。

また、リターンムーブが起こらずに上昇するケースもありますが、初心者はネックラインを抜いたところで買ったあと、上昇が止まったところでいったん利益を確保し、その後のトレンドに再び乗るなどの戦略が考えられます。

11 2つ目の安値が最も低くなるトリプルボトム

三角保ち合いや底割れなどと勘違いしないように注意しよう

続いてはトリプルボトムを紹介します。トリプルボトムもトリプルトップの上下を逆さまにしたイメージを持てば大丈夫です。

では、具体的にチャートをみてみましょう。銘柄は三井造船（７００３）です。時間は遡って、２０１２年9月前後になります。

トリプルボトムは、その名の通り3回安値をつけるものですが、２つ目の安値が最も安く、左右に１つずつ安値があるものをいいます。また、１つ目の安値が最も安くても、３つ目の安値が最も安くてもトリプルボトムにはなりません。１つ目の安値が最も安い場合は、２１５ページ以降で解説する三角保ち合いになる可能性がありますし、３つ目の安値が最も安い場合は、底割れの可能性や、拡大フォーメーションの可能性があり、底入れのかたちとはいえないのです。

ネックラインを抜くと売買高が膨らむ

実際のチャートでは、8月7日に安値をつけていったん反発に転じたあと、２つ目の安値を9月6日につけます。そして再び反発しますが、大きく値を伸ばすことができずに反落して３つ目の安値を10月11日につけ

6-11 三井造船（7003）の日足チャートとトリプルボトム

ます。そして、2つ目の安値を割り込まずに反発すると、3つの安値と安値の間にある、反発が止まったところの高値と高値を結んだネックラインを上回ってトリプルボトムが完成することになります。

そのあとに、ダブルボトムでも発生したリターンムーブが起こり、反発したあとは一気に上昇が続くことになりました。売買高を見ると、ここでもダブルボトムのときと同様に、ネックラインを抜くところで売買高が膨らんでいるのがわかります。

移動平均線との関係に注目

今回の三井造船でもワンポイントアドバイスがあります。それは移動平均線との関係です。通常、リターンムーブで揺り戻しが起こったとき、ネックラインを割り込んでしまうと、そのまま再び下落するケースもありますが、このチャートのように、上向きに転じた25日や75日移動平均線がサポートになっているケースでは、トレンド転換の可能性が高くなると考えられますので、迷ったときの参考にしたいところです。

12 買うタイミングに気を付けたいソーサーボトム

下落に転じるようならすぐにロスカットが必要

ソーサーボトムについて解説します。ソーサーとは、コーヒーカップの受け皿の断面図のような形と説明しましたが、実際のローソク足の特徴は、ギザギザした動きを繰り返しながら底値を固めて反発に転じるところです。また、株価が反発に転じたあと、プラットホームと呼ばれる踊り場を経て、上昇トレンドに入るフォーメーションになります。さらなる特徴としては、ソーサーボトムが緩やかに上昇し始めるところや、プラットホームを上抜くときに売買高が増加するなどの現象が起こります。

そのため、ソーサーボトムの底入れから反発に向かうときや、プラットホームを上抜くときに売買高が増加するといった現象が確認されるような場合、買いのタイミングは、ジグザグを繰り返しながら徐々に上昇すると同時に売買高が増加する場面や、プラットホームを上抜くときに売買高が増加する場面になります。

上昇トレンドかどうか早めに見極めよう

初心者の場合は、プラットホームを上回ったところの方が買いやすいと考えられますし、もし資金的に余裕があって、売買にも慣れてきたようであれば、25日や75日移動平均線が集まるところを上抜き、かつ売買高も増加するところを「試し買い＝打診買い」するという戦略が考えられるでしょう。

6-12 はるやま商事（7416）の日足チャートとソーサーボトム

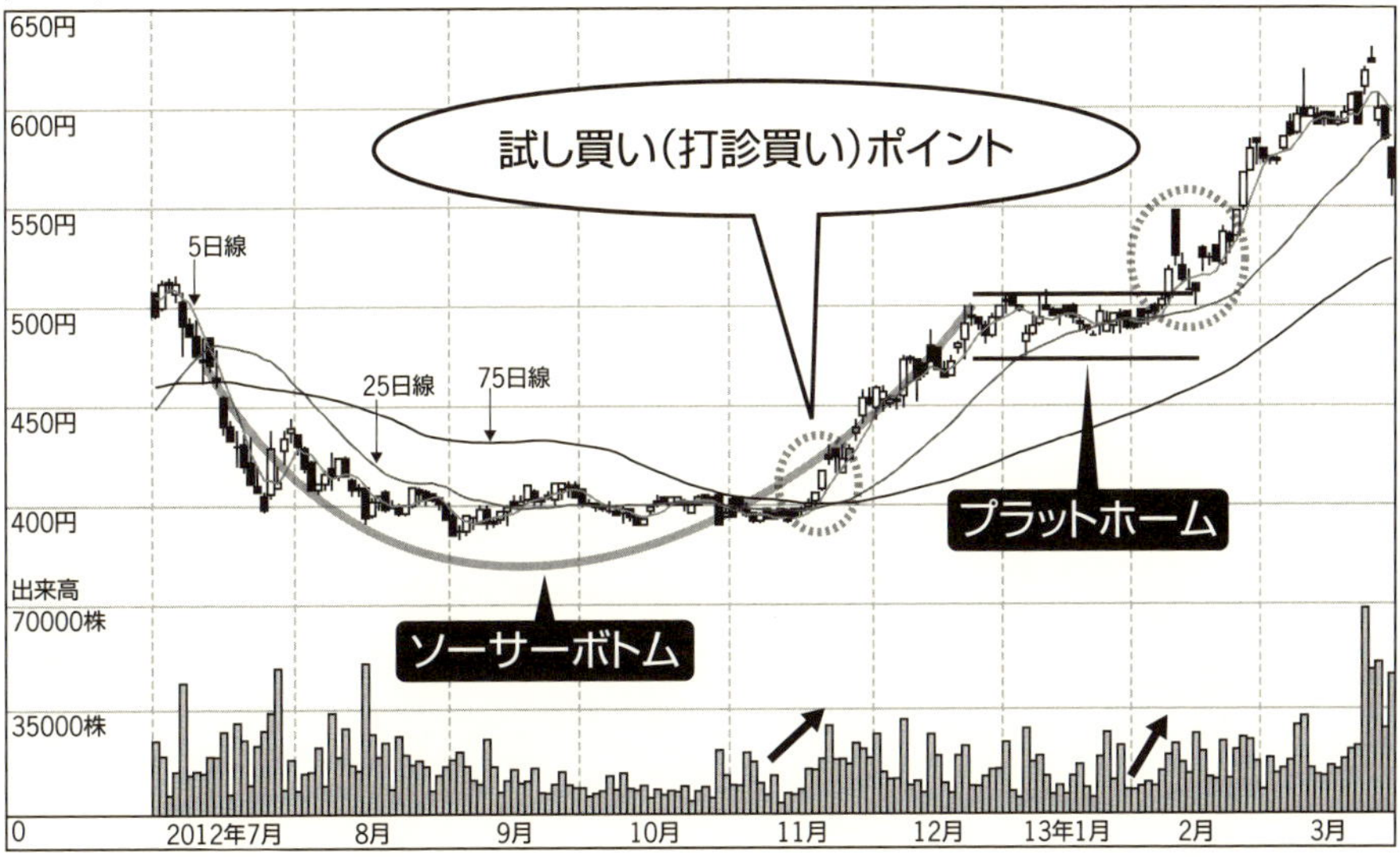

この戦略の利点は、値幅が取れることです。一方リスクは、上昇トレンドになるかどうかが不透明な状態で売買するため、下落に転じるような場合は、すぐにロスカットする必要があります。

一方、その後思惑通り上昇するようであれば、プラットホームでいったん利益を確保し、プラットホームを上回ったところで再度買うなど、うまく利益を確保しながら売買すると同時に、トレンドにうまく乗ることができれば、利益の幅も広げられるはずです。

ソーサーボトムを見分けるポイントです。細かなギザギザの値動きを伴いながら緩やかに下落し、底打ちしてからギザギザした値動きを伴いながら上昇していくわけですが、トリプルボトムが上下押しつぶされたような形にみえることがあるので、そうしたイメージを頭に入れておくとみつけやすいかもしれません。

また、売買高もソーサーのように中央の安値近辺が最も少ないケースが多くみられますので、覚えておくとよいでしょう。

13 横ばいの期間が続くラインボトム

ソーサーボトムとの違いに注意しよう

次に紹介するのは、ソーサーボトムと似た形になりますが、厳密には少し形が異なるラインボトムです。

ソーサーボトムがギザギザを繰り返しながら底入れのフォーメーションを形成するのに対して、形は似ていますが、ラインボトムは、ほぼ一定の価格を安値として、ある程度の期間横ばいが続く形のことをいいます。

そのため、ラインボトムをみると、台形をひっくり返したような形に近いことがわかります。また、ラインボトムが完成に近づくところで、売買高が徐々に増えた後、プラットホームを形成する間に売買高は減少しますが、上抜くところでは一気に商いが膨らみ、上昇トレンド入りするのです。

明確な底入れのサインの判断は難しい

その過程が教科書通りに再現されているのが、富士通コンポーネント（６７１９）です。この銘柄をみると、株価がダラダラと右肩下がりで下落するなか、いったん急角度で値下がりしますが、そのあとは売買高も減少し、１５０円前後の価格を安値に、２カ月弱のあいだ横ばいが続いたあと、再び急角度で小幅に上昇すると、そのあとにプラットホームを形成しているのがわかります。

また、プラットホームの上限と下限のなかでもみ合いが続いていますが、売買高を伴ってプラットホーム

6-13 富士通コンポーネント（6719）の日足チャートとラインボトム

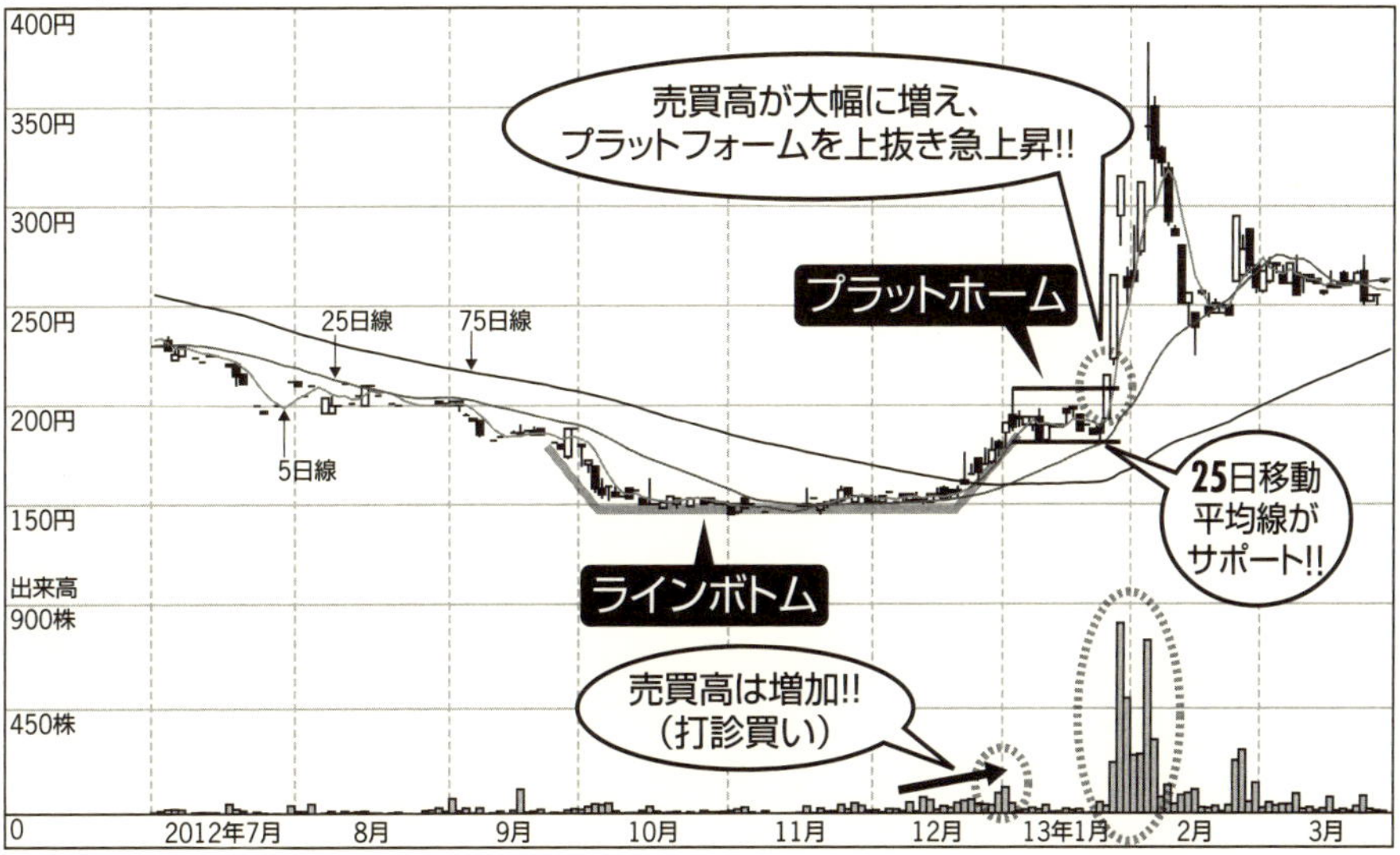

の抵抗線を上抜き、上昇トレンド入りしているのが読みとれるかと思います。

打診買いのタイミングを見極めよう

このようにラインボトムは、横ばいの期間が長く続いたあと、急角度で小幅に反発するとき、売買高が増加しますので、このときが打診買いのタイミングになるでしょう。

ただ、繰り返しになりますが、横ばいが続いたあとに小幅に反発しても、明確な底入れサインとはいえないため、打診買いの後はすぐにロスカットをする準備もしておく必要があるでしょう。

また、チャートをみると、プラットホームから上抜けるところでは、25日移動平均線がサポートになって上昇していますので、買いのタイミングを計るとき、この25日移動平均線がサポートになっているかどうかと、売買高の増加をあわせて判断するとよいでしょう。

14

どちらに進むか分からない保ち合い

天井や底値のような特徴的な形を覚えよう

前ページまでは、株価が天井をつけたり、底打ちしたりするときにできる特徴的な形を解説しました。株価水準に加え、売買高や移動平均線との関係なども考慮すると、より底入れのタイミングや高値をつけて株価が崩れるタイミングを判断しやすいことがわかりましたが、本節以降は、株価が上昇トレンドや下降トレンドを形成中に発生する「保ち合い」について解説します。

では、そもそも「保ち合い」とはどのような状態のことをいうのかを考えてみたいと思います。たとえば、株価の水準を底値、高値と分けた場合、その途中の段階で株価がどちらに進もうかと迷うことがあります。それが、「保ち合い」といわれる状態になります。

方向感がなく上下動しているところをみつけよう

実際のチャートでみてみましょう。このチャートは日経平均株価の週足チャートですが、まずは安値と高値に注目してください。日経平均株価は右肩上がりになっていますから、上昇トレンドを形成していると判断できます。

一方、上昇トレンドを形成していますが、安値から高値をつけるまでの過程で、株価が方向感なく上下動

6-14 日経平均株価の週足チャートと保ち合い（© 日本経済新聞社）

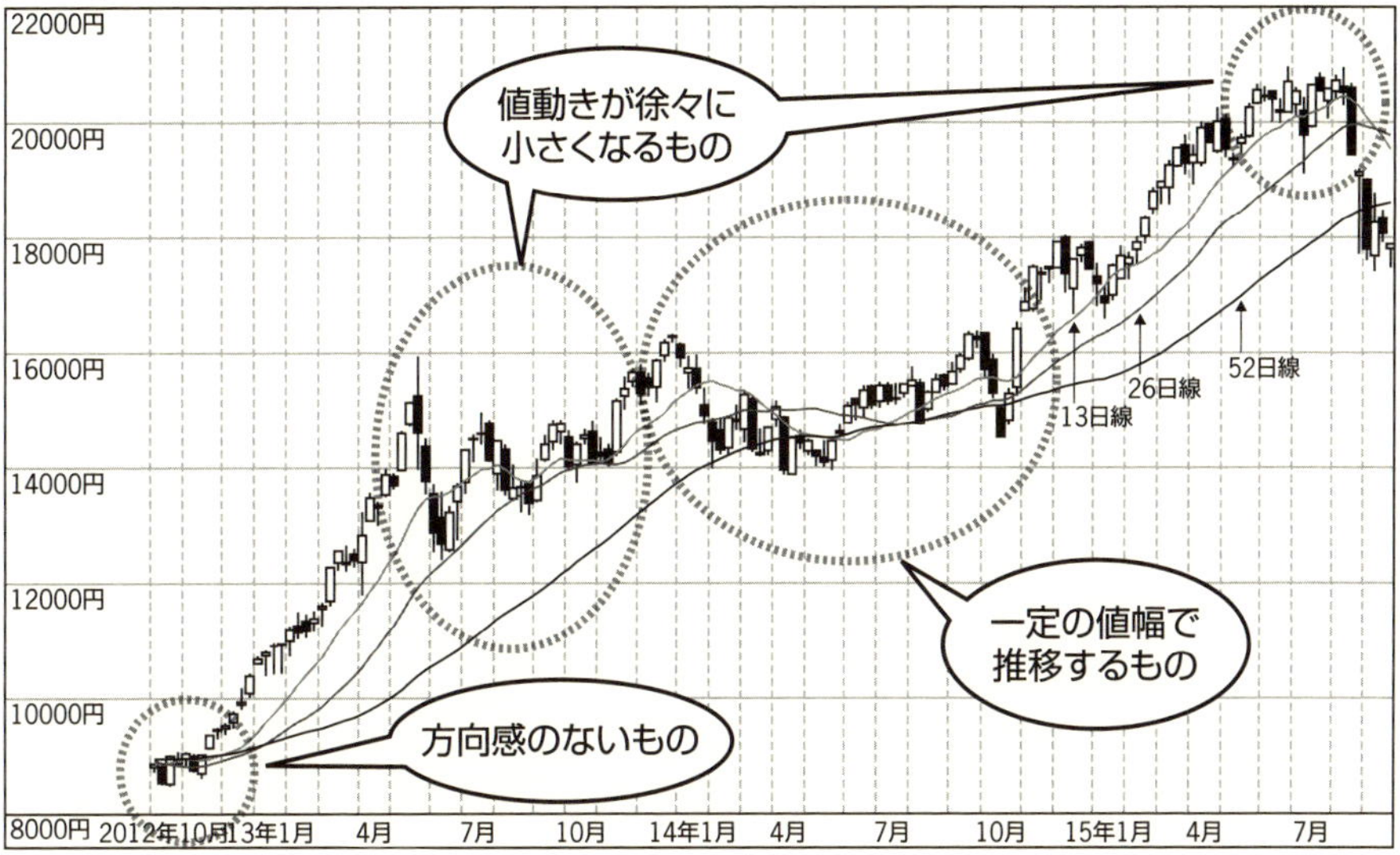

しているところがあります。

丸をつけたところですが、この部分を「保ち合い」と呼んでいるのです。また、この保ち合いも、天井や底値をつけるときと同様に特徴的な形を作っているのです。

保ち合いが放たれるタイミングを見極めよう

この保ち合いの形を知っておくと、株価がいま、「底値」と「高値」と「保ち合い」のうちのどの場面にいるのかを判断するのに役立ちます。

また、上昇トレンドや下降トレンドのどの局面なのかを推測し、買う局面なのか、あるいは買ってはいけない局面なのか、さらには売る局面なのか、などの判断の助けになるのです。

したがって、天井や底値を探る手法を身につけることに加えて、保ち合いの状況と、保ち合いを放れるタイミングを知ることができれば、中長期の投資で、より効率的な投資効果が期待されます。

15

上昇・下降トレンドの典型的な保ち合いの形とは

高値や安値を上手に結んで形を発見しよう

前節で、上昇トレンドを形成中の日経平均株価の保ち合いについて簡単に解説しましたが、保ち合い分析にも特徴的なフォーメーションがあります。

フォーメーション自体は難しくないのですが、トレンドラインの引き方のところで解説したように、上手く高値と高値や安値と安値を結んで、その形を発見することが重要なポイントになります。

なぜなら、トレンドラインを上手く引くことができなければ、保ち合いのフォーメーションを発見することができないからです。

トレンドの見極めが曖昧なままの判断は危険

また、もう一つポイントがあります。それは、天井や底を打つときのフォーメーションで注意するよう解説したように、特徴的な形にだけ目を奪われてはいけないということです。実はこの保ち合いも、その形だけにとらわれるのではなく、保ち合いができる前のトレンドをしっかり分析しておく必要があるのです。なぜなら、208ページで書いたように、保ち合いは上昇トレンドを続けるべきか、あるいは反転するべきなのかについて迷いが生じている場面だからです。

仮に上昇トレンドのなかで保ち合いが発生して、その後も上昇トレンドが続いた場合、伸び悩んでいた分だけ、早く取り戻そうと、動きが加速することが考えられます。一方、下降トレンドでの保ち合いも同様で、保ち合いのあと、下降トレンドが継続した場合、売りを止めていた人が一斉に売りを出す可能性があり、下落が加速することが考えられるわけです。

そのため、この保ち合い分析は、上昇トレンドの途中で作られているものなのか、あるいは下降トレンドのなかで作られているものなのかをしっかり見極める必要があります。

仮にその見極めができていないまま売買の判断を行った場合、誤った判断になってしまい、損失拡大につながりかねないので、注意が必要です。

では、どのようなものがあるのか、その形を詳しくみていきましょう。

保ち合いのパターンの基本的な形は、上昇トレンド、下降トレンドともに、「収縮型」と「拡大型」、「ボックス型」と「ひし形」になります。

様子見ムードで現れる収縮型

収縮型は、株価が上昇を続けるなかで、決算発表シーズンに入る前や海外情勢の不透明要因が晴れないときなど、少し様子をみたいというムードになったときに現れます。取引量が減少すると同時に徐々に値動きも小さくなっていき、先行きがどうなるのか、投資家が注目しているといったことから形作られる「二等辺三角形型」となります。

これは、高値が切り下がり、安値が切り上がるフォーメーションで、切り下がった高値と高値を結んだレジスタンスラインと、切り上がった安値と安値を結んだサポートラインに囲まれた形から三角保ち合いと呼ばれています。

6-15 三角保ち合いのパターン（上昇トレンド）

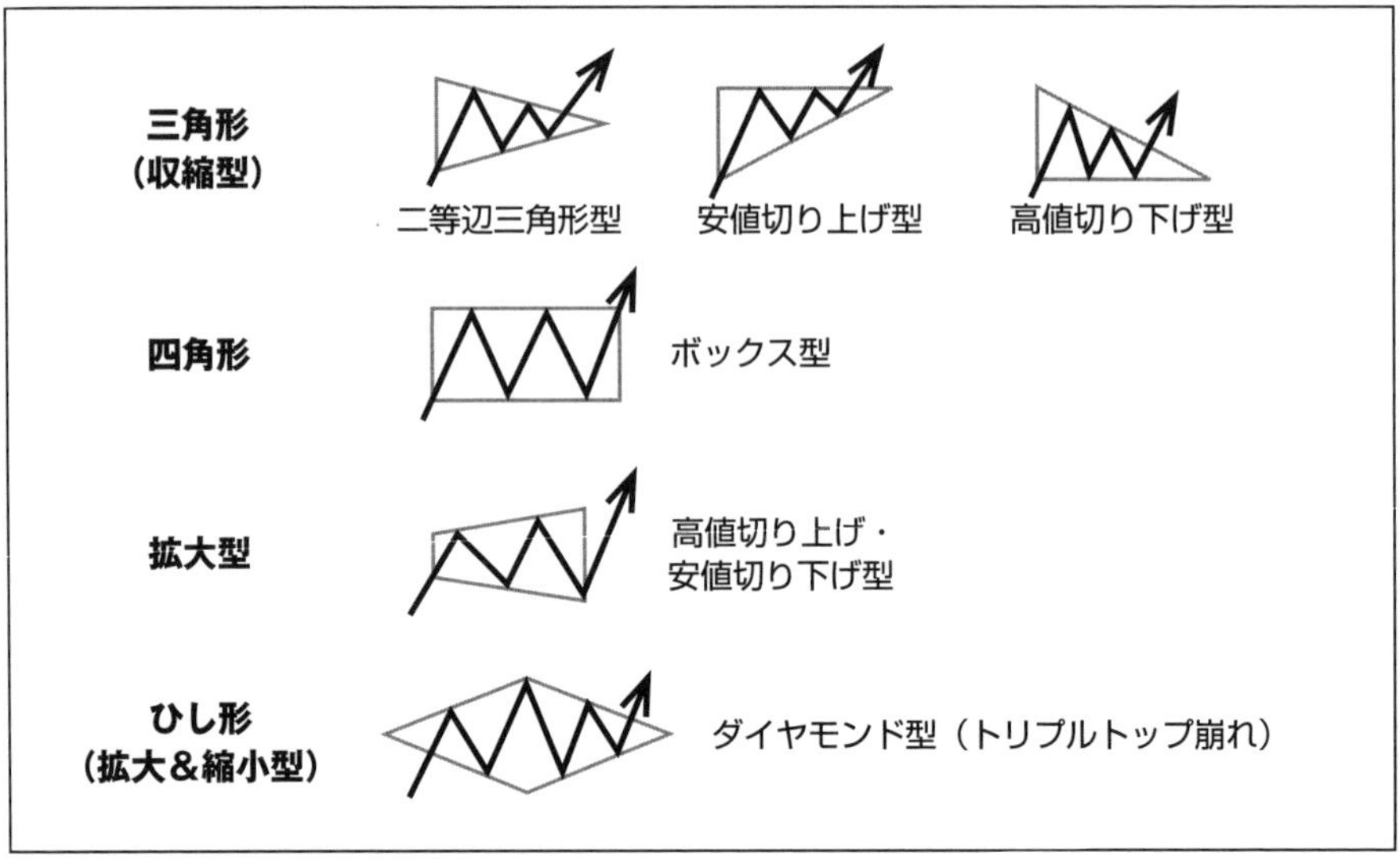

投資家泣かせの拡大型

拡大型は、三角保ち合いの逆の形をイメージすると良いかもしれません。三角保ち合いは、高値が切り下がり、安値が切り上がるなど、変動率（ボラティリティ）が低下していくものになりますが、拡大型は逆に高値が切り上がり、安値も切り下がるなど、変動率（ボラティリティ）が大きくなっていくフォーメーションなのです。そのため、高値を切り上げる局面では、そのまま上昇が続くと考えてしまい、高値を更新したところを買ってしまいがちですが、いったん反落すると直近の安値を更新して下向きのトレンドラインのあたりまで下落するなど、投資家泣かせのフォーメーションといえます。

下降トレンドで注意したいボックス型

ボックス型については、四角形を思い出してみてください。

株価でいえば、高値と安値が一定水準のなかで推移しているものになります。そのため、株価の動きがみえなくなると同時に、それまでのトレンドのことを

6-16 主な保ち合いのパターン（下降トレンド）

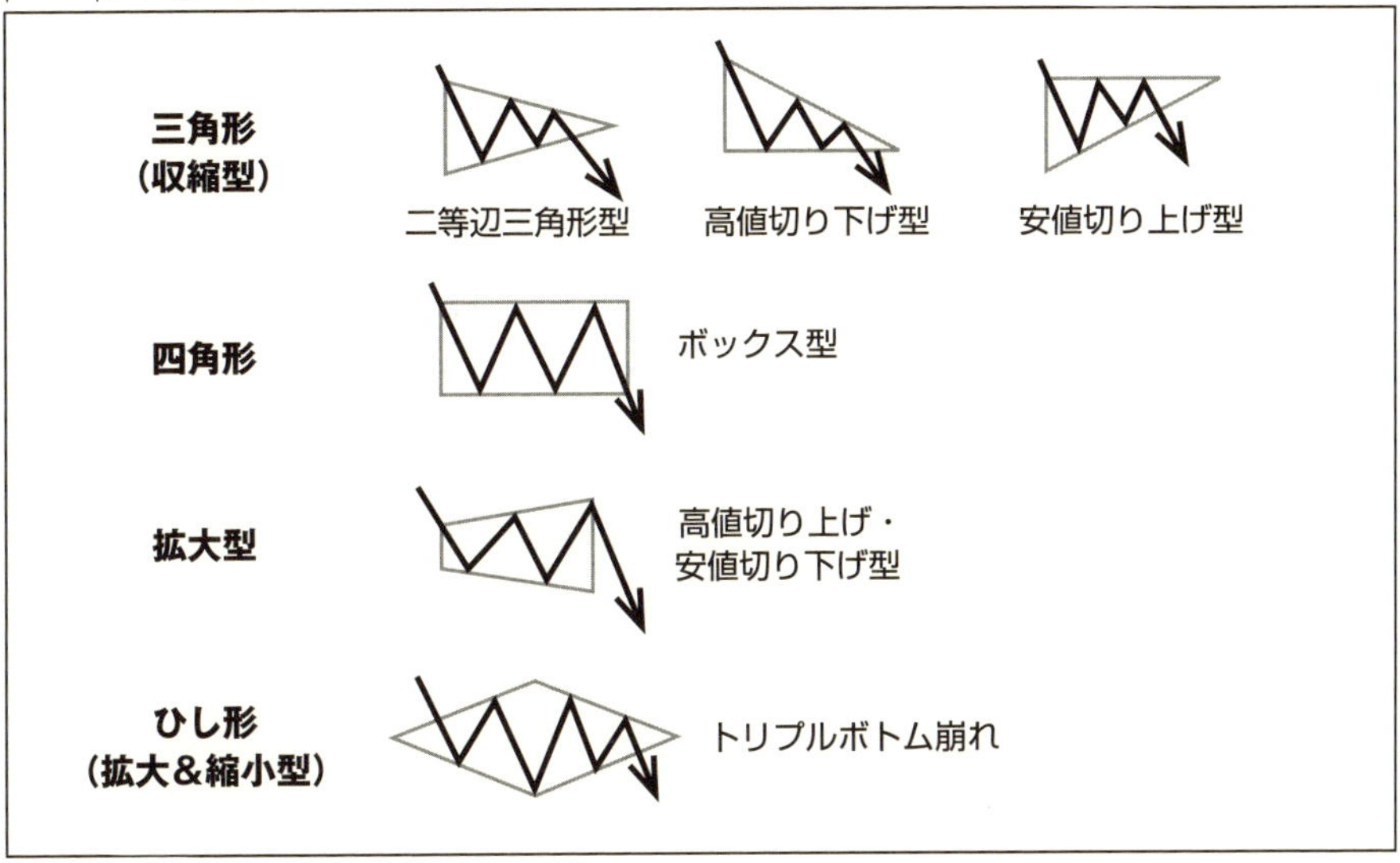

忘れてしまいがちですが、株価の上限、下限といったボックスのなかで、どちらかに放れるタイミングを狙っているフォーメーションになるため、思い込みでエントリーしてしまうと逆に放れた場合の損失が特に大きくなるフォーメーションです。

特に下落基調でボックス型が発生すると、下げ止まって反発するのではないかと考え、買ってしまいがちですが、下降トレンドで発生した場合、株価の下落が加速することが多いため要注意です。

トリプルトップで見分けるひし形

最後はひし形です。ひし形と聞くと何か特別な形に思われるかもしれませんが、実は、拡大型と縮小型のフォーメーションが交互に現れたものになります。上下の値動きが大きい拡大型のフォーメーションが発生したあと、次に投資家の心理が落ち着いてくると様子見ムードが広がり、徐々に値動きが縮小してくるフォーメーションです。

こう話すと、みなさんの頭に何か思い浮かぶ形はないでしょうか？　そうです。トリプルトップですね。

6-17 保ち合いフォーメーション

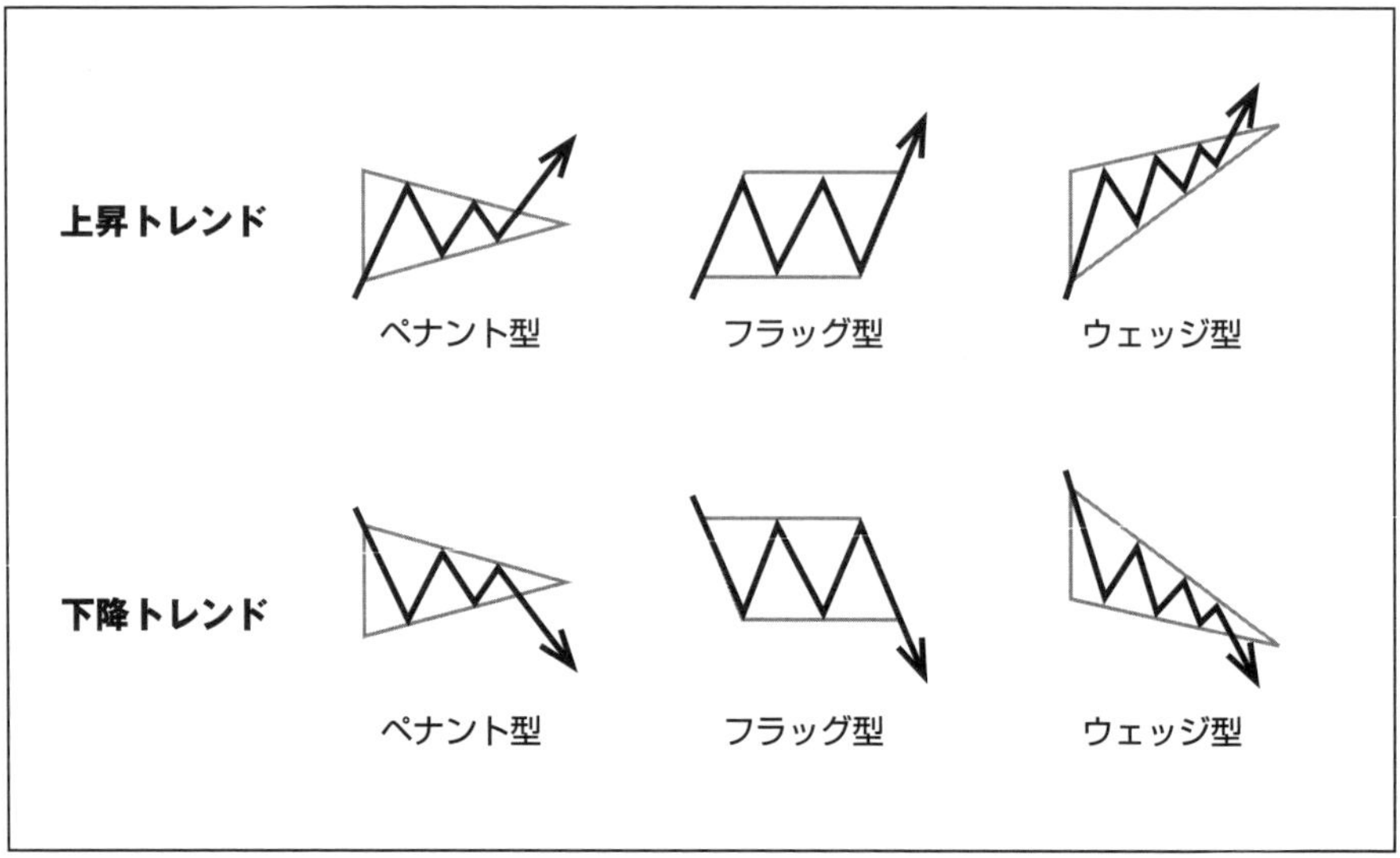

トリプルトップをトレンドラインで結ぶと、拡大型の保ち合いが発生しているのがわかりますし、拡大型のトリプルトップが発生したあとに値動きが小さくなっているところの高値と高値、安値と安値を結べば、縮小型の三角保ち合いが発生していることもわかり、この2つの保ち合いフォーメーションが交互に発生しているというわけです。

このように保ち合いは、高値や安値をしっかり把握することと、トレンドラインで結ばれた形から、フォーメーションを発見し、保ち合いがどちらに放れるのかを予測して、無理なく投資を行うというのが基本になります。また、保ち合いの形のバリエーションとして、ペナント型やフラッグ型、ウェッジ型などもありますので、トレンドラインの引き方が上手くなり、保ち合いの発見に慣れてくると、これまで以上にチャートの形からいろいろなものがみえてきて、投資判断に役立つようになるでしょう。

16

上放れの三角保ち合いの実例と売買の注意点

初心者はトレンドラインを多く引いて確認すべし

ここからは、実際の保ち合いの例をいくつか紹介します。216ページを参照して下さい。

まずは三角保ち合いの例です。銘柄はテレビコマーシャルでもおなじみのＡＬＳＯＫ（２３３１）ですが、トレンド分析からみていきましょう。この年の年初からの値動きをみると、株価は25日、75日など移動平均線の上を推移すると同時に高値を切り上げ、上昇トレンドが続いていました。そうしたなか、7月31日に５９１０円の高値をつけたあと、値下がりしてしまい、８月25日には４４８０円の安値をつけましたが反発に転じ、75日移動平均線に沿う形で徐々に安値が切り上がる値動きとなりました。

ダブルトップが発生するケースに注意

一方で、高値をつけた7月31日以降、反発しても高値に全く届かず、高値が切り下がってきているのがわかります。そこでまず、サポートラインを引くための起点を探します。この場合、直近の誰が見ても安値となる8月25日に決めます。続いて、８月25日と結ぶのは、９月10日の安値になります。この場合、９月８日と結んでも構いませんが、起点となる日付と次に結ぶローソク足との期間が短かったり、価格に開きがあったりすると、きれいなサポートラインが引けませんので注意が必要です。基本的には安値と安値、高値と高値を結べ

6-18 ＡＬＳＯＫ（２３３１）の日足チャートと上放れの三角保ち合い

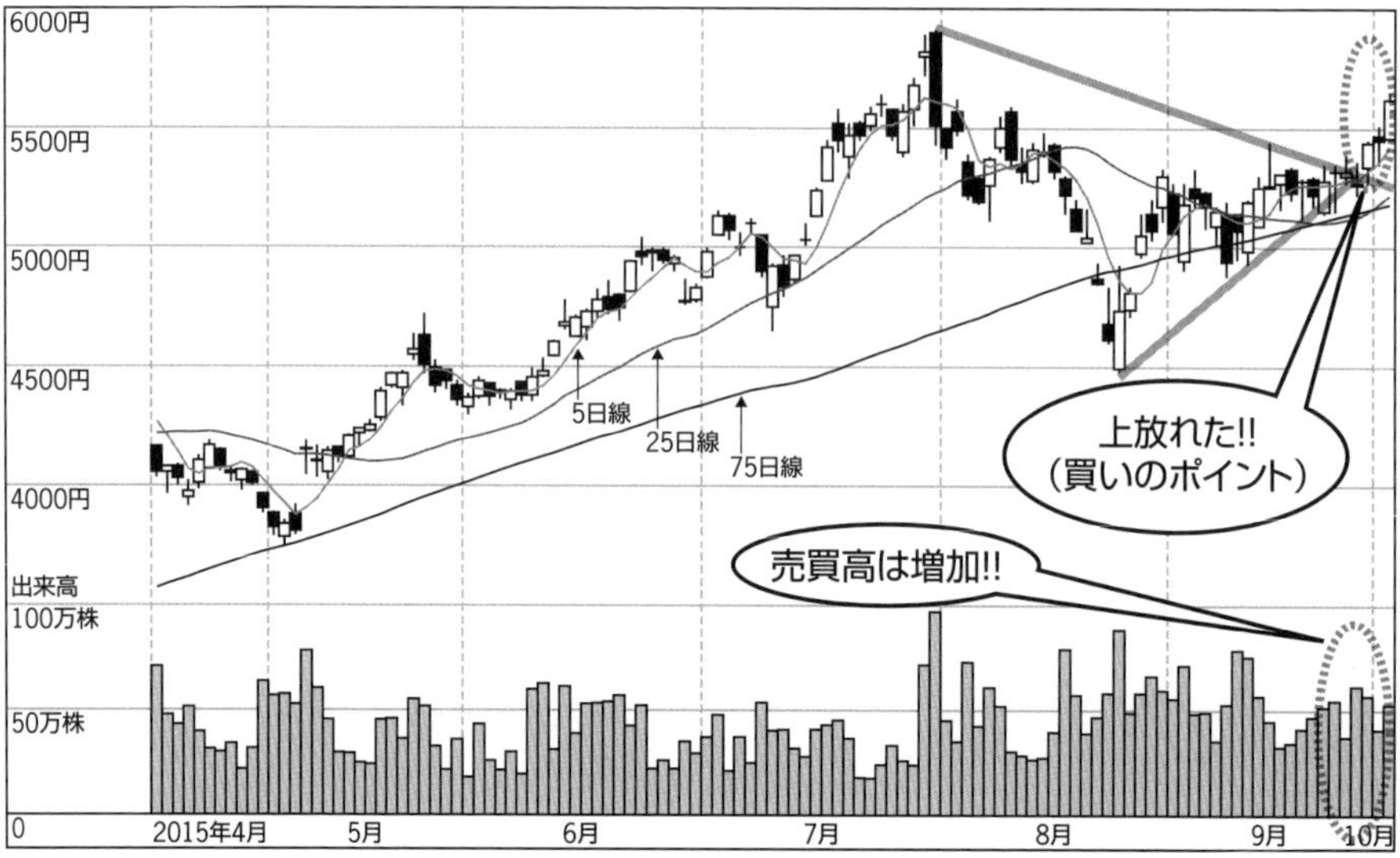

ばどのような線の引き方をしてもかまいませんが、線を多く引くとみづらくなる反面、大きな流れがどちらに向かっているのかがみえてくることもありますので、初心者はたくさんトレンドラインを引いて、必要かそうでないかを、確認したいところです。

さて、チャートに戻ります。上昇トレンドのなかで発生した三角保ち合いですが、セオリー通り、上昇トレンドが継続する形になっているのがわかります。ただ、このようなケースで、三角保ち合いを上放れたあとに、高値を更新できないと、ダブルトップが発生して、急落ということもあり得ますので、常に次の展開を予測しながら行動するようにしてください。

ではどういうケースがダブルトップかというと、三角保ち合いを上放れたところで、売買高が膨らみ、直近の高値を越えられずにＶ字トップを形成してしまうことです。

仮に売買高が膨らんでＶ字トップが形成されてしまうと、ＡＬＳＯＫの例では、7月31日の高値と合わせて高値が2つになり、ダブルトップになってしまうことが考えられ、注意が必要なのです。

17

下放れの三角保ち合いの実例と売買の注意点

放たれる方向が確認できるまでは決め打ちを控えたい

次に紹介するのは、三角保ち合いを下に放れたフォーメーションです。銘柄はコーヒーで有名なキーコーヒー（2594）です。218ページを参照して下さい。

キーコーヒーもローソク足が全ての移動平均線を上回って推移し、上昇トレンドが続いていましたが、8月18日に高値2370円をつけたあと急落する展開となりました。また、そのとき、上昇トレンドをサポートしてくれていた25日移動平均線を割り込んだほか、8月25日には75日移動平均線を割り込む場面があるなど、上昇トレンドが崩れそうになる場面がありました。しかし、そのあとに反発し始めたところでは、高値を切り下げ、安値が切り上がっているのがわかります。

抵抗線の数を増やすと判断できる場合もある

そこで、今回は少しわかりづらいかもしれませんが、抵抗線を3本引いてみました。1つは8月18日の高値を起点として、8月31日、9月18日のそれぞれの高値を結んだ2本のトレンドラインです。そして最後の3本目は8月31日と9月18日の高値と高値を結んだ線です。このように、このキーコーヒーでは3本のレジスタンスラインを引くことができます。

6-19 キーコーヒー（２５９４）の日足チャートと下放れの三角保ち合い

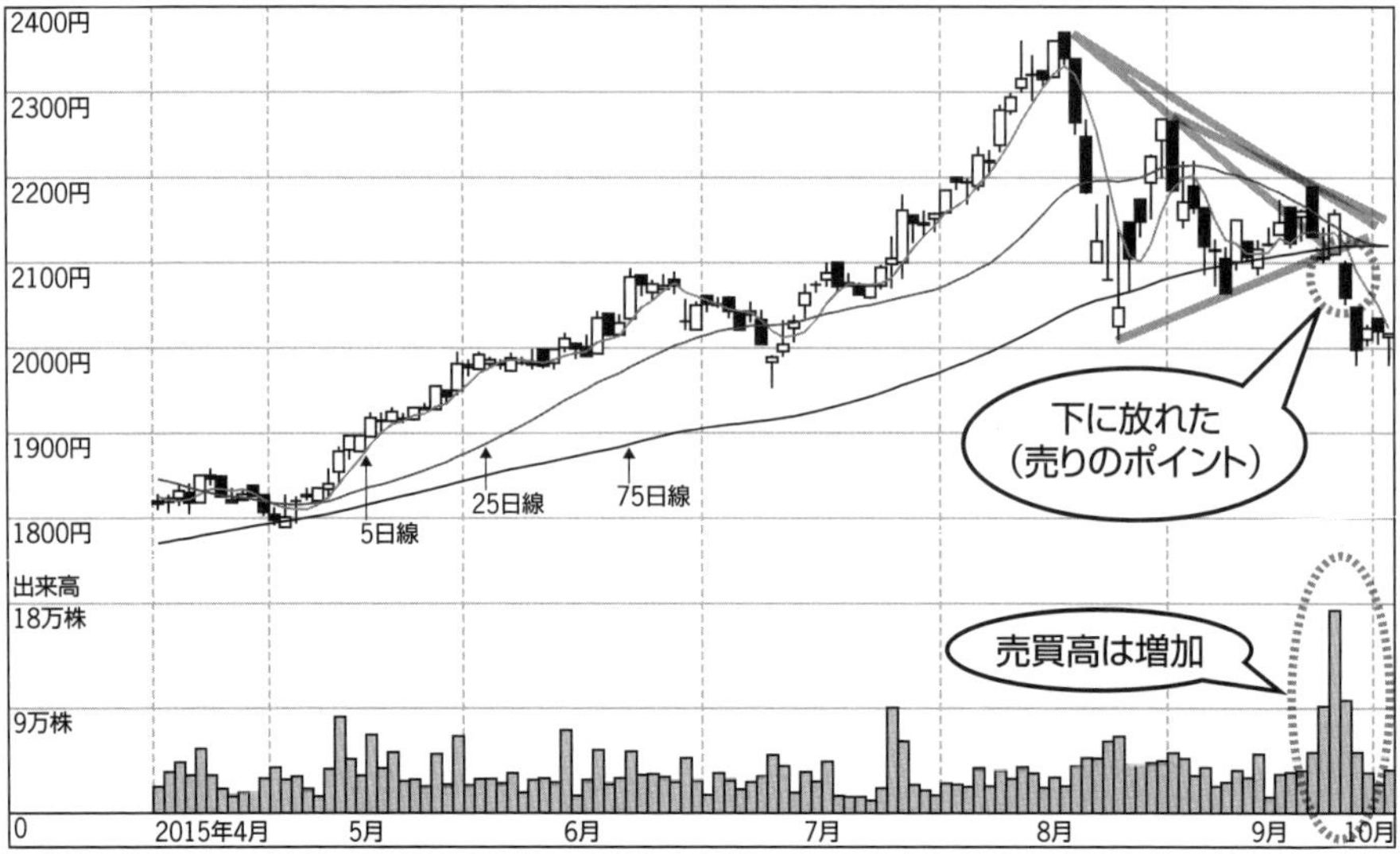

一方、サポートラインは、8月25日と9月8日の安値の2つしか目立ったところはありませんので、この2日の安値と安値を結んだサポートラインを引くと、三角保ち合いが出来上がっていることが確認できました。

上昇トレンドだと勘違いしてしまうと…

セオリーでは、上昇トレンドが継続しているなかで発生した三角保ち合いであるのに、下に放れてしまっており、上昇トレンドを信じて買った人は、損失拡大につながってしまうことになりそうです。そのため、こうした三角保ち合いは、それまで続いたトレンドが継続することが多いとされるものの、どちらかに放れたことが確認できるまでは、決め打ちをしてポジションを大きくし過ぎないよう注意が必要ですので、覚えておきたいところです。

ちなみに、このケースでのロスカットポイントは、商いが膨らんだ翌営業日に株価がサポートラインを一気に割り込んで反落したところになります。

18

上放れボックス型の実例と売買の注意点

上昇するかもしれないので利益確定は急ぎ過ぎないようにしよう

株価が伸び悩んでくると、上下一定のレンジ内での値動きになってしまうことがあります。また、そのような値動きになってくると、気の短い投資家や、利益確保を望んでいる投資家は、売りを優先させることになります。

ただ、その伸び悩みによる一定のレンジ内での値動きが、実はその後の上昇のためのエネルギーを蓄えているケースもあり、むやみに利益を確定しない方が良い場合もあります。たとえば、２２０ページのように上昇トレンド入りして僅かな時間しかたっていないようなケースです。銘柄はアイチコーポレーション（６３４５）です。この銘柄は、５月21日に安値４１２円をつけたあと、５日、25日、75日と全ての移動平均線を上回って上昇トレンド入りしました。そして７月１日に４８４円の高値をつけたあと伸び悩む結果となりました。その後は、７月１日の高値を越えられずに、まさにもみ合う展開となっているのがわかります。

このようなケースでは、中長期の投資家でも、７月31日に４８３円をつけて、４８４円を越えられなかったことから利益確定を急ぎたくなりますが、実はボックス型の保ち合いに入ってしまっているといえるので注意が必要です。なぜなら、７月１日に高値をつけてから伸び悩んだものの、７月18日の安値を割り込まずに推移しているからです。また、25日移動平均線は割り込んでしまっていますが、25日移動平均線は横ばいである

6-20 アイチコーポレーション（６３４５）の日足チャートと上放れのボックス型

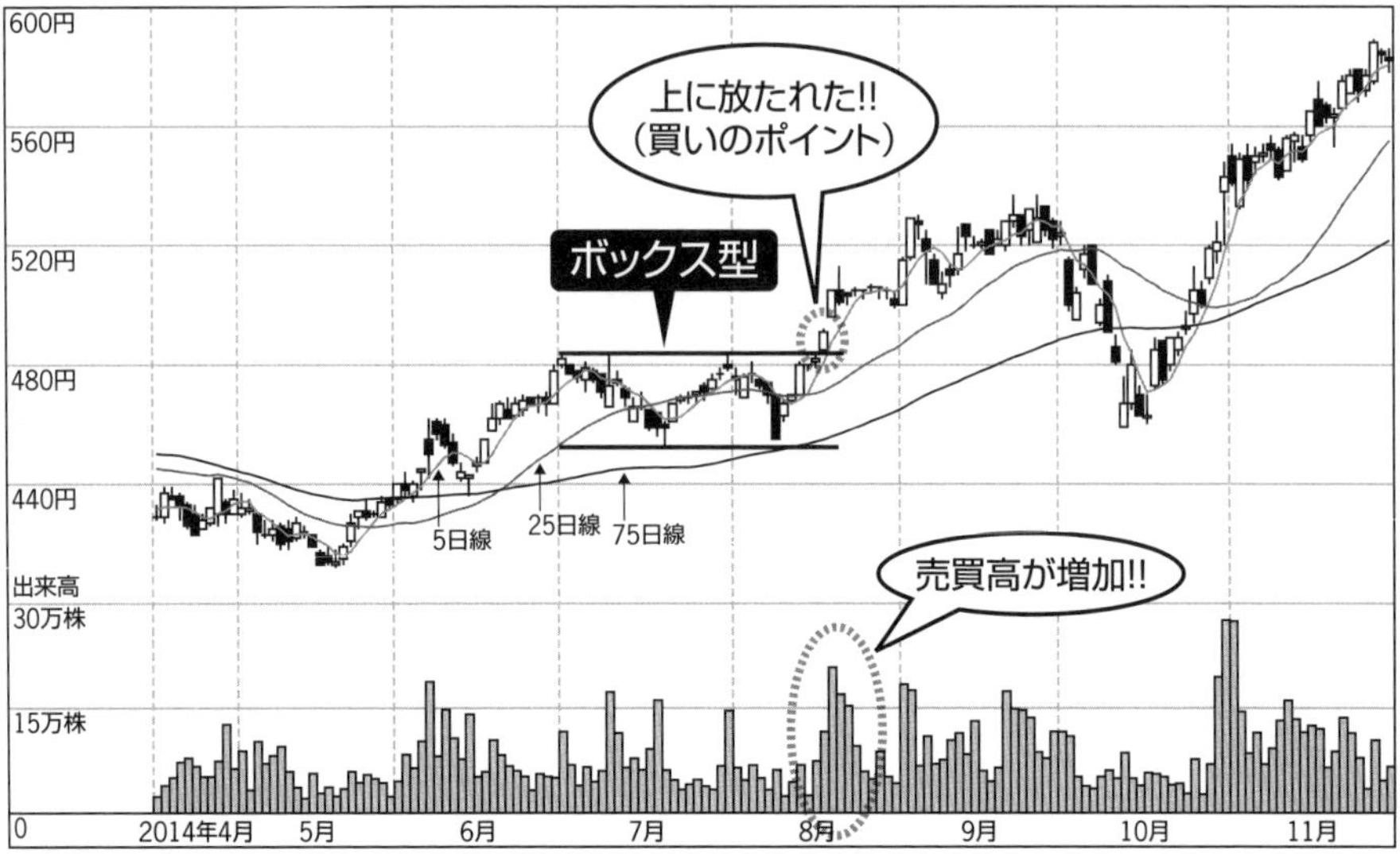

ほか、75日移動平均線が上昇を続けており、大幅安となって大陰線を形成した8月8日の時点でも上昇トレンドが継続中と考えることができたわけです。

ボックスの抵抗線を上抜いたタイミングを狙おう

そうなると、これまで高値を越えられずに推移していることから、下落基調に逆戻りしてしまうのではないかといった不安が消えます。そして、高値と安値が限定的になっていることがみえてくると同時に、ボックス型の保ち合いを形成中でいずれ上に放れるのではないかといったことが頭に浮かんでくるはずです。これから買いたいと考えている人は、ボックスの抵抗線を上抜いたところがエントリーのタイミングになります。また、その時点で売買高が増加しており、上放れる条件として考慮すると、売買判断に役立つでしょう。

練習問題

問題 01

チャートのなかにフォーメーションが隠れていますが、どのフォーメーションが隠れていますか？

TSIホールディングス（3608）の日足チャート

解 答 文

問題
01

答え 拡大フォーメーションと縮小フォーメーション

上下どちらかにトレンドが発生した場合、トリプルトップか、ダイヤモンドフォーメーション（ダウンロードコンテンツで解説します）が完成する可能性があります。

TSIホールディングス（3608）の日足チャート

練習問題

問題02 **下のチャート図に大きなフォーメーションが隠れています。トレンドラインを引いてフォーメーションの名前と売買タイミングを答えてください。**

あおぞら銀行（8304）の日足チャート

解答文

問題 02

答え 三角保ち合い（二等辺三角形型）

売買タイミングは、支持線を割り込んだら売り、抵抗線を越えたら買いとなります。また、モメンタムと一緒に確認するとトレンドの強さもわかります。

あおぞら銀行（8304）の日足チャート

第7章

3つの分析方法を組み合わせて好成績を狙おう

01

初心者が好成績を収める鍵は各チャート分析の組み合わせ

それぞれの長所と短所を補うように組み合わせよう

さて、ここからは初心者が好成績に近づくためのポイントについて解説します。好成績につなげるためには、それぞれのチャート分析の短所（または欠点）を補って、総合的に判断できる組み合わせを作ることです。

これまで解説してきたように、各テクニカル分析にはそれぞれの長所と短所があります。たとえば、トレンド系のチャートは現在のトレンドの勢いを判断することができなかったり、またオシレーター系のチャートはトレンドが考慮されていないため、間違ったシグナルを発したりするときがありました。さらに、モメンタム系のチャートは、勢いを計ることができても、売買タイミングをピンポイントで見極めることが難しいため、売買判断が難しいと説明しました。

投資家はスポーツチームの監督

こうした各テクニカル分析における欠点を上手く相互に補うことができれば、売買における判断の誤りが少なくなるでしょう。

これは、ある意味、スポーツにおけるチームの中の役割分担と、それぞれが助け合って総合力を発揮して結果を出すということに近いことかもしれません。したがって、投資におけるテクニカル分析では、投資家であるみなさんがチームの監督となり、どの選手（テクニカル指標）をスターティングメンバーに起用（組み合わせ）して、試合で勝つ（投資の成果を上げる）のかを考える必要があるのです。

7-01 好成績に近づくためのポイント

- 各テクニカル指標の特徴である長所と短所を把握する！
- 各テクニカル指標の短所を補う組み合わせを考える！
- 同じ系統のテクニカル指標の組み合わせは避ける！
- 同じ系統のテクニカル指標を複数確認するのはOK！
- 異なる系統のテクニカル指標であればどの組み合わせでもOK！
- トレンド系を基本にオシレーター系、またはモメンタム系との組み合わせがGood！
- 自分の得意な（判断しやすい）テクニカル指標の組み合わせを考えることが勝ち組に近づく！

同じ系統のテクニカル指標だけを使うのは避けよう

では、どういったテクニカル指標をどのように組み合わせればよいのでしょうか。あまり難しく考える必要はありませんが、最低限これだけは覚えておいてほしいことがあります。

それは、同じ系統のテクニカル指標を組み合わせてはいけないということです。同じ系統のテクニカル指標をたくさん見るのはよいのですが、同じ系統のテクニカル指標だけを見て売買判断を行うと、同じ結果になることが多く、欠点となっている部分を見落とすことがあるのです。それでは次ページ以降で具体的なチャートをみてみましょう。

02

現在のトレンドが継続するか確認する組み合わせ（上昇トレンドの場合）

移動平均線とモメンタムに注目しよう

それでは、ここから具体的な組み合わせについてみていきます。まずはタイトルにもあるように、現在のトレンドが続くのかどうかを判断するための組み合わせについてです。実際の株式投資の売買判断において、特に知りたいこととといえば、ファンダメンタルで銘柄を選んだとしても、その銘柄の株価が上がるのか、あるいは上がり続けるのかということですが、これらの疑問を解決してくれるのが、移動平均線とモメンタムです。

そこで、実際にトレンド系テクニカル指標の代表格である移動平均線とモメンタムを組み合わせて表示し、トレンドと売買判断のポイントについて解説します。トレンド系とモメンタムの2つのテクニカル指標が表示されているとき、最初に確認しなければならないのがトレンド系のテクニカル指標です。なぜなら、上昇トレンドか下降トレンドかの判断ができていなければ、買いか売りかのそもそもの判断を誤ってしまうばかりか、モメンタムについても、組み合わせて見る意味がなくなってしまうからです。

押し返される可能性もあることに注意

最初に移動平均線を使ってトレンドを確認します。銘柄はスマートフォンの部品などを製造している村田製作所（6981）です。たとえば、2015年2月3日に1万2520円の安値をつけたあとに株価が全ての移

|7-02| 村田製作所（6981）の日足チャート

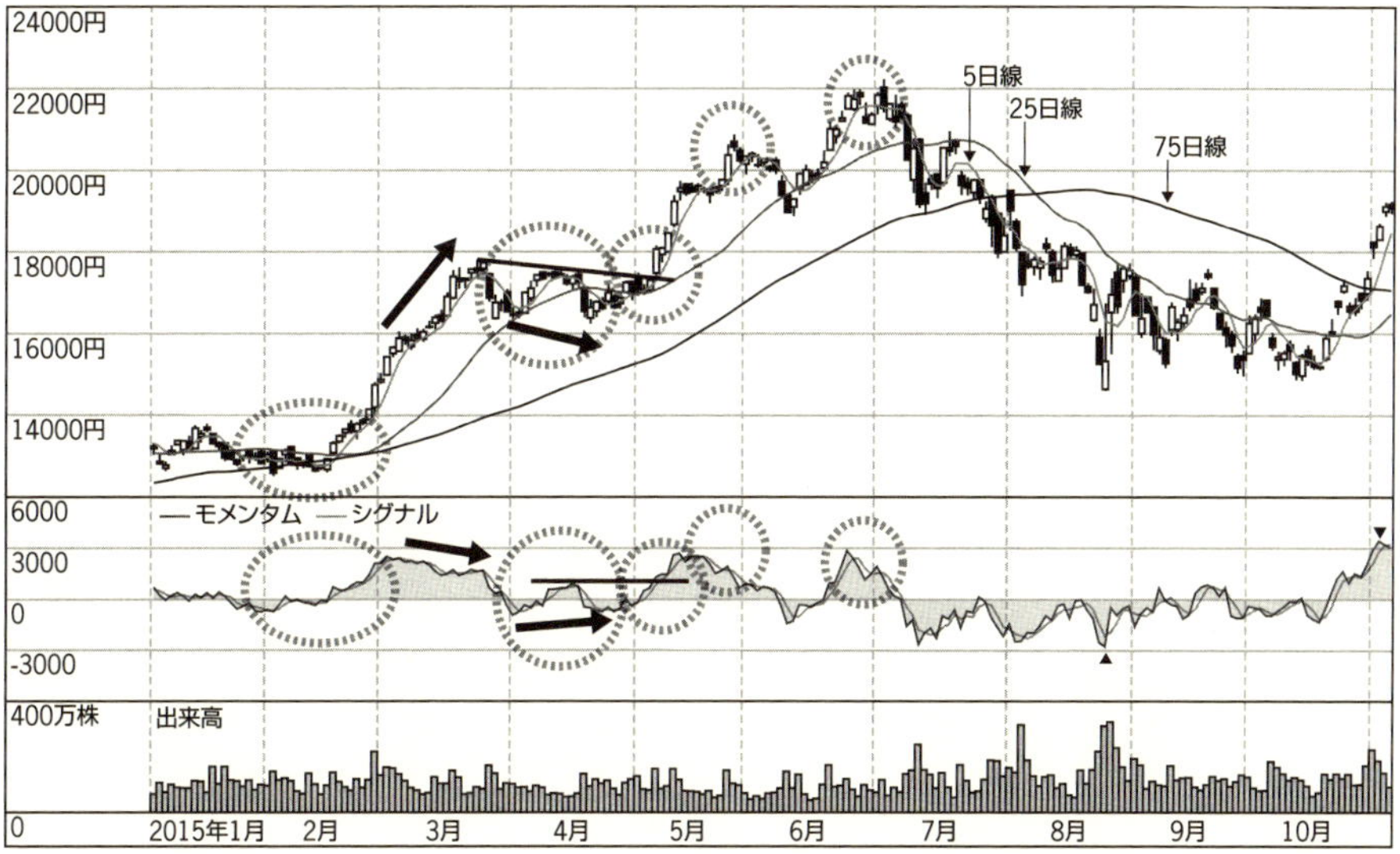

動平均線を上回ると、5日移動平均線の次に25日、75日と、短い期間の移動平均線から上向きに転じる結果となっています。こうした移動平均線の変化は上昇トレンド入りするときに起こる特徴的な現象で、実際の売買ではこのときに上昇が続くのかどうかの判断を行う必要があるのです。

ただ、ここに表示されているチャートは既に値上がりした結果が表示されているため、「今が買いのタイミングだ」と、思われるかもしれませんが、「投資に絶対という言葉が存在しない」以上、こうした動きだけでは押し返されてしまう可能性も否定できないのです。

そこで、これまで解説してきたモメンタムを活用します。見るべきポイントは、買いの場合、0ラインを越えているか。上昇しているか。ピークアウトしていないか、ダイバージェンスが発生していないかなど、複合的に判断します。

どの局面でも、トレンド分析を行ったあとにモメンタムでこれらをチェックすることで、売買タイミングが分かるようになってきます。

03 上昇トレンドをどのように判断するのか

移動平均線だけをみていてはタイミングを逃す

２２９ページのチャート図をみると、移動平均線からみた判断では、株価が上向きの５日移動平均線上を維持して推移している、すなわち、上昇トレンドが継続中であるという判断につながりますので、株価が全ての移動平均線を上回ると同時に、５日、25日、75日の各移動平均線が上向きに変化しなければなりません。

そこで、全ての移動平均線を上回った2月18日時点の移動平均線をみると、５日移動平均線は上向きに変化しているものの、25日移動平均線は下向き、75日移動平均線は上向きと、バラバラの方向を向いているのがわかります。

こうしたときに、株価が全ての移動平均線を上回ったということと、５日移動平均線が全ての移動平均線を上回ってゴールデンクロスしたということだけで買って（エントリーして）しまうと、急落に巻き込まれたときに気のゆるみからロスカットを行うタイミングを逃してしまい、塩漬けになってしまうことがあるため、注意が必要なのです。

一方、そうした事態を避けるべく、全ての移動平均線が上向くまで待っていた場合、エントリーのタイミングが遅れることになってしまい、収益率（リターン）が小さくなってしまうことが考えられます。

7-03 村田製作所（6981）の日足チャート

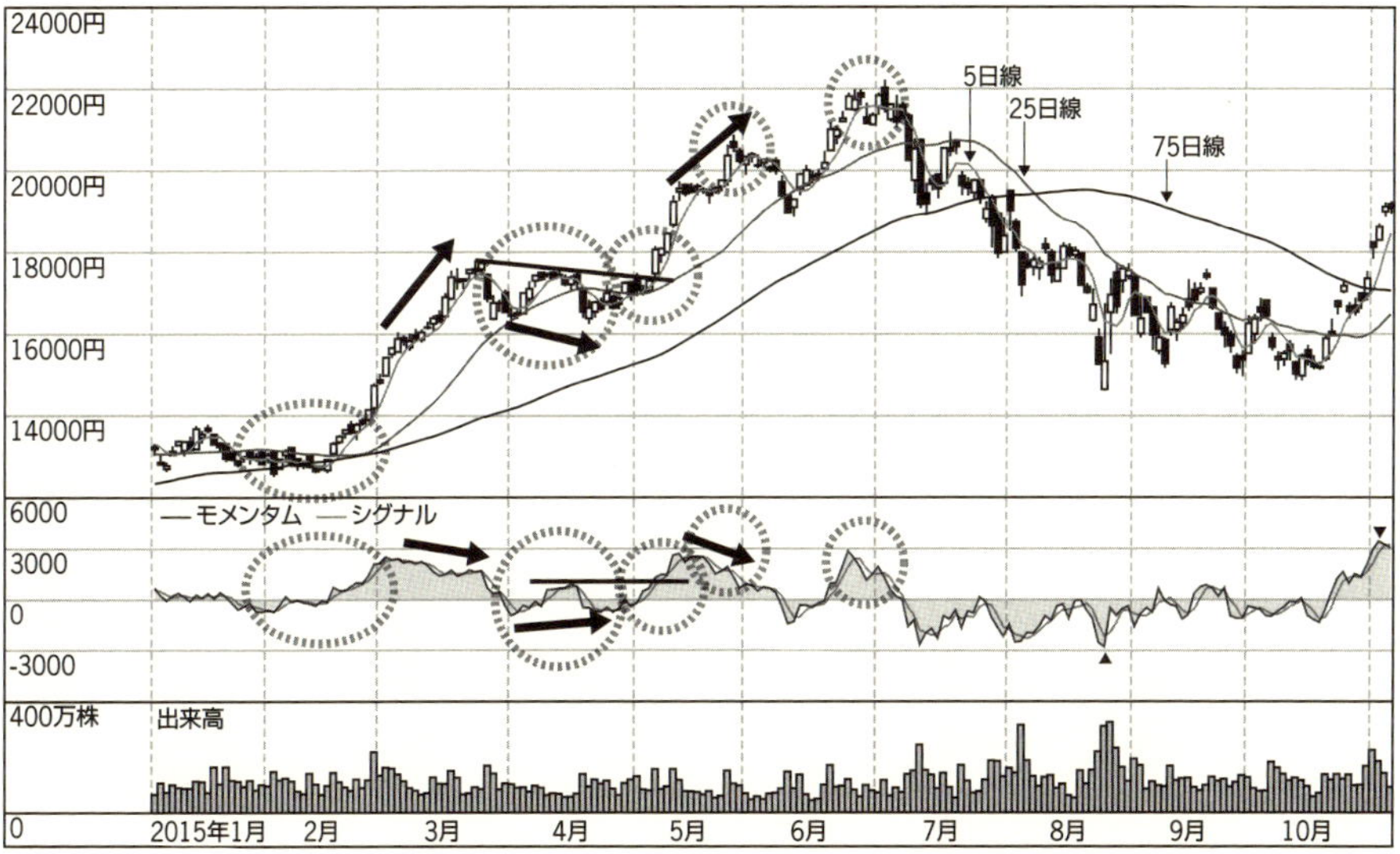

モメンタムの動きに注目

そこでモメンタムの出番になります。これまで解説したように、上昇の勢いが強まっていると判断されるためには、モメンタムも上昇と下落の勢いの境目となる0ラインを上回って水準を切り上げる必要がありますが、2月18日時点のモメンタムをみると、モメンタムとその移動平均線であるシグナルの両方が0ラインを急角度で上回ってきているため、25日移動平均線が緩やかな下向きでも、勢いが強くなっていると判断されます。そのため、エントリーするための条件を満たしていると考えられるわけです。

さらに、上昇トレンドが完成したとする前提として、25日移動平均線が上向く必要がありますが、25日移動平均線が上向くまで時間が必要になる間、保有したままでよいのかどうかが重要な判断の分かれ目になります。そうした中で、見ておかなければならないのが次ページで紹介するポイントです。

04

モメンタムが株価と連動して上昇したら保有する条件となる

初心者はまずこの分析手法を身に付けよう

買うタイミングを確認してから実際に買ったあと、保有したままでよいのかの重要な判断材料になるのが、モメンタムが0ラインを割り込まずに推移するなど、ほぼ株価の動きに連動する形になっていることです。

仮に、株価の上昇と同時にモメンタムも上昇を続けているようであれば、株価は勢いを伴って順調に上昇トレンドを続けていると考えられます。また、その間に下向きだった25日移動平均線も上向いてくると、移動平均線から判断されるトレンドも、本格的な上昇トレンドに入ったと判断できます。

シンプルな組み合わせなので忙しい人でも参考にできる

こうした条件を満たした状態が確認されれば、実際に購入したあとも保有を続けることが可能であり、リターンも大きくなると期待できます。また、こうした手法を身に付けることができれば、とりわけ日中は仕事で忙しく、パソコンの前に張り付いていられない投資家にとって、有益な判断材料になるでしょう。

この組み合わせはとてもシンプルな組み合わせであり、簡単なポイントをチェックするだけでエントリーのタイミングと、エントリーのあと保有し続けてよいのかどうかといった、基本的な判断ができるようになりますので、初心者にはお勧めの分析手法といえるでしょう。

7-04 「買い」と「保有」の条件

＜買いの条件＞

移動平均線
・株価が全ての移動平均線を上回る ・上向きの5日移動平均線が全ての移動平均線を上回る ・25日、75日移動平均線も上向きならなお可
モメンタム
・0ラインを上回る

＜保有の条件＞

移動平均線
・全ての移動平均線が上向き ・株価が全ての移動平均線の上で推移 ・順番（上から）ローソク足、5日、25日、75日MA
モメンタム
・モメンタムも株価と連動して上昇を続けている

そこで、みなさんに今すぐ行ってほしいことがあります。それは、移動平均線とモメンタムの組み合わせを使って、現在保有している銘柄や、これまで売買した銘柄をチェックすることです。保有銘柄の場合、移動平均線の順番は表のようになっているでしょうか？ また、0ライン上を維持して上昇を続けているでしょうか？ さらにモメンタムは0ラインよりも上で推移しているでしょうか？ これらの分析を行うことで、持っていて良いのか、あるいは売った方が良いのかの判断に役立ちます。

仮にこれらの条件に当てはまっていないようであれば、買った時点が悪かったのか、あるいは購入後に変わってしまったのかを検証する必要があります。

検証のやり方は、買ったときのトレンドと、モメンタムの状況を確認します。そのとき、本章で紹介した買いの条件が揃っているかも確認しましょう。もし、必要な条件が揃っていないのに買っていたとしたら、買いのタイミングを見直さなければなりません。また、見直したあとにシミュレーションしたり実戦で試したりすることが重要です。

05

売却タイミングの判断①「最高値で売る」と考えない

上昇の勢いがなくなってから売るタイミングを探ろう

それでは次に、保有したあとの売却のタイミングについてみてみましょう。

株式の売買で最も難しいのは売却のタイミングです。なぜなら、売却のタイミングを誤ってしまうと、売りそびれてしまったり、売るタイミングが早すぎてリターンが伸びなかったりすることになるからです。

初心者は「売りそびれ」に注意しよう

ただ、このように説明すると、一般的には高値で売らなければならないであるとか、含み損が発生すると、株価が戻るまで売却しないといった、失敗を認めない、一種の完璧主義的な考えが頭をよぎり、売買判断の邪魔になることがあります。

こうした状況に陥る人は、株式投資に少し慣れてきた人に多いと考えられます。

売買判断が邪魔されるケースで、私の経験上、最も初心者が気を付けなければならないのは、何といっても「売りそびれ」です。

この「売りそびれ」は、利益の確保ができないばかりか、損失の拡大につながる恐れがあることから、投資では「絶対に避けなければならない」といえます。

7-05 村田製作所（6981）の日足チャート

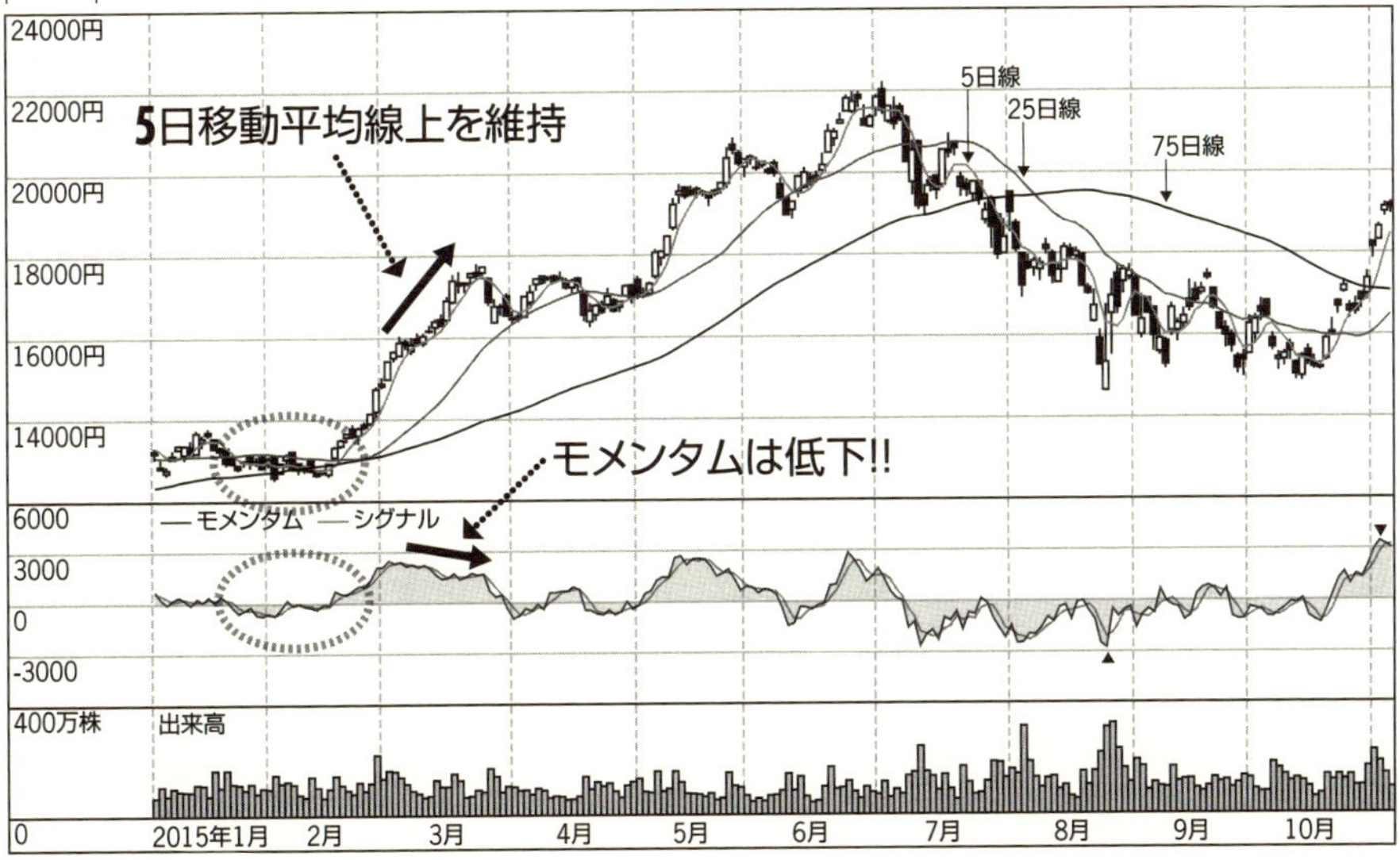

「終値で移動平均線を割り込んだら売る」と決める

そこで、最高値で売るという利益追求の考えから、「上昇の勢いがなくなったら、そろそろ売りのタイミングを探る」という考えに変更する必要があるでしょう。このような考えに基づいてテクニカル指標を活用すると、上手く機能するようになります。

それでは再び村田製作所のチャートをみてください。上昇トレンド入りしたあと、株価が5日移動平均線上を維持して上昇を続けていますが、モメンタムをみると、株価の上昇に反して低下しているのがわかります。

これが、モメンタムのところで解説したダイバージェンス（逆行現象）です。このダイバージェンスの発生によって反落の危険性が高まっていると考えられるため、終値で5日移動平均線を割り込んだら売却する、といったルールを決めておけばよいことになります。

06

売却タイミングの判断②上昇トレンドの継続を見極める

売れそびれた後の対策も考えよう

237ページのチャート図をみてください。左から2つ目の丸で囲んだ、株価がもみ合いになっているところはどのように判断すればよいのでしょうか。

本書のセオリーでは、234ページで解説したように、株価の動きとモメンタムが逆行し始めたところで、そろそろ売却を考えると同時に5日移動平均線を下回ったら売る、といったルール決めが必要だとしましたので、実際には既に売却されていなければなりません。

ただ、残念ながら売りそびれてしまった場合は、今後の値動きを考える必要があります。こういう場面でのほったらかしは、利益を失うばかりか、損失の発生や拡大につながってしまいますので厳禁といえます。または、これからエントリーを考える投資家にとっても売買判断が必要になりますので、こうした状況も想定しておく必要があるでしょう。

下降トレンド入りの可能性が高まる

では、ここで問題になることは何でしょうか。ここでどちらの投資家にとっても問題になるのは、それまで続いていた上昇トレンドが続くのか、それとも終わってしまうのかということになります。仮に上昇トレン

7-06 村田製作所（6981）の日足チャート

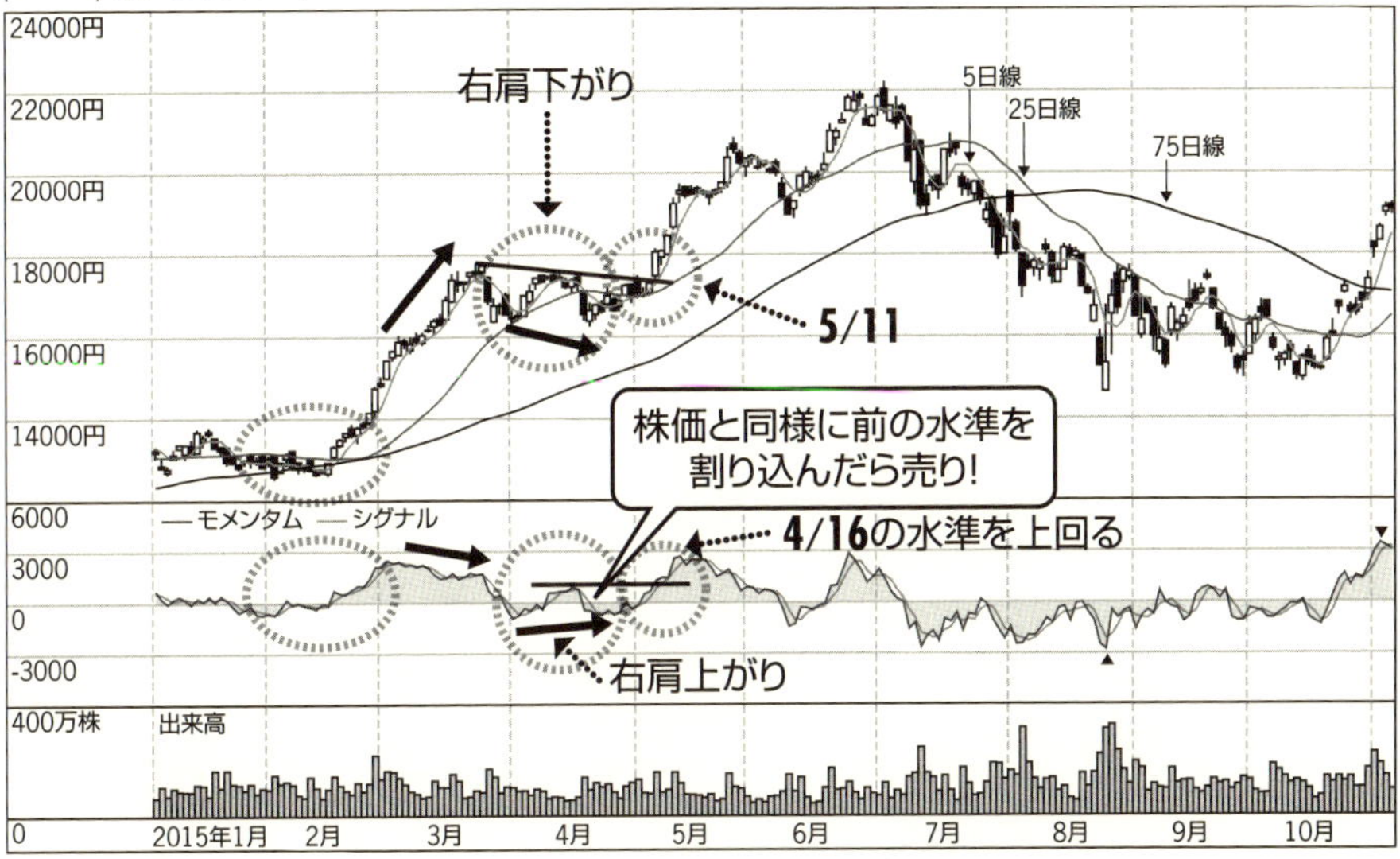

ドが続くのであれば、株を保有し続ける必要がある反面、トレンドが変わって下降トレンド入りしてしまうようだと、いったん利益を確保しておかないと、せっかくの含み益が消えてしまう恐れが出てきてしまいます。

　そこで、これまで同様、まず移動平均線でトレンドを判断してみます。この場面での移動平均線の向きをみると、3月24日に高値をつけたあと、株価が下落すると同時に5日移動平均線が下向きになりました。その後、緩やかな上昇を続ける25日移動平均線で下げ止まり、反発しましたが、トレンドラインを引いたように、戻りが鈍く右肩下がりになっています。続いて、4月17日は25日移動平均線を下回ったうえに、終値では維持したものの4月1日の安値を取引時間中に一時下回っており、下降トレンド入りの可能性が非常に高まっていると考えられるところです。

モメンタムの低下が限定的だと下落の勢いも限定的

　こうしたパターンは、みなさんのほとんどが経験したことがあると思いますが、判断が難しく、売ったら上がる、保有し続けたら下落するというケースがかなりあると考えられます。このように判断に迷うときに活用したいのが、モメンタムチャートです。このモメンタムチャートをみると、株価が25日移動平均線を割り込んでしまっているところでも、逆に水準を切り上げており、下落の勢いが限定的であることを示しているのがわかります。

このようにしてみると、重要な価格や水準を終値で割り込んだり、株価が移動平均線を下回ったりしても、モメンタムの低下が限定的だった場合、下落の勢いも限定的となることから、反発の可能性が残ることになるため、売りそびれた人はリスクを覚悟で様子をみるという選択肢も浮かんでくることになるのです。また、経験豊富な投資家の人は既に気づいているかもしれませんが、ここで紹介したような局面に入る前に売却してしまうというのが最も重要なポイントですので忘れないようにしたいところです。

ときには損失覚悟の売却も必要

前述のように売りそびれてしまった場合の対策として必要なことは、移動平均線だけで判断するのではなく、移動平均線が上向きでも下向きでも、発生した方向に勢いがあるかどうかを考慮して最終的な判断を行うことです。このことを頭に入れておくと、最終判断がやりやすくなると同時に、売却のタイミングや保有する理由の両方が自動的にルールとして出来上がることになるので、初心者にはお勧めといえます。

一方で、今回のケースでは、下落の勢いが限定的になったことから、25日移動平均線を割り込んでも、その後、値を戻す結果となっています。しかし、モメンタムが切り下がり、前の水準を下回るようですと、下落の勢いが強まっていることを示すことになりますので、損失覚悟で売却する必要があります。そうでないと、含み益が減少するばかりか、損失の発生や拡大につながりかねませんので注意するようにしてください。

07

売却タイミングの判断③ 保ち合いの抵抗線を上抜いた時点に注目

全ての高値更新は上昇トレンド入りを意味しない

続いては、5月11日に保ち合いの抵抗線を上抜いた時点での、売却の判断について考えてみるので、237ページのチャート図を参照してください。この時点で売却の判断というと、みなさんのなかには不思議に思う人がいるかもしれません。なぜなら、株価が3月24日の高値を更新しているのに、なぜ売却の判断をする必要があるのか、と考えられるからです。これまで何度も解説しているように、株価が高値を抜いたこと自体は、上昇トレンド入りを示すサインではありますが、この上昇トレンド入りのサインが出たあと、そのまま上昇を続けることができるかどうかの判断ができてはじめて、株を保有し続ける、あるいは保有する（買う）という判断に結びつくわけですから、全ての高値更新が上昇トレンド入りを示唆するものではないのです。

高値掴みするのはモメンタム分析をしていなかったから？

これまでも本書のなかで高値更新が上昇トレンド入りのサインと解説してきましたが、経験豊富な投資家であれば、高値更新で買って、高値づかみをして損失につながったという経験を持つ人もいると思います。それは、おそらくモメンタムの分析が足りなかったために、本来値上がりしたところで売らなければならないところを、上昇の勢いに引きずられて買ってしまい、その時の価格が高値になって結局ロスカットしてしまったからでしょう。

したがって、「株価が上がったから保有する」という考え方ではなく、「株価が上がっているが、持っていて大丈夫か？」という考え方に切り替えて売却のタイミングを考えてみる必要があるのです。

では実際のチャートに戻ってみてみましょう。この5月11日ですが、株価が高値を更新すると同時にモメンタムも4月16日の高い水準を上回って上昇しており、勢いが強くなっていることが判断できます。したがって、株価が以前の高値を更新すると同時に、モメンタムも前の水準を上回って、2つのテクニカル指標に同時に強いシグナルが発生したことから、保有し続ける、あるいは新規に買う、または買い増しするといったストラテジーが生まれることになるのです。

もみ合いからの上昇トレンド入りのサイン

いかがでしょうか。このように、上昇トレンドが続くかどうかや、勢いが強まっているかどうかについて、移動平均線に加えてモメンタムを用いることで、より実戦で有効な判断ができるようになるのです。

ここでもう1度詳しく整理します。もみ合い（または保ち合い）が続いたあとに上昇トレンド入りして継続するときのパターンは、ほとんどのケースで直前の水準を上回ることが挙げられます。また、もみ合いのなかで下落しているのにトレンドが崩れない場合では、モメンタムが直前の低い水準を割り込むことなく反転するパターンであるコンバージェンスを作ることが挙げられますので覚えておきましょう。

一方、本当に売らなければならないパターンも解説します。本書を読み進めた人なら、既にわかっている人も多いと思いますが、234ページの「売却タイミングの判断①」で解説したダイバージェンスを形成したときになります。見逃さないようにしてください。

08

売却タイミングの判断④
一度反落するパターン

ピークアウトの水準を見極めよう

続いては、234ページの「売却タイミングの判断①」でも触れた、上昇トレンドのなかで高値をつけるなか、いったん反落するパターンについて解説します。上昇トレンドが続く中でないと判断できないポイントが今回の解説に出てきます。

それでは242ページのチャートをみてみましょう。ここでは5月28日と7月2日にそれぞれ高値をつけたあとの株価動向について注目します。まず移動平均線をみてみると、株価が5日移動平均線の上に位置しており、上昇トレンドが継続しているのがわかります。一方、売却のタイミングでは、短期的にみると5日移動平均線を下回ったところで売却すると、高値近辺で売却できることになりますが、実際に割り込んでから行動を起こすとなると、既に下落が始まっていることから、高値近辺で売ることは難しいことになりそうです。

そうしたとき、それぞれ高値をつけたところでのモメンタムの動きをみると、株価が高値をつける前に既にピークアウトしており、ダイバージェンスを形成しているのがわかります。

売却を考えるタイミングとは？

このように株価が高値をつけて移動平均線を下回るより早く低下することから、そろそろ売却を考えなけ

7-07 村田製作所（6981）の日足チャート

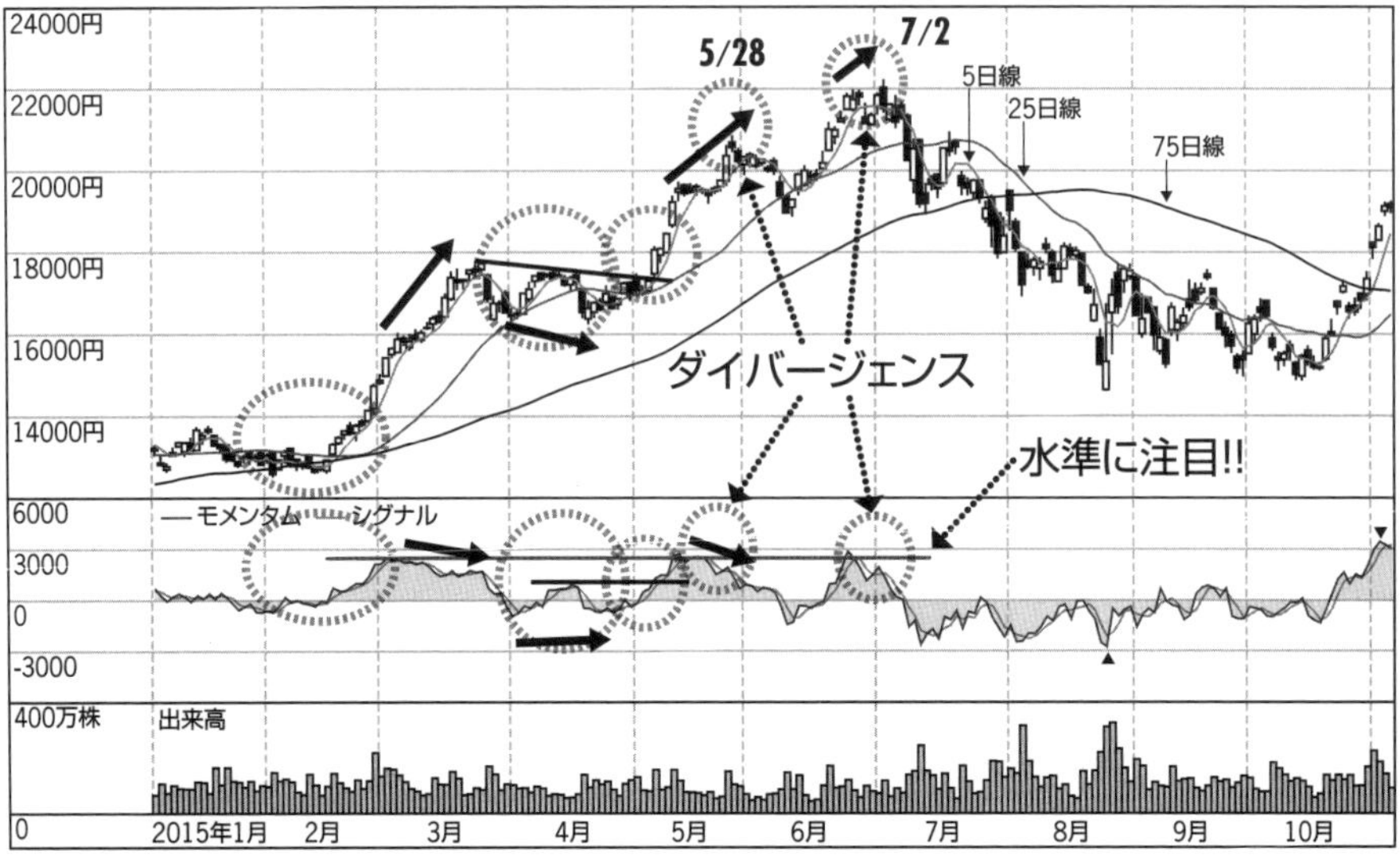

ればならないといった判断が先行して浮かぶことになり、売却の準備ができるのです。

この現象は、5月28日と7月2日の両方に共通していると同時に、２３４ページの「売却タイミングの判断①」で取り上げた、3月25日の場面でも同様のことがいえます。

モメンタムの水準に注目して売却タイミングを決めよう

そしてもう一つ、高値をつけたこれらの点には共通項があるのです。それはモメンタムの水準です。これら3日の高値をつける前にモメンタムがピークをつけたときの各水準を見ると、２５０５ポイント、２７００ポイント、２８６０ポイントと、２５００〜２９００ポイントの間でピークアウトすることが予測できるでしょう。このようにピークの水準が共通しているという特徴を見逃さないようにできれば、モメンタムの水準からも、株価のピークが近いということが意識され、売る準備ができるのではないでしょうか。

09

現在のトレンドが継続するか確認する組み合わせ（下降トレンドの場合）

リバウンド狙いの買いとの混同に要注意

続いては、同じ移動平均線とモメンタムの組み合わせで下降トレンドが続くパターンをみてみましょう。ここで紹介するパターンは特に覚えておいてほしいものです。なぜなら、押し目買い（＝上昇トレンドのなかで反落したところを買う）を、下降トレンドの中のリバウンド狙いの買いと勘違いしている人がとても多いからです。

そもそも、下降トレンドが続いていると判断しているにもかかわらず、価格が安くなっているということだけを理由に買い注文を入れることは、下落途中を買うことになり、敢えて資産を減らす状況に自分から足を踏み込むことになってしまいます。また、こういう時に限って、これだけ値下がりしたのだから戻ってくるだろうと考え、損失が膨らんでいる現実から目をそらしてしまいがちですが、下降トレンドが続くケースでは、損失が膨らむばかりか、買値まで戻ってこないことの方が多いということを頭に入れておく必要があるのです。

ではそうならないために、下降トレンドが続いているのかどうかを確認するための組み合わせを確認していきましょう。

|7-08|村田製作所（6981）の日足チャート

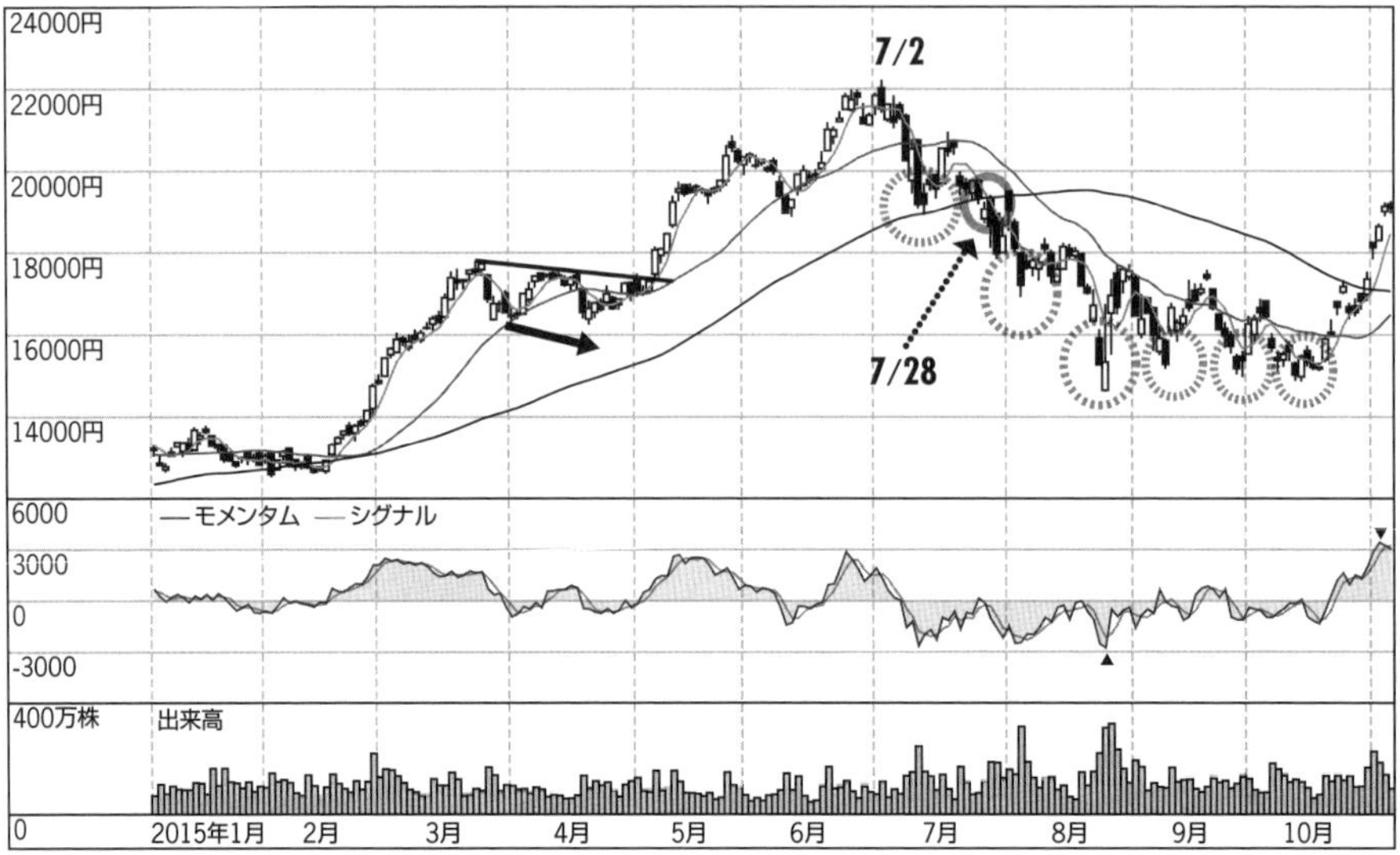

25日移動平均線が抵抗線に

まずは全体像からです。

銘柄は引き続き村田製作所です。この村田製作所は2015年7月2日に高値をつけたあと、下落に転じていますが、7月28日に株価が全ての移動平均線を下回ったあと、25日移動平均線が抵抗線になって下降トレンドが続いているのがわかります。また、下降トレンドが続いているときの典型的なパターンとして、下げては戻す、下げては戻すという値動きを繰り返すことがあります。

典型的な下げパターンを覚えよう

こうした値動きが繰り返されることから、今度は戻るのではないかと考えて、下げ止まりそうなところが買いたくなってしまうわけですが、この典型的な下げパターンをまず頭に入れておきましょう。また、株価がいったん25日移動平均線を上回る場面がありますが、反落するので注意が必要となります。ここで、モメンタムが登場するわけです。

10 下降トレンドのとき モメンタムは0ラインを下回る場面が続く

0ラインを基準に考えるという原則を覚えよう

株価とモメンタムの関係は既に解説しましたが、ここでのポイントは、高値づかみをしないようにする、また、すぐにロスカットしなければならないポイントを覚えることです。

そこで活用するのがモメンタムです。

たとえば、下降トレンドのなかで株価が反発したり、25日移動平均線を上回ったりしたときに、そのモメンタムがどのようになっているのかがポイントになります。ただ、覚えるべきところは、0ラインを越えて上昇を続けるか、あるいは反落して0ラインを割り込むか、0ラインを上回った状態が続くか、というそれだけなのですが、村田製作所が下降トレンドに変化した局面で、果たしてこれまで説明してきた状態になっているのかどうか、確認してみましょう。

モメンタムの上昇が限定的なので買ってはいけない

移動平均線分析からは、株価が全ての移動平均線の下に位置しているため下降トレンドとわかりますが、点線で囲まれたところは、いったん株価が反発しているところになります。下降トレンドでもこのように何度も上下の値動きが繰り返されると、買いたくなってしまうところですが、実線で囲まれたところとモメンタムの水準をみて

7-09 村田製作所（6981）の日足チャート

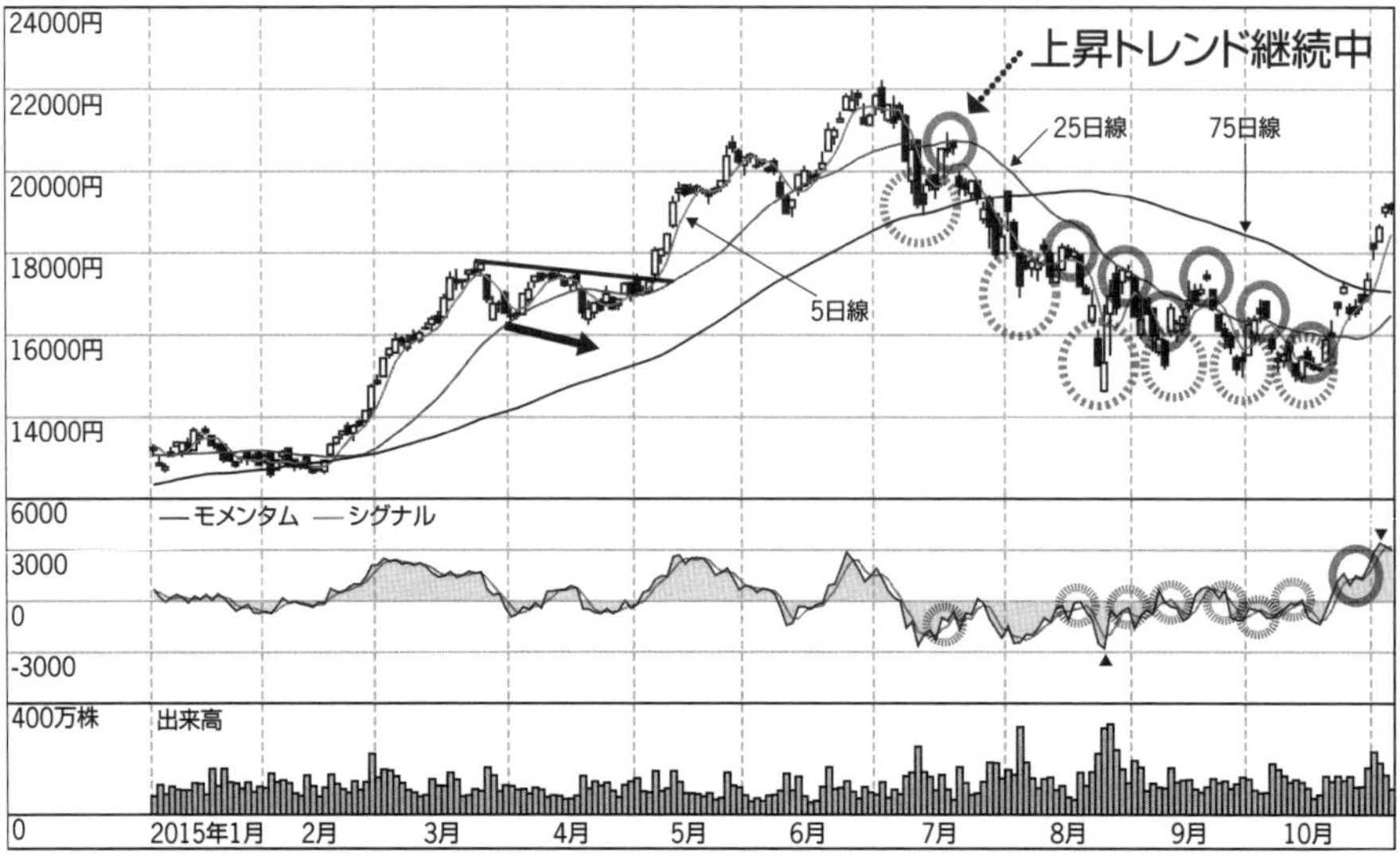

ください。

まず左側からです。

最初の実線の丸をつけたところは、75日移動平均線の上にあり、上昇トレンドが継続中と考えられることから、25日移動平均線を上回ったところで、買いたくなってしまうポイントです。ところが、モメンタムをみると、シグナルとともに0ラインに届いておらず、反落する結果になっています。

続いて、2つ目から4つ目の丸でも1つ目の丸のときと同様に、0ラインを境に反転したり、届かなかったりしており、「買ってはいけないところ」といえます。また「売らなければならないところ」と、なっているのです。

5つ目、6つ目の丸をつけたところでも、株価は25日移動平均線を上回りましたが、モメンタムの上昇は限定的で、「買ってはいけない」場面ということになるのです。

練習問題

問題 01

下のチャート図はホンダの株価推移です。上段はローソク足と移動平均線。下段は RSI（14 日）です。株価は上昇トレンドを続けていますが、もし、ホンダを3700円で買って保有していたとしたら、この場面で売りますか。それとも保有し続けますか？

ホンダ（7267）の日足チャート

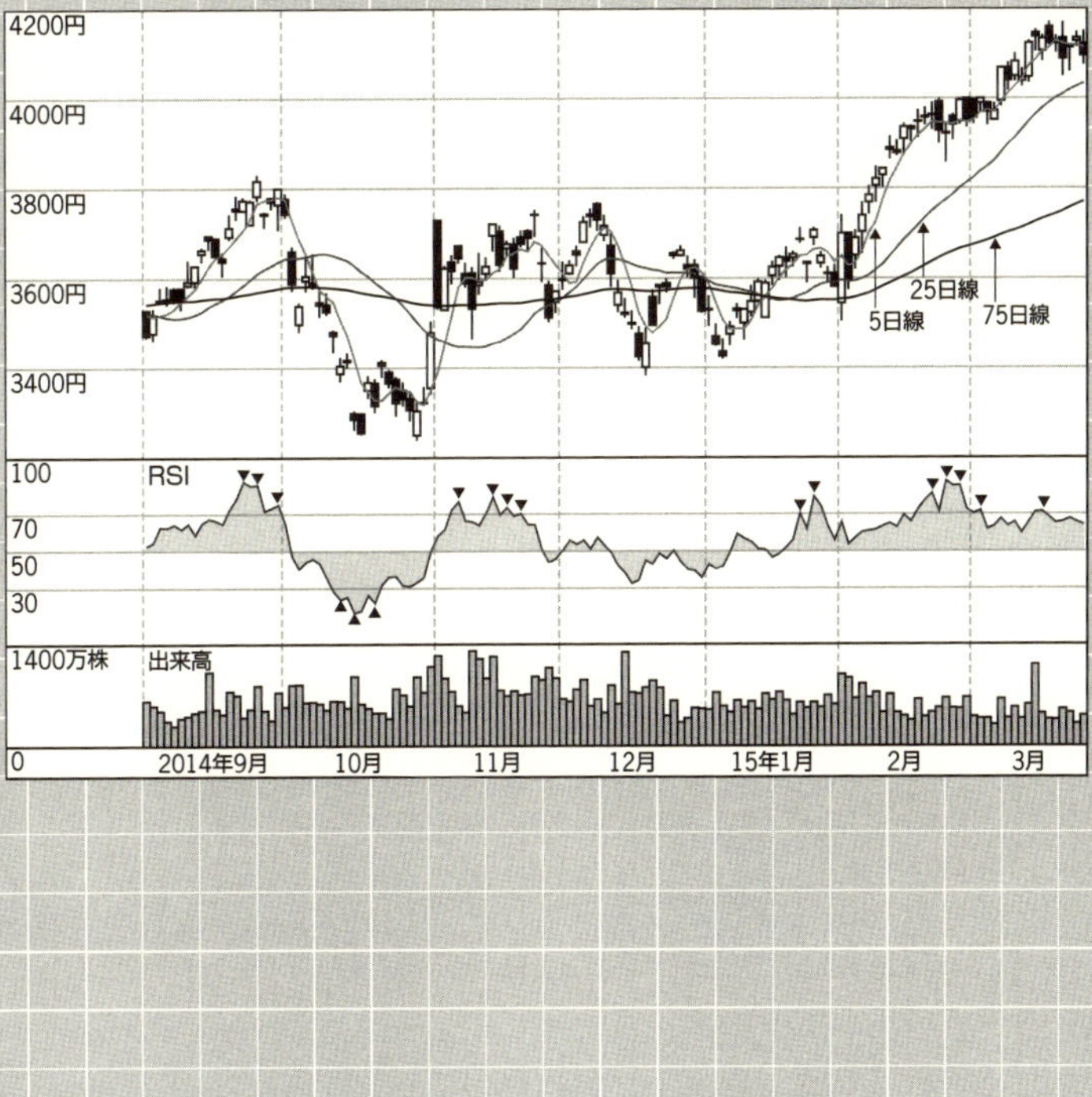

解 答 文

問題 01

答え 売り

株価が高値更新しているにもかかわらず、RSIを見ると低下してきており、ダイバージェンスを形成しているのがわかります。そのため、ここではいったん売却して様子をみるのが正解。実際に、その後は下落基調をたどったあと、RSIが売られ過ぎの水準に達しています。

ホンダ（7267）の日足チャート

練習問題

問題
02

サイバーセキュリティで人気の高いFFRI（3692）ですが、上段は移動平均線、下段はRSIが表示されています。さて、この局面であなたはこの会社の株を買いますか？それとも買いませんか？

FFRI（3692）の日足チャート

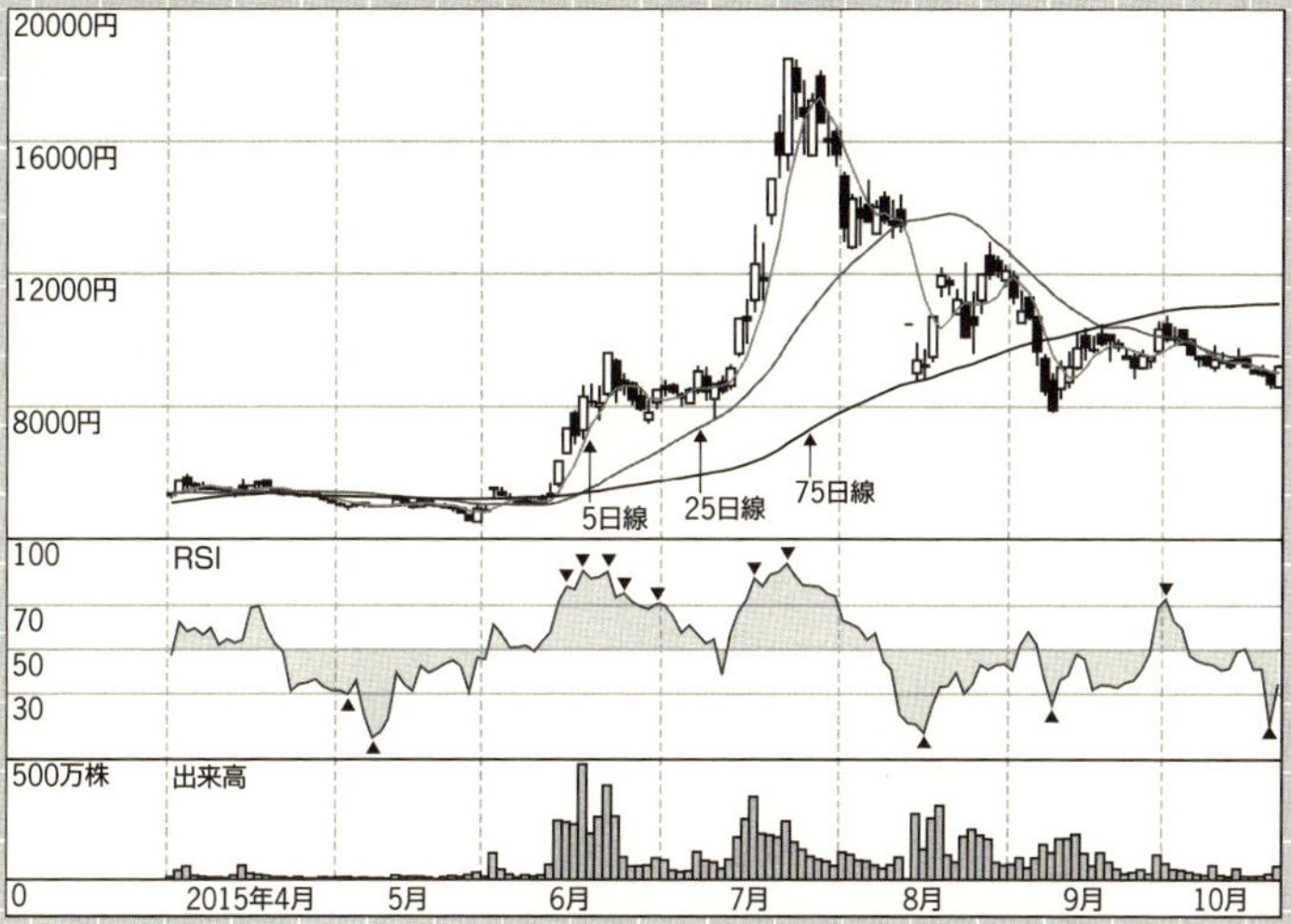

解答文

問題 02

答え 買わない

RSIは売られ過ぎとされる30%を下回っているものの、株価は全ての移動平均線を下回って下降トレンド入りしています。仮に下降トレンド入りしているところで、買って売りそびれると、損失が拡大することになります。下降トレンドでのRSIは間違ったシグナルを発することが多いので要注意です。
また、仮に買ってしまったとしても、RSIが50%を越えられていないことや、25日移動平均線を上回ることができずに押し返された状態が何日も続いていることからも、いったんロスカットして撤退するのがセオリーです。

FFRI（3692）の日足チャート

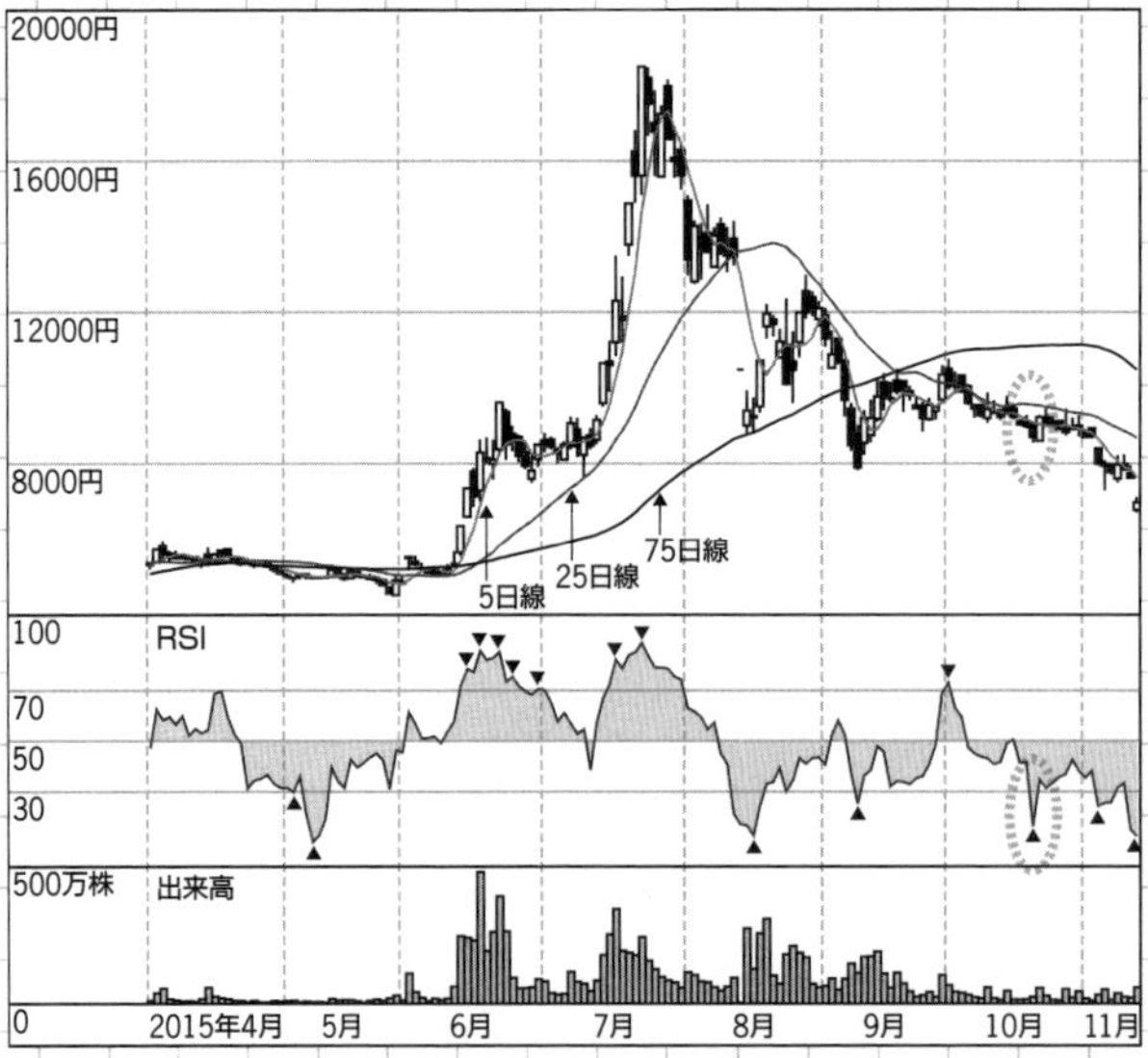

練習問題

問題03

モバゲーなどのソーシャルゲームの開発やネット通販も扱うクルーズ（2138）の株価です。あなたは3100円で100株買って保有していたとします。そうしたなか、上段は移動平均線、下段はMACDが表示されています。
さて、チャート図の右端のような状況になりましたが、あなたは保有株を売りますか。それとも保有し続けますか。

クルーズ（2138）の日足チャート

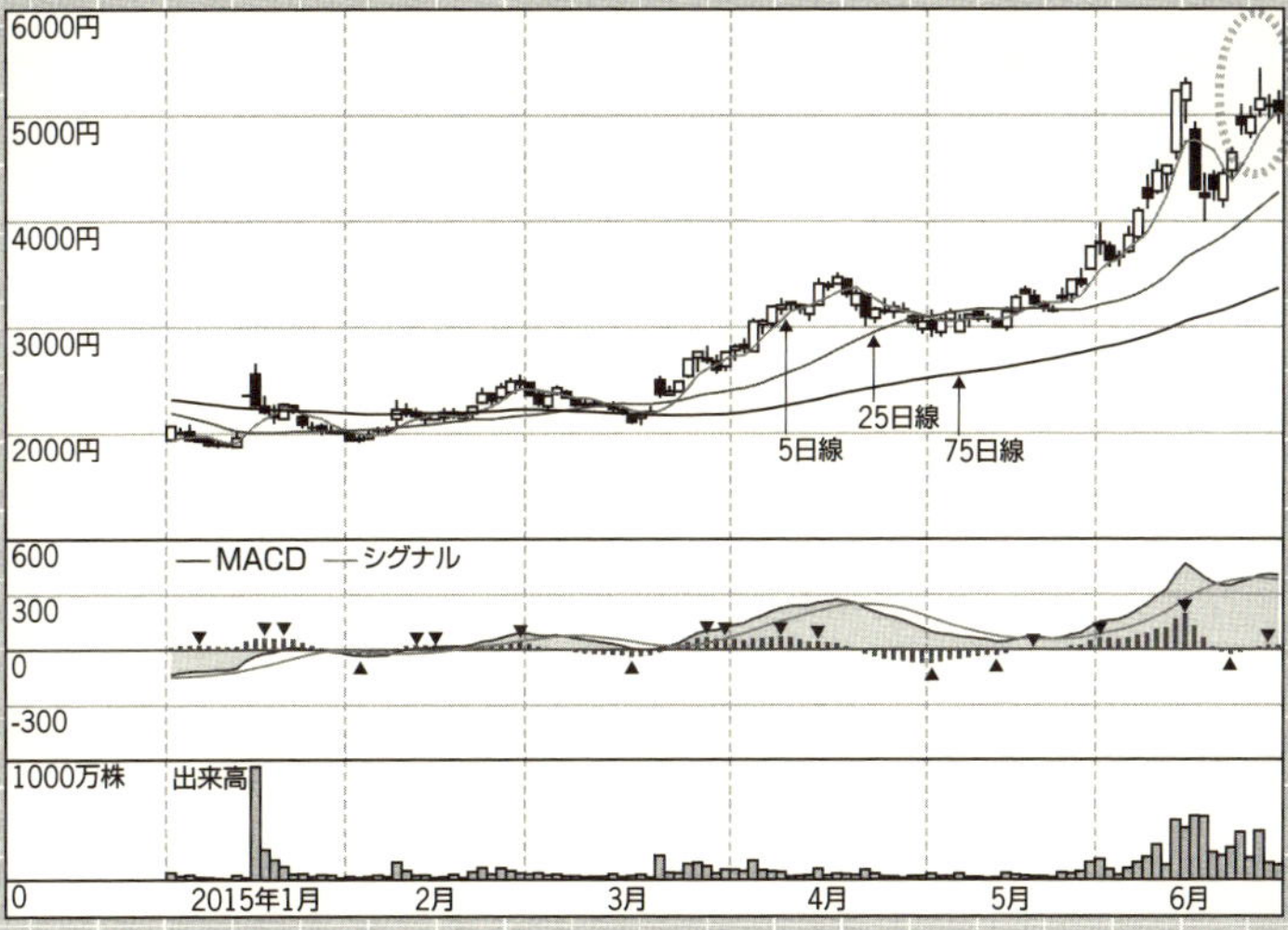

解 答 文

問題 03

答え 売り

株価は取引時間中の高値を更新していますが、MACD を見ると、右肩下がりになっており、ダイバージェンスを形成しているのがわかります。一方、いったん下落したあとに 25 日移動平均線をサポートに反発して再び高値を更新しましたが、MACD は再びダイバージェンスを形成し、その後は急落して結局大幅安になり、買値近辺まで下落しているのがわかります。このように、1 回目に発生したダイバージェンスを見逃さずに発見できた人は、2 回目の発生時にも売りそびれることなく、売却できるはずです。

クルーズ（2138）の日足チャート

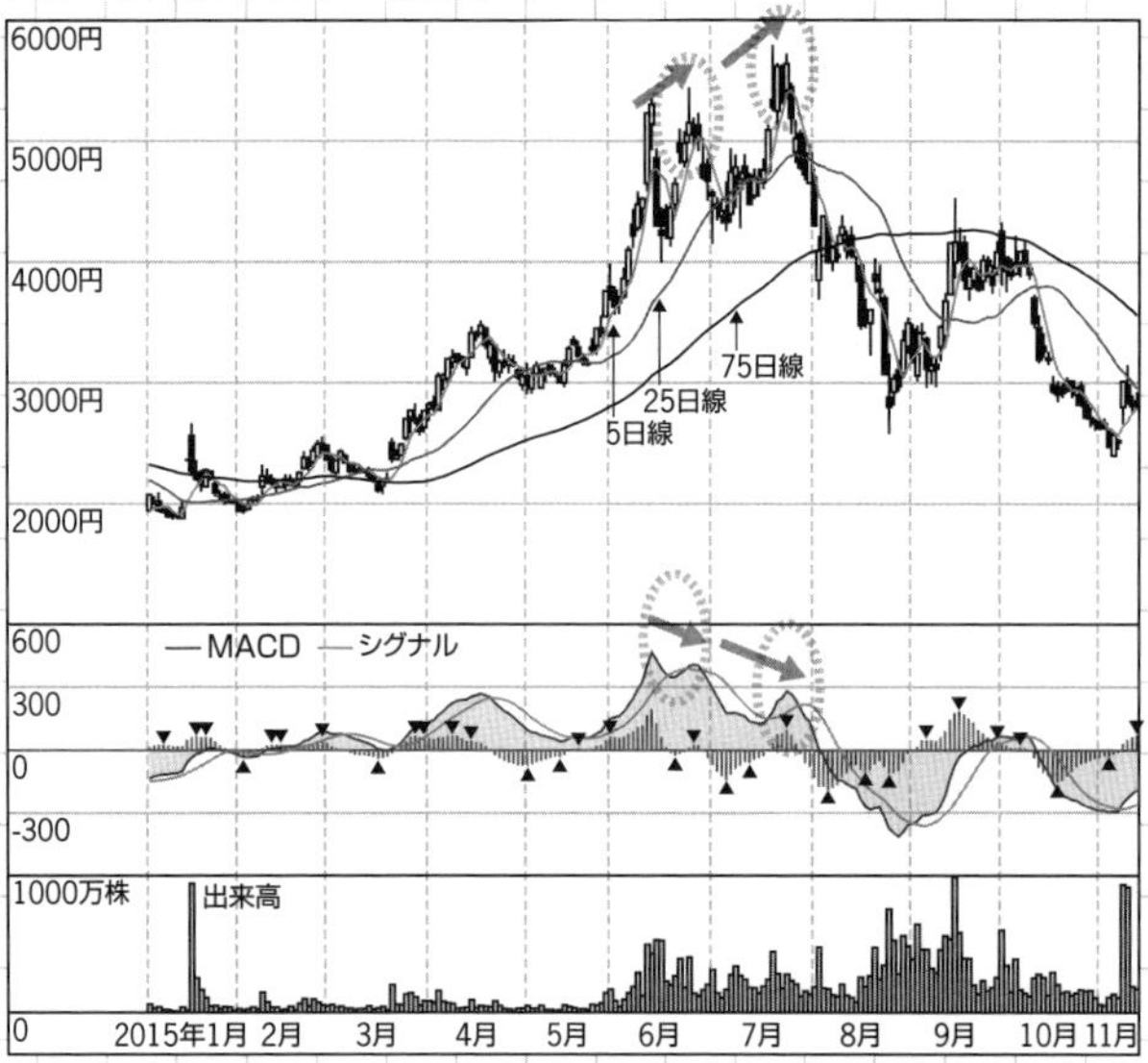

練習問題

問題 04

三菱商事(8058)の下落が止まりません。下降トレンドがずっと続いていて、下げ止まりの目途も見えない状況といえそうです。そうしたなか、9月28日に安値をつけたあと戻り始めました。表示されているチャートは上段が移動平均線で、下段がMACDです。さて、あなたなら、この局面をチャンスと考えて買いますか? それとも見送りますか?

三菱商事(8058)の日足チャート

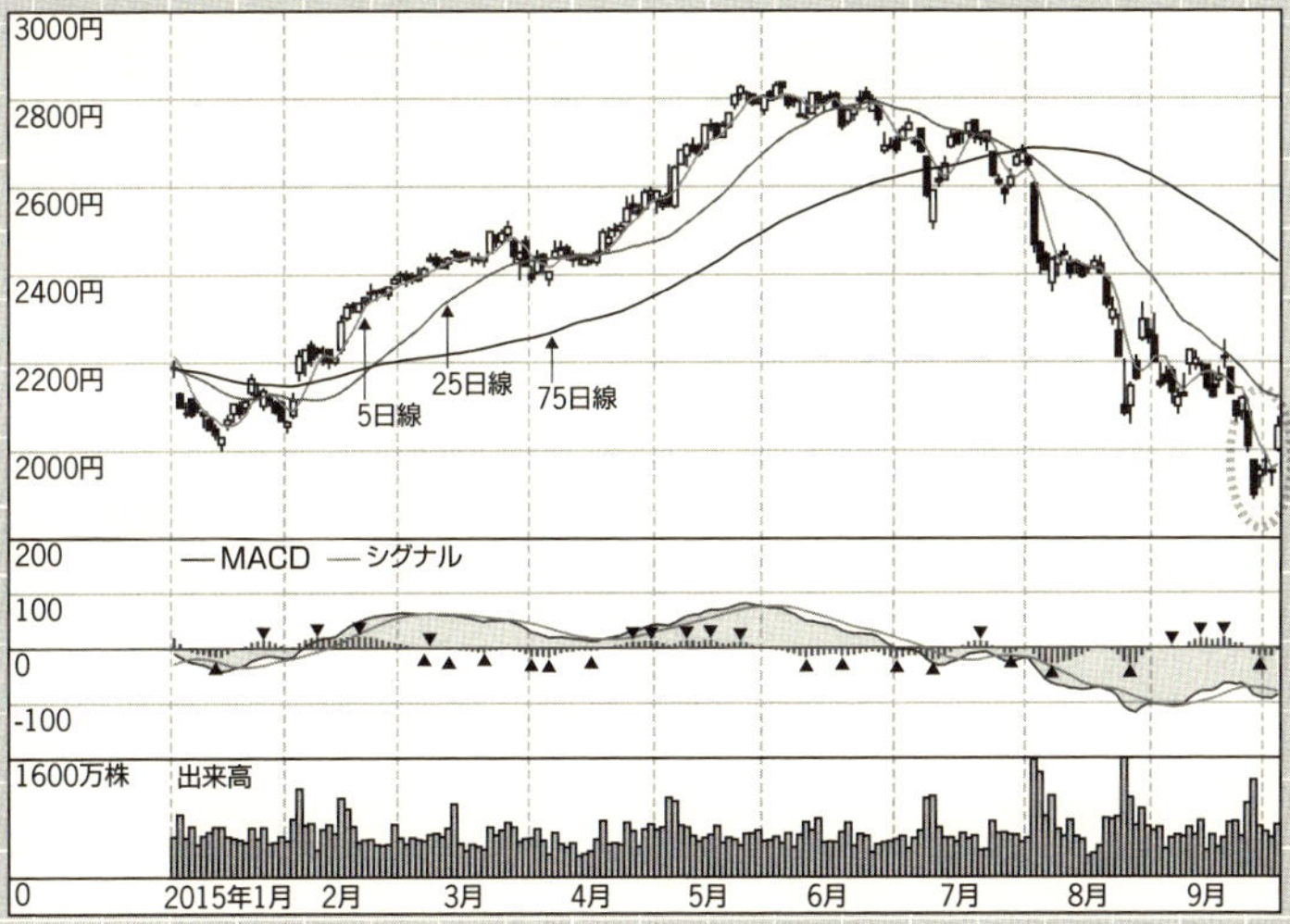

解答文

問題 04

答え 買い

ここでのポイントは、株価の下落が続いて終値で安値を更新しているにもかかわらず、MACDの水準を切り上げるコンバージェンスが発生していることです。もちろん下降トレンドに変わりがないことから、下向きの75日移動平均線を越えられなかったり、0ラインを越えられなかったりした場合、売却することを前提で買いを入れます。
ただし、注意点があります。本格的な上昇トレンド入りが確認されたわけではないので、買う数量は最低限にしたり、自分のリスク許容度の範囲内の数量にしたりして、リスクコントロールを行いましょう。決して一気に儲けてやろうと、ポジションを大きくしてはいけません。

三菱商事（8058）の日足チャート

ダウンロードサービスのご案内

ご購入頂いた読者の方に、本書では紹介しきれなかった練習問題を差し上げます！下記の手続きに従って、ダウンロードしてください。

https://www.shoeisha.co.jp/book/download/9784798142692
にアクセスしてください。

↓

e メールアドレスを入力する画面が表示されますので、e メールアドレスを入力して
「**SEBM に登録してダウンロード**」をクリックします。

↓

ダウンロードできるファイルが一覧表示されますので、
クリックしてダウンロードしてください。

↓

ダウンロードできるファイルは以下の通りです。
- **練習問題**
- **解答と解説**

◇◇◇

お問い合わせについて

本書に関するご質問や正誤表については下記 Web サイトをご参照ください。

正誤表　http://www.shoeisha.co.jp/book/errata/
刊行物Q&A　http://www.shoeisha.co.jp/book/qa/

インターネットをご利用でない場合は、FAX または郵便にて、お問い合わせください。回答は、ご質問いただいた手段によってご返事申し上げます。

宛先　〒160-0006　東京都新宿区舟町５　（株）翔泳社 愛読者サービスセンター
FAX 番号 03-5362-3818
電話でのご質問は、お受けしておりません。

※本書の出版にあたっては正確な記述につとめましたが、著者や出版社などのいずれも、本書の内容に対してなんらかの保証をするものではありません。
※本書に記載されている情報は 2015 年 12 月執筆時点のものです。

著者紹介

福永博之《ふくながひろゆき》
株式会社インベストラスト代表取締役
国際テクニカルアナリスト連盟（IFTA）　国際検定テクニカルアナリスト

勧角証券（現みずほ証券）を経て、DLJdirectSFG証券（現楽天証券）に入社。同社経済研究所チーフストラテジストを経て、現在、投資教育サイト「itrust（アイトラスト）」の総監修とセミナー講師を務めるほか、大前研一氏のビジネス・ブレイクスルー大学資産形成力養成講座や早稲田大学オープンカレッジの講師を務める。またテクニカル指標の特許「注意喚起シグナル」を取得しており会員向けにサービスとして提供中。マネー誌の連載、著書多数。URL：http://www.itrust.co.jp

STAFF

カバー／本文デザイン　河南祐介（株式会社 FANTAGRAPH）
カバー／本文イラスト　上垣厚子
チャート図作成　地主南雲デザイン事務所
本文 DTP　上田英治（株式会社アズワン）
編集　昆清徳（株式会社翔泳社）

ど素人が読める株価チャートの本

2016年1月13日　初版第1刷発行
2016年2月15日　初版第2刷発行

著者　福永博之
発行人　佐々木幹夫
発行所　株式会社翔泳社（http://www.shoeisha.co.jp）
印刷・製本　大日本印刷株式会社

ISBN 978-4-7981-4269-2　Printed in Japan